ULLSTEIN

Das Buch

In Nigeria lernt Ilona Maria Hilliges den Mann ihres Lebens kennen. Vor ihrer Hochzeit fahren sie gemeinsam in das Dorf seines Vaters: Victor soll auf seine zukünftige Rolle als Clanchef vorbereitet werden. Doch die Stammesältesten stimmen einer Heirat nur unter einer Bedingung zu: Die weiße Frau muss sich dem Initiationsritus eines seit Jahrhunderten bestehenden Frauenkults unterziehen. Aus Liebe zu Victor lässt Ilona sich auf das Abenteuer ein und begibt sich in die Obhut der weisen Frauen. Sie taucht ein in die verborgene Welt der magischen Weisheit und der kultischen Rituale und erfährt, dass ein altes Orakel für Victor eine andere Frau vorhergesagt hat...

Der authentische und faszinierende Bericht einer weißen Frau über die weibliche Mystik des Schwarzen Kontinents.

Die Autorin

Ilona Maria Hilliges wurde 1953 in Baden-Württemberg geboren. Sie wuchs in der Nähe von München auf, wo sie ein Studium als Diplom-Betriebswirtin abschloss. Anschließend lebte sie in Kanada und England. Dort studierte sie Sozialwissenschaft für Drittweltländer.

Nach ihrer Rückkehr aus Afrika arbeitete sie in Führungspositionen für internationale Wirtschaftskonzerne und engagierte sich für soziale Projekte. Ilona Maria Hilliges ist Mutter von vier Kindern und lebt heute in Berlin. Um ihrer Tochter Janet ihre afrikanischen Wurzeln zu verdeutlichen, hat sie ihr die Geschichte ihrer Einweihung erzählt.

In unserem Hause ist von Ilona Maria Hilliges bereits erschienen:

Die weiße Hexe

Ilona Maria Hilliges
Peter Hilliges

Das verborgene Herz Afrikas

Ullstein

Das verborgene Herz Afrikas
schildert Ereignisse, die sich wirklich zugetragen haben.
Die darin erwähnten Menschen existieren.
Allerdings wurden einige Namen verändert,
um die Privatsphäre der Betroffenen zu schützen.

Der Ullstein Taschenbuchverlag ist ein Unternehmen der
Econ Ullstein List Verlag GmbH & Co. KG, München
Originalausgabe
2. Auflage 2001

Lektorat: Edition diá, Berlin
Umschlagkonzept: Lohmüller Werbeagentur GmbH & Co. KG, Berlin
Umschlaggestaltung: Init GmbH, Bielefeld
Titelabbildung: Premium, Düsseldorf
Alle Abbildungen im Innenteil stammen aus dem Privatarchiv der Autorin
Gesetzt aus der Sabon, Linotype
Satz: Josefine Urban – KompetenzCenter, Düsseldorf
Druck und Bindearbeiten: Elsnerdruck, Berlin
Printed in Germany
ISBN 3-548-36000-9

Für meine Töchter
Janet, Anne und Cara.
Und für alle, die suchen.

Inhalt

Danksagung

Nach der Veröffentlichung meines ersten Buches *Die weiße Hexe,* das von meinen Erlebnissen in Afrika berichtet, erreichten mich unzählige Briefe, die ich nicht alle beantworten konnte. Ich möchte mich auf diesem Wege bei allen bedanken, die mir geschrieben haben. Ihre Zuschriften waren mir eine große Ermutigung, mich erneut an die Arbeit zu machen. Das Schreiben dieses Buches hat mir gezeigt, dass die hier geschilderte Zeit in Nigeria aus heutiger Sicht meine wichtigste war.
Meiner Familie danke ich für die Geduld, die sie mit mir hatte. Ich war weit fort...

Berlin, im Oktober 2000 *Ilona Maria Hilliges*

Die Augen des Leoparden

Da war etwas. Ich spürte es deutlich. Es war nah. Sehr nah. Etwas, das mich beobachtete. Meine schlagartig bis aufs Äußerste gereizten Sinne rieten mir, mich nicht zu bewegen. Mein Atem ging flach, mein Herz raste, aus jeder Pore brach mir der Schweiß. An einen Baum gelehnt kauerte ich am Boden. Die Erschöpfung hatte mich einschlafen lassen. Irgendwo. In meinem Rücken fühlte ich die raue Rinde des Baums, roch die modrige Ausdünstung der feuchten Erde. Es war unwirklich still, kein Laut zu hören. Die Vögel des Urwalds schliefen noch. Aber selbst zu dieser Stunde hätte wenigstens hin und wieder das heisere Brüllen eines Affen oder das Quaken der Frösche in den nahen Sümpfen das drückende Schweigen durchbrechen müssen. Doch kein einziges Geräusch nahm dieses Gefühl völligen Ausgeliefertseins von mir. Ich fühlte mich verlassen, mitten im Dschungel Westafrikas, mitten in der Nacht, in dieser völligen Finsternis, in der ich keinen Baum und keinen Strauch erkennen konnte. Verlassen von allem. Und doch lastete dieses unbestimmte Gefühl auf mir, dass da etwas ganz in meiner Nähe war.

»Der Leopard lauert lautlos in den Ästen. Schon dein Blick kann ihn reizen. Dann setzt er zum Sprung an.« Deutlich erinnerte ich mich an die Warnung meiner Lehrmeisterin Odame.

Ich hatte den Herrscher des Urwalds bis zu diesem Moment noch nicht zu Gesicht bekommen; ja, ich hatte sogar angenommen, die Worte der weisen Frau sollten mir nicht Angst machen, sondern Respekt vor dem Urwald, seinen Bewohnern, der Natur und den Geistern und Göttern in mir wecken. Nachdem ich eine Zeit lang verharrt, atemlos, schwitzend wie unter einer großen Anstrengung, und vergeblich versucht hatte, aus meiner unbequemen Position heraus die Situation einzuschätzen, wagte ich es schließlich, vorsichtig den Kopf zu bewegen. Gerade so viel, dass ich eine etwas erweiterte Rundumsicht gewann. Die mich umgebende Dunkelheit wich gleichwohl keinen Millimeter. Nur auf meinen Gehörsinn schien noch Verlass: Die Stille, in der jedes Rascheln der Blätter und Zweige einen Angreifer verraten hätte, blieb unverändert. Während mein Herz das Blut wie verrückt durch die Adern pumpte, sich gleichzeitig ein leichtes Frösteln im Körper ausbreitete, entschloss ich mich, meine hilflose Lage vorsichtig zu verändern. Wie in Zeitlupe zog ich die Beine an, den Rücken gegen den Baum gepresst. Ich wartete. Auf ein Zeichen aus der Dunkelheit, etwas, das meine instinktive Angst bestätigen würde. Meine Augen suchten den mich umgebenden Wald nach einer winzigen Helligkeit ab.

Als ich sie entdeckte, wünschte ich mir die Finsternis zurück: Unbewegt stachen zwei irisierend grüne Punkte aus der Nacht; wie von einem kalten Feuer entzündet, klar und unbeweglich. Es war zu dunkel, um die Entfernung abschätzen zu können. Der Größe nach zu urteilen mochten es fünf Meter sein, oder zehn? Aber auf welcher Höhe? Im Baum? Darunter? *Der Leopard lauert lautlos in den Ästen...* Wartete er auf mich? Meine Angst ließ mich einfrieren. Hypnotisiert starrte ich in seine grünen Augen.

Allmählich meldete sich mein Verstand zu Wort; begann

einen inneren Austausch mit meiner übermächtigen Angst; sagte mir, dass der Leopard mich schon längst hätte töten können, während ich geschlafen hatte. Die Angst sagte mir auch, dass die Raubkatze nur bewegte Ziele angriff; dass die Gefahr wachsen würde, sobald ich aufstünde. Während sich mein Blick unverwandt in die grünen Augen des Leoparden bohrte, hörte ich sein Knurren. Hatte ich mich bewegt? Die Reaktion des Raubtiers ließ mich erstarren. Sein Knurren klang wie das eines großen Hundes, der seinen Unmut kundtut. Nur lauter, guttural, etwas heiser, voll unterdrückter Wut. Ich umklammerte meine zitternden Knie fester. Nichts geschah. Die Sekunden dehnten sich zu Minuten, schwollen zu Stunden. Beruhigend spürte ich den festen Stamm des Baums hinter mir. Mein Kreislauf, meine Atmung fanden wieder ihren normalen Rhythmus. Die panische Angst wich langsam dem Gefühl des Ärgers über den Zustand der Belagerung. Ich empfand ihn zunehmend als ärgerlich, als etwas, das ich abschütteln wollte.

Das Licht am Übergang von der Schwärze der Nacht zur Glut des Morgens schimmerte fahlgrau und kündete vom nahen Sonnenaufgang, dem rasch die Hitze des Tages folgen würde. Gefiltert durch das dichte Blätterdach drang es zu mir auf den Boden. Langsam traten die Konturen aus dem schwarzen Urwald hervor; zunächst die des dichten Laubdachs der Bäume, ihre gewaltigen Kronen, geschmückt mit rankenden Schmarotzern; dann die senkrechten, Vertrauen erweckenden Stämme der Baumriesen. Dann sah ich ihn. Den Kopf auf den Ast gelegt, auf dem auch sein dunkler Körper ruhte, fixierte er mich – sein potenzielles Opfer – nahezu bewegungslos. Lediglich sein langer Schwanz, den ich ganz zuletzt – wie in einem Suchspiel – zwischen den Lianen und Blättern ausmachte, bewegte sich gelegentlich. Elegant, sehr kontrolliert, ein Zeichen der eigenen Anspannung seines von mir nicht kalkulierbaren Temperaments. Ausdruck eines spielerischen Umgangs mit seiner Kraft. Der ich nichts entgegenzusetzen hatte. Nichts als den Willen zu überleben.

»Wenn du etwas von mir willst, dann jetzt! Sonst hau ab!« Mein Aufschrei fand ein bizarres Echo im erschrockenen Gekreische eines plötzlich erwachten Vogels, dem andere Vogelstimmen folgten. Mein durch ihre Stimmen vervielfachter Aufschrei war wie eine Befreiung. Ich warf die unerträgliche Spannung ab, die mich wie in eine Zwangsjacke eingeschnürt gehalten hatte. Als Antwort riss der Leopard sein zahnbewehrtes Maul weit auf, stöhnte mir noch einmal sein bellendes Fauchen entgegen. Dann sprang er mit einem geschmeidigen Satz, einer aus dem Nichts kommenden federnden Bewegung, von seinem Ast. Seitwärts, mit dem Schwanz das Gleichgewicht ausbalancierend. Sofort verschluckte die Dämmerung seinen Körper.

Die Hände abgestützt, rutschte ich langsam am Stamm hoch, bis ich stand. Sekundenlang hörte ich noch das Knacken von Ästen, das Rascheln des Laubs. Ich stolperte los, über Wurzeln und abgestorbene Bäume, der diffus aus dem Osten einfallenden Helligkeit des beginnenden Morgens entgegen. Ich hatte in diesem urwüchsigen Chaos keinerlei Orientierung. Irgendwann sah ich Wasser zwischen den Bäumen schimmern, eine glitzernd ruhende Oberfläche, klar wie ein Spiegel: der breite Seitenarm eines Flusses. Zu meinen Füßen die beruhigende Weite der Wasseroberfläche, hinter mir die bedrückende Dichte des Waldes. Langsam kniete ich mich hin, sah mich vorsichtig und aufmerksam um.

Er war vor mir angekommen. Den muskulösen Hals weit vorgestreckt, während sein Körper angespannt auf sehnigen Beinen ruhte, trank er das Wasser. Ganz ruhig. Nur kurz unterbrach er, drehte den Kopf in meine Richtung, als wollte er mir höhnisch zunicken: Na, auch schon da? Dann trank er gelassen weiter. Er war nicht schwarz, wie ich zuerst angenommen hatte. Die ersten Strahlen der Sonne zeigten sein dezent geflecktes Fell, wie mit einem dunklen Netz überzogen. Ein Meister der Tarnung, der sich seiner Umgebung des ständigen Wechselspiels von Licht und Schatten frappierend angepasst hatte. Nach einem letzten, etwas abschätzigen Blick in meine Richtung federte er mit wenigen langen Sprüngen in den Urwald zurück. Dorthin, wo er zu Hause war und wohin ich mich verlaufen hatte.

Ich bin oft vor verseuchtem Wasser in Afrika gewarnt worden. Aber mein grünäugiger Begleiter hatte mir vorgeführt, dass das Wasser dieses Flusses genießbar war. Mit einem merkwürdigen Gefühl der Dankbarkeit beugte ich mich über das Wasser, um es mir mit beiden Händen in mein verschwitztes Gesicht schaufeln zu können. Ich hielt erschrocken inne. Auf der Wasseroberfläche spiegelte sich ein weißes Gesicht, in dem dunkle Augenhöhlen ruhten. Das Gesicht des Todes. Mein Gesicht. Nur langsam setzte mein Gehirn das Puzzle der Erinnerung zusammen. Sie hatten meinen ganzen Körper mit einem Öl eingerieben und dann mit weißem Kaolin gepudert, der Farbe des Todes. So gezeichnet, war ich davongerannt, hinein in den Urwald.

Entschlossen klatschte ich mir das Wasser ins Gesicht, gewillt, mein hässliches Spiegelbild zu zerstören. Immer wieder, bis das Wasser sich mit der leicht öligen Substanz, die auf meiner Haut lag, und dem Kaolin zu einer mehr oder weniger weißlichen Schliere im Fluss auflöste, die meine Beine umspülte. Meine Hände, mein ganzer Körper fühlten sich klebrig und schmutzig an. Ich roch nach dem Schweiß der Todesangst und sah hinaus auf den Fluss. Ein hauchfeiner Schleier feuchter Luft hing noch über dem träumenden Wasser; löste sich in den ersten Strahlen der Morgensonne auf. Meine Angst vor tiefem Wasser ignorierend, watete ich langsam hinein, fühlte den Sand unter meinen Füßen, hob ihn instinktiv auf und begann, meine Beine damit abzureiben. Immer schneller schrubbte ich das Zeug von meiner Haut, legte mich schließlich ins Wasser, wühlte es auf, wälzte mich darin, kugelte herum – und verlor schlagartig die Orientierung. Eine Untiefe im Flussbett, die ich nicht bemerkt hatte, zog mich nach unten. Ich schluckte Wasser, prustete, schlug um mich, fand irgendwo wieder Halt und kam hustend an die Oberfläche. Keuchend krabbelte ich auf allen vieren zurück ans Ufer, blieb schwer atmend liegen. Meine Augen suchten die hellen Strahlen der Sonne, die erlösende Kraft ihrer Wärme.

Der Kreis des Erinnerns

»Wieder dieser Traum von Afrika?« Aus weiter Ferne drangen die Worte an mein Ohr. »Du bist ja schweißgebadet!« Meine Tochter Janet saß an meinem Bett, strich mir sanft die nass geschwitzten Haare aus der feuchten Stirn, solange ich noch versuchte, meine Orientierung wiederzugewinnen. Nicht das Licht Afrikas wärmte mich, sondern die Sonne, die durch mein Berliner Schlafzimmerfenster schien. Die Sonne war dieselbe. Nur machte sie sich in diesem feuchten Sommer des Jahres 2000 ausgesprochen rar. Ich setzte mich schwerfällig auf: »Wieso bist du schon wach?«, fragte ich. Janets dunkle Augen wirkten müde, ihr Teint war blass. »Du bist doch nicht etwa gerade nach Hause gekommen?«, fragte ich mit mütterlichem Reflex.

»Wir haben durchgefeiert«, antwortete sie, »als ich die Wohnungstür öffnete, habe ich dich stöhnen hören. Peter sagt, du träumst in letzter Zeit oft von Afrika.«

»Ich schwamm in diesem Fluss«, sagte ich matt, »und wollte mich waschen; plötzlich wurde das Wasser tief.«

»Du hättest wirklich mal schwimmen lernen sollen«, lachte Janet. »Wieso träumst du davon? Ist das nicht schon lange her?«

»Das ist inzwischen wirklich lange her, dass ich im Kult der Oberpriesterin Odame meine Einweihung in die geheimen

Riten und Bräuche der weisen Frauen erlebte«, gab ich zu, »aber es verfolgt mich bis heute.«

»Warum? Was war so schlimm daran?«

»Es war nicht schlimm«, antwortete ich langsam, »eigentlich war es eine Bereicherung, ich habe viel über mich selbst, das Leben und den Tod erfahren.«

»... du scheinst es aber irgendwie nicht verarbeitet zu haben«, unterbrach Janet.

»Mag sein«, gab ich zu. Mein Blick fiel auf den kleinen Altar neben meinem Bett, auf die dunkle Büste Jelemas.

Janet folgte der Richtung meiner Augen. »In der ganzen Wohnung hast du dieses afrikanische Zeugs.« Sie machte die zwei Schritte hinüber zu meinem Altar, ihre schlanken Finger glitten sanft über das blank polierte, fein gemaserte, dunkle Holz des edlen Frauenkopfs: »Wer ist das eigentlich?«

»Victors Urgroßmutter Jelema«, sagte ich und fügte lächelnd hinzu: »Seine Ahnin.« Janets Augen sahen mich fragend an. »Du hast dich bislang nie für Afrika interessieren wollen«, sagte ich. Janet machte einige impulsive Schritte fort vom Altar, als suchte sie dadurch instinktiv den äußeren Abstand, der in Wahrheit ihre innere Distanz zu diesem Thema darstellte. »Aber du hast Afrika in dir«, fügte ich hinzu. Ich spürte, dass dies nicht der Moment war, um die Sache zu vertiefen. Janet war übermüdet.

Mein allmählich erwachendes Hirn hatte einen Satz meiner 25-jährigen Tochter gespeichert: »Vielleicht hast du Recht, dass ich das alles immer noch nicht verarbeitet habe.« Ich sah in die starr auf mich gerichteten Augen von Jelemas hölzerner Büste: »Während ich diese Einweihung erlebte ...« Ich brach ab, wo sollte ich beginnen? »Da waren etwa fünfzig Frauen und junge Mädchen gemeinsam mit mir, keine von ihnen sprach deutsch, nur einige konnten ein bisschen Englisch, das man Pidgin nennt. Vor allem aber war es jeder von uns verboten, über das zu sprechen, was wir erlebten. Das war ein Teil der Spielregeln, sozusagen. Wir mussten unsere Gedanken und Empfindungen für uns behalten. Die Oberpriesterin hatte uns dieses Schweigen auferlegt, damit wir durch unsere Erfahrungen stärker würden und sie nicht durch unnütz gesprochene Worte zerredeten. Eine Einweihung, man sagt auch Initiation, ist die Aufnahme in einen geheimen Kult. Und wenn du sie durchlebst, veränderst du dich – ob du willst oder nicht.«

Janet setzte sich zu Füßen des Altars auf den Boden und musterte mich nachdenklich. Ein paar Mal schon hatte ich versucht, meiner ältesten Tochter etwas von meinen Jahren in Nigeria zu erzählen. Nigeria, das war für sie das Land ihres Vaters John. Sie hatte nie die Gelegenheit, zu ihm, meinem ersten Mann, eine innere Verbindung aufzubauen; er hatte die Familie verlassen, um nach Nigeria zurückzukehren, als Janet vier und ihr Bruder Bobby zwei Jahre alt waren. Aus der unverschuldeten Unkenntnis war im Lauf der Jahre die Ablehnung der eigenen Wurzeln geworden.

»Victors Urgroßmutter?«, sagte Janet und sah zu dem Frauenkopf hinauf. »Hatte sie auch etwas mit dieser Einweihung zu tun?«

Eine Frage, an deren Beantwortung man sich jahrelang herangearbeitet hat, kann man letzten Endes nicht mit Ja oder Nein auf den Punkt bringen. »In gewisser Weise«, sagte ich. »Sie war wohl dabei, unsichtbar. Sie hat mich...«, ich suchte nach dem richtigen Wort, »... beschützt.«

»Das heißt, sie war tot? Aber ihr Geist war da?« Janet sah mich offen an: »Du fühltest ihre spirituelle Energie, meinst du das?« Jetzt war es an mir, meine Tochter überrascht zu mustern. Was wusste sie von diesen Dingen? Sie sprach von Castaneda und vom Buddhismus, von spirituellem Wissen, das sie in verschiedenen Religionen in ähnlicher Weise wieder gefunden hatte. Dann stutzte sie: »Und du hast das in Afrika entdeckt?« Es klang, als wollte sie sagen: Nanu, um was habe ich mich durch meine Ablehnung Afrika gegenüber gebracht? Ich, ihre eigene Mutter, besaß ein Wissen, für das sie sich schon lange interessierte! Noch nie hatten wir uns darüber ausgetauscht!

»Ich bleibe ein paar Tage hier bei dir in Berlin, bevor ich wieder zurück nach München muss.« Das war die Gelegenheit, auf die wir beide gewartet hatten! Ich, um meine Erinnerungen, die ich in Träumen zu bewältigen versuchte, aufzuarbeiten. Sie, um zu erfahren, dass die afrikanischen Wurzeln in ihr der Schlüssel zum Verständnis des eigenen Interesses für die mysteriöse, die magische, die spirituelle Seite des Lebens sind. »Das ist alles in Nigeria, im Land meines Vaters, passiert?«

»Im Südosten Nigerias, im Mündungsgebiet jenes Flusses, nach dem Nigeria benannt wurde, am Niger.«

»Da gibt es doch diese vielen Unruhen wegen des Öls?«

»Es ist auch eine Gegend, in der die alten Traditionen noch leben. Von dort unten, fünfzig Kilometer entfernt von den türkisfarbenen Wassern des Golfs von Benin, stammte Victors Familie, seine Urgroßmutter. Victor war ein Prinz, ausersehen, die Nachfolge seines Vaters anzutreten, um einen Stamm mit mehreren Zehntausend Menschen zu führen. Wir wollten heiraten. Ich konnte jedoch nur dann die Frau dieses Mannes werden, wenn ich zu denken und zu fühlen vermochte wie eine Afrikanerin. Damit die Menschen dort mich als eine der Ihren akzeptierten.«

»Mama, ich brauche jetzt erst mal einen starken Kaffee. Dann erzählst du mir – endlich – die ganze Geschichte, okay?« Ich nahm meine Tochter in die Arme. Nach so langen Jahren schlossen wir beide endlich den Kreis aus Vergessen und Erinnern, Fragen und Verstehen.

Ein Trip ins Ungewisse

Gibt es sie – eine Insel des Glücks, ein kleines Paradies, das man nur für sich selbst hat? Die man teilt mit dem Menschen, den man liebt, während man denkt, dass alles so bleiben müsste. Ich jedenfalls hatte lange geglaubt, mit Victor in diesem Paradies zu leben. Vielleicht, weil unser Paradies tatsächlich so weit entfernt war von all den Problemen des Alltags: Wir wohnten in einem über einhundert Jahre alten, prächtigen Kolonialbau aus Holz inmitten eines Parks voller alter Bäume mit Swimmingpool und Tennisplatz. Victors Vater, Chief William, hatte dafür gesorgt, dass sein Sohn wahrhaft königlich residierte. Unser Paradies lag in Ikoyi, einem eleganten Stadtteil auf Lagos-Island. Die überquellenden, farbenfrohen Märkte, die lauten, belebten Straßen, die fröhlich schwatzenden und singenden Menschen der Multi-Millionen-Metropole Lagos mit ihren kalten Hochhäusern aus Beton, Stahl und Glas, die die nigerianische Großstadt dem Ölboom der Siebzigerjahre verdankte, waren ebenso weit entfernt wie die Slums, in denen unzählige traurige Gesichter auf ein besseres Morgen hofften.

Seit zweieinhalb Jahren lebte ich bereits in Nigeria, dem riesigen Land im Westen Afrikas. Als ich kam, wollte ich meinem Vater helfen, einen Auto-Import abzuwickeln. Es blieb ein Berg von Schulden und ich kehrte zurück in das riesige

Land im Westen Afrikas, um diese Schulden mit einem sehr guten Auslandsgehalt als Managerin wieder abzuarbeiten. Ich lernte Victor kennen, meinen Prinzen. Die Scheidung von meinem ersten Mann John war schon lange eingereicht; trotzdem hatte ich nicht nach dieser neuen Liebe gesucht. Sie hatte mich gefunden. Victors Liebe entschädigte mich für all die Enttäuschungen, die ich erlebt hatte.

Das wirkliche Leben, jenes außerhalb unseres kleinen Paradieses, holte uns nach einer viel zu kurzen Zeit der Harmonie mit langen Krakenarmen in die Realität zurück. Denn Victor wollte sich nicht mit dem Leben eines reichen Müßiggängers zufrieden geben. Er war der einzige Sohn seines Vaters. Chief Williams Clan beherrschte seit Generationen ein Gebiet im Delta des Flusses Niger, in dem internationale Ölkonzerne schwarzes Gold förderten. Das von der Natur zwar reich gesegnete, aber rückständige Land war quasi über Nacht zum Quell unvorstellbaren Wohlstands geworden. Die Ausbeutung der Natur hinterließ ein Schlachtfeld. Victor, in London geboren und europäisch denkend, glaubte seine Aufgabe gefunden zu haben: Er wollte verhindern, dass sein Land noch mehr Schaden nimmt. Das war das Ende unseres privaten Paradieses. Nirgendwo auf der Welt lassen sich die Mächtigen ihre Pfründe wegnehmen. In Nigeria, diese Erfahrung hatte ich Victor leider voraus, erst recht nicht. Die Korruption war dort eine unheilige Allianz mit der ältesten und sagenumwobensten Macht des Schwarzen Kontinents eingegangen – der Magie.

Wie ein schleichendes Gift infizierte sie unser Paradies und vertrieb uns letztlich daraus – ohne dass wir auch nur ansatzweise verstanden hätten, um was es ging: Den feigen Mord an einem von Victors Dobermann-Hunden brachten wir damals noch in Verbindung mit einem Umweltskandal, den Victor im Delta des Nigerflusses aufgedeckt hatte. Dann wurde einer von Victors Stallburschen ermordet vor unserem Haus aufgefunden. Zum ersten Mal griff damals Victors Vater William ein. Er bat seinen Sohn, einen *herbalist,* eine Art Wunderdoktor, aufzusuchen, der sich mit schwarzer Magie auskannte.

»Lachhaft«, hatte Victor gesagt, »ist es schwarze Magie, einen Mann und einen Hund umzubringen?« Die wahren Worte des wissenden Mannes verriet Victor mir nicht. Aber ich spürte, was er gefühlt haben mochte: Er stand auf schwankendem Boden. Dem Boden des mystischen Afrikas, in dem der Glaube an Magie den Alltag auch jener Menschen beeinflusst, die ihr skeptisch gegenüberstehen. Kurz nach unserer Rückkehr vom *herbalist* ereignete sich der traurige Höhepunkt der niemals aufgeklärten Zwischenfälle – ein direkter Anschlag auf Victors Leben: Bei einem Poloturnier im Norden Nigerias stürzte Victor schwer. Ein angreifender Falke hatte ein Auge seines Poloponys ausgehackt; es hatte gescheut, Victor abgeworfen und war dabei auf seinen Unterschenkel getreten. Für diesen Vorfall konnte es keine vernünftige Erklärung mehr geben – wenn man die Vorgeschichte kannte. William wusste darum und zog die Konsequenzen; der Stammeschef wollte seinen Clan an den in ihren Augen *weißen* Victor heranführen. Und umgekehrt. Auch Victor sollte dazulernen.

»Mein Vater bittet uns, ihn in seinem Palast im Nigerdelta zu besuchen«, eröffnete Victor mir. Ich glaubte, wir hätten eine Art Höflichkeitsbesuch zu absolvieren. Doch Victor wusste, dass es um mehr ging: Er saß mit eingegipstem rechten Unterschenkel in der Bibliothek seines idyllischen Hauses. Bereit, sich der Herausforderung zu stellen, las er alles, was er über nigerianische Traditionen in die Finger bekommen konnte: »Wenn ich ein gerechter König sein will, muss ich mich mit den Traditionen meines Clans vertraut machen«, sagte er zu mir. Ein Satz, den ihm der Kopf diktierte.

Doch wir hatten keine Ahnung, was das war – die alten Traditionen. Victor hatte von den dreißig Jahren seines Lebens bis auf die letzten zwei nur im westlichen, im weißen Ausland gelebt. Seine Mutter war Engländerin, erzogen war er in Internaten in England und der Schweiz. Was konnte so ein Mann vom alten Afrika wissen?

Stundenlang fuhren wir mit Victors klimatisiertem Range Rover durch die dichte Vegetation des Regenwalds, hörten englische Popsongs. Wir befanden uns in so etwas Ähnlichem wie Ferienlaune, machten eine Fahrt ins Blaue. Ich zumindest verdrängte den Gedanken, dass es ein Trip ins Ungewisse war. Zehn Stunden später hielten wir tief im Süden des Landes – inmitten urwüchsig wuchernder grüner Natur – vor einem beinahe bescheiden wirkenden Palast, der aussah, als wäre er aus diesem fruchtbaren Boden herausgewachsen. Waren die Häuser dieser Gegend sonst zumeist einfache Bauten mit weit vorstehenden Palmwedel- oder schlichten Blechdächern, so erschien dieses Haus als ein kubischer Klotz, dessen Außenwände weiß gestrichen waren. Den Reichtum der Familie ließ das Bauwerk von außen nicht erahnen.

Eine Schar bunt gekleideter Frauen strömte zu unserem Empfang zusammen, fast nackte Kinder umschwirrten uns und befühlten unsere europäische Kleidung. Ich trug einen leichten Rock, Bluse und halbhohe Pumps – ich wollte ja einen guten Eindruck machen. Victor, stets der britische Gentleman mit der Vorliebe für italienische Designeranzüge, stützte sich auf seinen eleganten Stock mit dem silbernen Griff – ein Edelmann zu Besuch bei den armen Verwandten. Sein natürlicher Charme und seine Warmherzigkeit, die für jeden ein freundliches Wort fand, spannte die Brücke zu den

Herzen der Menschen im Dorf, das wohl an die 2 000 Einwohner gehabt haben mochte. Ohne Geschenke durfte man in Afrika nie reisen – wir hatten den ganzen Kofferraum voll. Victor, ohnehin ein Fan edlen französischen Parfüms, deckte die versammelte Verwandtschaft großzügig ein. Schwere Ballen kostbarer Stoffe für die afrikanischen Wickelkleider, *wrapper* genannt, waren meine »Mitbringsel«, die von den Frauen dankbar entgegengenommen wurden. Kaum jemand sprach Englisch, und wenn, dann nur Pidgin, in der die Worte oftmals eine ganz andere Bedeutung haben.

Glücklicherweise wurde mir gleich bei der Ankunft meine persönliche Dienerin Ifeoma zugeteilt. Ifeoma war sechs Jahre lang auf eine englische Missionsschule gegangen und sprach gutes Englisch. Victor erhielt seinerseits einen Diener. Noch während ich gemeinsam mit Ifeoma die Geschenke verteilte, wurde Victor von seinem Vater beiseite genommen. Eine Gruppe groß gewachsener Männer, gekleidet in bodenlange afrikanische Gewänder, mit kreisrunden Mützen auf dem Kopf, hielt sich dezent im Hintergrund. Victor und William besprachen sich kurz mit ihnen, dann kam Victor zu mir.

»Wir müssen uns leider ziemlich umstellen, Liebes«, sagte Victor, »in der Welt meines Vaters leben Frauen und Männer getrennt. Für die Geschlechter gibt es verschiedene Häuser.«

Ich sah Victor fassungslos an. Damit hatte ich nun wirklich nicht gerechnet! »Heißt das, wir können uns nicht sehen, wann wir wollen?«

»Ich habe keine Erfahrung im Umgang mit dem Zeremoniell im Palast«, antwortete Victor ausweichend. Ifeoma stand in diesem Augenblick dezent beiseite, hatte aber offensichtlich jedes unserer Worte – Victor und ich sprachen nur Englisch miteinander – verstanden. Ich spürte ihren Blick und wandte mich an sie: »Kannst du mir das erklären?«

Ifeoma schlug die Augen nieder, sie fühlte sich wohl als Lauscherin ertappt und lächelte verlegen. Sie deutete auf Victors neuen Diener Edo – einen dünnen, hoch aufgeschossenen Burschen mit langärmligem hellem Hemd, schwarzen, zu kurzen Hosen und nackten Füßen; er trug nie etwas anderes. »Dafür sind wir da«, sagte Ifeoma. »Sie müssen Ihren Diener zu mir schicken, Sir, ich begleite *madam* dann zu Ihren Gemächern.«

Victor lachte prustend los: »Das kann doch wohl nicht wahr sein!« Ohne weiteren Kommentar ging er zu seinem Vater, besprach sich erneut mit ihm und kehrte zurück: »Ilona, das Mädchen hat Recht. Es ist wahr. Meine Großmutter Fara stellt hier die Benimmregeln auf. Ich werde Edo nachher zu dir schicken, dann sprechen wir weiter.« Kein Abschiedskuss, keine Umarmung, mit Diener und Gepäck eilte er zum Palast. Als wir uns am Abend wieder sahen, erklärte er sein sprödes Verhalten: »Ich wollte nicht, dass der halbe Palast unserer Unterhaltung zuhört. Zärtlichkeiten sind in der Öffentlichkeit auch tabu. Hier herrschen einige Konventionen, die respektiert werden müssen. Meinst du, du kommst damit zurecht?«

Wo Großmutter Fara regiert

Direkt nach unserer Ankunft fiel mir das auf jeden Fall schwer. Die vielen auf mich einstürzenden Eindrücke lenkten mich jedoch schnell ab. Ifeoma und die übrigen Frauen, die zu meiner Ankunft erschienen waren, führten mich durch einen Seiteneingang in das Palastareal. Es war von erstaunlicher Größe, flache Lehmbauten suchten zwischen den gewaltigen Palmen und den alten Bäumen mit ihren ausladenden Kronen Schutz vor der Sonne oder den gelegentlich sintflutartig niedergehenden Regengüssen. Unser Ziel war das Haus der Frauen, das im hinteren Teil des Areals lag. Mir wurde ein karg eingerichtetes Zimmer zugewiesen, das jedoch über ein europäisches Bett verfügte. Das einzige Zugeständnis an meine Herkunft. Denn jene Frau, die unsichtbar im Hintergrund die Fäden zog, an denen sich das Palastleben bewegte – Victors Großmutter Fara –, war darauf bedacht, dass ich keinen Sonderstatus genoss. Ich sollte von Anfang an eine Frau unter Gleichen sein. Dieses Zimmer teilte ich mit Ifeoma, meiner Dienerin, was mich zuerst verwunderte. Schon nach wenigen Minuten jedoch war mir klar, dass die Anwesenheit des jungen Mädchens gar nicht erst das Gefühl von Einsamkeit und Verlassensein aufkommen ließ.

Ifeoma als Dienerin zu bezeichnen fällt mir schwer. Ihre unkomplizierte und aufgeschlossene Art machte mir das

Mädchen von Anfang an sympathisch. Sie hatte ein schmales, beinahe puppenhaft hübsches Gesicht, das große dunkle, mit schwarzer Khol-Farbe umrandete Augen beherrschten. Ihre von der Arbeit muskulösen Arme glänzten leicht. Und sie war hochschwanger.

Ifeoma war offenkundig stolz auf ihren kugelrunden Bauch, betonte ihn zusätzlich mit bunten Stoffen, die sie um ihren grazilen Leib gewickelt trug. »Du bist noch sehr jung«, sagte ich vorsichtig.

Sie strahlte mich an: »16, *madam.*«

»Und bekommst schon ein Kind.«

»Ich bin seit einem Jahr verheiratet, *madam.* Francis hat mich gleich geheiratet, als ich aus dem *fathouse* gekommen bin, *madam.*«

Das mit dem *madam* musste als Erstes aufhören! Ich fühlte mich nicht als *madam* – ich war selbst erst dreißig geworden. Was in der Gegend, in der ich mich aufhielt, allerdings bereits ein gesegnetes Alter war. Wenn Ifeomas ungeborenes Kind später in diesem Tempo weitermachte, schritt sie mit dreißig bereits auf die Anrede Oma zu. Mit meinem Vornamen hatte Ifeoma einige Mühe, wir mussten das breite I lange – und mit viel Gekicher – üben. »Lebt dein Mann auch hier im Palast?«, fragte ich, um mehr über die Zusammenhänge dieser kleinen Welt verstehen zu können.

»Francis ist der Fahrer von Chief William. Er ist viel unterwegs.« Ifeoma zog die Mundwinkel herunter. »Er ist ein guter Mann, aber er hat noch zwei andere Frauen.«

»Das findest du nicht so gut?«

»Ich wusste es ja vorher. Seine zweite Frau kann keine Kinder bekommen, die erste hat ihm nur Töchter geboren.« Ifeoma strahlte mich an: »Aber ich bekomme einen Sohn. Hier, fühl, wie stark er schon ist.« Durch die vielen Stoffe auf ihrem Leib spürte ich das entstehende Leben.

»Hat Chief William bestimmt, dass du meine Dienerin werden sollst?«

Ifeoma sah mich ungläubig an; ich schien etwas Falsches gefragt zu haben. »Großmutter Fara entscheidet solche Sachen«, sagte Ifeoma, »sie steht dem Palast vor.« *Großmutter* Fara – hieß das, Victor und Ifeoma waren verwandt? Ifeoma kicherte: »Wir sind alle miteinander verwandt, irgendwie. Victor ist mein Cousin, irgendwie.« Sie lachte unbekümmert.

»Trotzdem redest du ihn mit *Sir* an?«, fragte ich verblüfft.

»Dein Mann Victor wird unser Chief!« Ifeoma schien über meine Frage erstaunt zu sein. Sie schob nach: »Ich habe ihn heute das erste Mal gesehen.« Sie musterte mich neugierig: »Bist du schon lange seine Frau?« Wir hatten uns inzwischen anderen Frauen angeschlossen, kochten gemeinsam mit ihnen an der offenen Feuerstelle neben unserem Frauenhaus. Ifeoma hatte mir ein afrikanisches Wickelkleid und offene Ledersandalen gegeben, die für die am Boden ausgeführte Arbeit wesentlich bequemer waren als meine europäische Kleidung. Im Umgang mit afrikanischen Küchen war ich mittlerweile geübt. Im Haus in Lagos, das dem Schwager meines ersten Mannes John gehörte, hatte ich Kochen als gesellschaftliches Ereignis schätzen gelernt. So ging es viel leichter, eine Verbindung zu den Frauen zu knüpfen.

Wie sollte ich diesem Mädchen erklären, dass ich noch nicht offiziell von meinem ersten Mann John geschieden war und Victor eher durch Zufall in einem Restaurant in London kennen gelernt und später in einer Anwaltskanzlei in Lagos wieder getroffen hatte?! Sie musste mich ja für ein mondänes Superweib halten! Ich zog mich auf die Fakten zurück; mit einfachen Worten konnte ich mich auch viel leichter den anderen Frauen, die nicht so gut Englisch sprachen wie

Ifeoma, verständlich machen: »Wir kennen uns ungefähr zwei Jahre, sind aber noch nicht verheiratet. Deswegen bin ich hier – um vor unserer Hochzeit Victors Familie kennen zu lernen.«

Ich genoss das scharfe, aber leckere afrikanische Essen, meinen Durst nach mehr Information über das Palastleben stillte ich erst, als Ifeoma und ich wieder allein in unserem Zimmer waren. Als Neue wollte ich nicht durch übertriebene Neugier auffallen: »Wie gehören eigentlich Großmutter Fara und Chief William zusammen?«, fragte ich.

»Chief William ist Faras Sohn. Mein Mann Francis sagt, dass er gern für den Chief arbeitet. Er ist ein gerechter Chef. Ein Cousin von Francis arbeitet für den Bruder von Chief William, für Chief Sunny.« Ifeoma verdrehte die Augen: »Chief Sunny fährt zwar das schönere Auto, aber er ist ein sehr ungerechter Mann, der viel schimpft.« Ifeoma hielt erschrocken inne.

»Keine Sorge«, sagte ich, »ich verrate nichts, was du mir erzählst!«

»Und dein Mann Victor?«

»Oh«, sagte ich, »ich habe den Eindruck, Victor und sein Onkel sind nicht die besten Freunde.« Ich erinnerte mich an zwei Begegnungen mit diesem Sunny, einem gedrungenen Mann, der sich mit Sonnenbrille und Leopardenmütze schmückte. Und statt eines Hundes einen Falken in seinem BMW mitnahm. Beim ersten Mal traf ich Sunny auf einem Fest in Lagos, das er durch seinen bloßen Auftritt dominierte. Mich behandelte er von oben herab. Das zweite Mal traf ich ihn, als in der Nähe der für ihre Ölförderanlagen berüchtigten Stadt Warri im Nigerdelta eine Pipeline explodiert war. Victor wollte Lazarette errichten lassen – er scheiterte an Sunnys pompös zur Schau gestellten Autorität. »Sunny ist ein typischer afrikanischer *trickster*. Er verkörpert die ganze Korruptheit dieses Landes«, hatte Victor damals gesagt.

Da war ein Wort, das ich in Ifeomas Erzählung nicht verstand: »Was heißt das: Du hast geheiratet, als du aus dem *fathouse* kamst? Was ist ein *fathouse*?«

Ifeoma zuckte mit den Schultern, als könnte sie die Frage nicht so ohne weiteres beantworten: »Eine Art Schule«, sagte sie schließlich. »Ich war dort nach sechs Jahren in der Missionsschule, um Dinge zu lernen, die man wissen muss, um eine Frau zu werden.«

»Warst du lange dort?«

»Großmutter Fara hatte entschieden, dass ich zwei Jahre zu bleiben hatte. Es gibt aber auch Mädchen, die...« Ifeoma konnte den Satz nicht vollenden. Eine ältere Frau betrat unser Zimmer und sprach mit Ifeoma in ihrer Stammessprache, die ich nie erlernte. Die Antwort Ifeomas war ein Kichern: »Dein Mann Victor möchte dich sehen, sein Diener erwartet uns draußen. Ich begleite dich zu seinem Haus.« Rasch tauschte ich das Wickelkleid gegen meine europäische Kleidung. Ich wollte meinem Prinzen nicht gleich am ersten Abend als halbe Afrikanerin gegenübertreten, denn Victor achtete sehr auf solche Äußerlichkeiten und grenzte sich auch in seinem eigenen Auftreten von den anderen Männern stets ab.

Diener Edo stakste mit hängenden Schultern voraus. Wir, die kugelrunde Ifeoma im afrikanischen, farbenfrohen *wrapper*, dem traditionellen Wickelkleid, und ich, die westlich gekleidete Managerin auf Urlaub, hinterher. Es muss ein erheiternder Anblick gewesen sein. Vielleicht kicherten die Frauen, die uns auf unserem Marsch durch die Gärten begegneten, deshalb? Als wir schon fast das unscheinbare Haus Victors erreicht hatten, wurde mir klar, was los war: »Ich wünsche dir schöne Stunden mit deinem Mann«, sagte Ifeoma und kicherte wieder. Sie hatten mich zum Vollzug meiner Ehepflichten begleitet. Meine Güte, wo war ich hier gelandet? In einer Missionsschule oder was? Der ganze Palast war im Bilde, wenn Victor und ich die gegenseitige Nähe suchten. Peinlich!

Victors sanfte Leidenschaftlichkeit entschädigte mich für dieses formelle Ritual und schon mein zweiter abendlicher Besuch hatte den prickelnden Reiz einer neuen Erfahrung: Ich wurde meinem Liebsten zugeführt. Sollte doch der ganze Palast wissen, dass er in meinen Armen glücklich war.

Ohne Umschweife gab Victor allerdings zu, dass seine in europäischen Internaten antrainierte Ritterlichkeit einen dezenteren Umgang mit unserem Gefühlsleben durchaus für wünschenswert hielt: »Andererseits, ich kann nicht gleich zu Anfang die alten Traditionen über den Haufen werfen. Meine Großmutter Fara führt ein ziemlich strenges Regiment, die alten Traditionen gehen ihr über alles. Wenn ich ihr sagen würde, dass du mit mir in einem Haus wohnst – ich glaube, sie würde das nicht verstehen.«

»Was würde sie tun?«

»Keine Ahnung, ich kenne Großmutter Fara dafür viel zu wenig. Ich habe sie bislang nur ein- oder zweimal zu Gesicht bekommen. Sie ist immer in ihren Zimmern, umgeben von einem ganzen Haufen Enkelinnen, Urenkelinnen, Frauen, Dienerinnen und Ratgeberinnen. Und dort darf kein Mann hin, allenfalls ein Knabe. Fara und ihre Frauen sind die eigentliche Machtzentrale des Palasts.«

»Ich dachte, dein Vater hätte das Sagen?«

»Außerhalb des Palasts schon!« Victor lachte. »Das ist hier eine ganz eigenartige Aufgabenteilung. Seit Ewigkeiten ist das so. Vater ist für die Rechtsprechung zuständig als Chef des Clans und König des Stammes. Wie du weißt, verteilt sich unser Stamm auf einige dutzend Dörfer. Mein Vater ist so was wie ein oberster Richter. Aber hier im Dorf und Palast, da hat seine Mutter das Sagen. Mein Vater sagt, sie sei eine sehr kluge Familienpolitikerin.«

»Wie meint er das?«

»Großmutter Fara hat zum Beispiel zu entscheiden, wer wen heiratet. Und wer wen nicht! Oder sie bestimmt, welche Frauen wie einander helfen können. Sie schlichtet Streit. Du siehst, sie hat echte Macht.«

»Wie kann sie das, wenn sie, wie du sagst, sich immer nur in ihren Zimmern aufhält?«

»Die Ratgeberinnen, Liebes, die sind ihre Verbindung zur Außenwelt und der wichtigste Teil des Geheimbundes der Frauen.«

Ich wurde hellhörig: »Geheimbund? Was bedeutet das?«

»Geheimbünde sind die Wächter der Traditionen; Männer und Frauen sind in verschiedenen Kulten zusammengeschlossen. Bei wichtigen Anlässen stimmen sie sich in geheimen Treffen untereinander ab. Das Ergebnis ist das Gesetz des Palastes.«

»Stecken sie denn auch die Köpfe über uns zusammen – ohne uns zu fragen?« Ich konnte meine Empörung und mein Unverständnis kaum verbergen. »Gibt es denn überhaupt nicht so etwas wie eine persönliche Entscheidungsfreiheit?«

»Individualität meinst du? Mein Vater hat mir das mal so erklärt: Wenn du einen Eimer Wasser siehst, dann siehst du ein Gefäß und eine Menge Wassertropfen, die du in diesem Zustand nicht voneinander unterscheiden kannst. Es ist die Gesamtheit, die zählt.«

Ich sah Victor skeptisch an: »Meinst du, wir kommen mit diesem Denken zurecht?«

»Ich weiß«, antwortete Victor, »dass mein Vater auch nicht so denkt. Er hat sein Eimerbild ein bisschen präzisiert. Er sagte: Hast du schon mal einen afrikanischen Wassereimer gesehen, in dem nichts an der Oberfläche schwimmt? Ich nicht. Das ist unser Ausweg: Wir werden von den anderen getragen und machen dadurch aus diesem Eimer voller Wasser wiederum etwas Besonderes.«

Wir schmiegten uns dicht aneinander. Ich spürte, dass ich – wenn ich schon im *Wassereimer* zu schwimmen hatte – an seiner Seite nicht untergehen würde; Victor konnte ich vertrauen. Ohne dieses tiefe Vertrauen zwischen uns wäre es mir unmöglich gewesen, jene Mitteilung zu verkraften, die Victor mir an unserem zweiten Abend im Palast machte und deren Inhalt weder er noch ich akzeptieren konnte: »Die Bünde der Frauen und Männer haben ein paar Monate nach meiner Geburt beschlossen, welches Mädchen ich heiraten soll.«

Zunächst reagierte ich mit einem albernen Witz, denn selbst Victors Vater war einverstanden, dass wir beide heiraten wollten: »Na, die können mich doch gar nicht gekannt haben.« Victor meinte es ernst. Nein, die besagten Geheimbünde meinten es ernst. »Wie konnten sie so etwas festlegen? Du bist doch nicht einmal hier, sondern in London zur Welt gekommen.«

»Damals befragten die Priester ein Orakel, hat mein Vater gesagt. Dazu musste ich nicht in der Nähe sein. Und das Mädchen, um das es sich handelt, auch nicht. Sie war ja noch nicht einmal geboren. Denn aus dem Orakel sprachen die Ahnen.«

»Die wissen so etwas?«

»Ich kann es dir nicht erklären, wie sie das machen. Ich weiß ja selbst nicht viel mehr als du.«

»Victor, ich verstehe das alles nicht«, stöhnte ich auf. »Dein Vater ist doch auch einverstanden, dass wir heiraten. Warum hat er mich oder dich nicht auf diese Ahnen-Verheiraterei hingewiesen?« Ich sah in seine dunklen Augen und stellte die Gretchenfrage: »Willst du diese andere Frau denn wirklich heiraten?«

Victor nahm mein Gesicht in seine Hände; er antwortete ohne Zögern: »Ich habe zwar die Haut und die Haare eines Afrikaners, aber ich fühle nicht so. Ich fühle wie du. Und ich weiß, dass du gegen die Polygamie bist. Aber beantworte du mir eine Frage, Ilona: Wie kann ich eine Frau heiraten, die fast 15 Jahre jünger ist, ein Kind nach meinem Verständnis, das ich nicht einmal kenne!«

»Dein Vater ...«, begann ich noch einmal, aber Victor ließ mich nicht aussprechen, »... macht sich das vielleicht ein bisschen zu einfach. Dieses junge Mädchen soll nach dem Tod von Großmutter Fara deren Stelle als Vorsteherin des Palasts einnehmen. Der Wille der Ahnen, du weißt schon. Deshalb lebt sie seit ihrer Geburt im Haus von Großmutter Fara. Vater meint, wir beide wären alt genug, um mit dieser Regelung zurechtzukommen. Dieses Mädchen gilt zwar hier im Palast als meine erste Frau«, er küsste mich sanft, »du aber bist meine richtige Frau. Die, die ich liebe.« Er machte eine Pause: »Ich muss dir noch etwas sagen, Liebes. Die Versammlung der Stammesältesten hat beschlossen, dass wir eine Einweihung mitmachen müssen. Es ist vor allem mein Onkel Sunny, der darauf besteht.«

»Einweihung? Was soll das sein?«

»Mein Vater wird es uns beiden morgen erklären, hat er versprochen«, sagte Victor. »Bitte, lass uns jetzt nicht mehr davon reden.«

Victor war schon lange in meinen Armen eingeschlafen, als ich mit geöffneten Augen gegen die Decke aus Holzbalken und Lehm starrte. Ich hatte ein mulmiges Gefühl im Magen. Einweihung – das klang zwar sehr würdevoll. Ifeomas Worte fielen mir ein; sie hatte von einem *fathouse* gesprochen, das sie zwei Jahre lang besucht hatte, bevor sie heiratete. Victor erzählte von Geheimbünden und einer Großmutter, die er nicht kannte, die aber aller Geschicke bestimmte.

Nach welchem komplizierten Regelwerk funktionierte diese Welt? Hatte ich mich all dem am Ende zu unterwerfen, um als geliebte, aber letztlich nur zweite Frau mit Victor zu leben? Wollte ich das überhaupt?

Die Schultern der Ahnen

König William tat uns in perfektem Englisch mit dezent-aristokratischen Oxford-Touch kund: »Der Rat der Ältesten hat beschlossen, dass ihr beide eine Einweihung in die Stammesbräuche macht.« Ich sah Victor an, meinen schönen Prinzen mit der milchkaffeefarbenen Haut, fühlte, wie seine Hand nach meiner tastete. Williams Blick senkte sich auf unsere ineinander verschlungenen Hände und er fügte hinzu: »Victor wird sich dem Camp der Männer anschließen, Ilona dem der Frauen.« Ich spürte, wie sich der Druck von Victors Hand als Antwort auf Williams Worte verstärkte. Aber im Gesicht des geliebten Mannes regte sich kein Muskel.

Victors Hand löste sich aus meiner. Er umfasste mit seinen Händen, die nicht die eines Tatmenschen waren, meine Schultern und blickte mich ernsthaft an: »Das Wort des Ältestenrats hat Gewicht, Ilona. Wenn wir uns dagegen wehren, haben wir hier im Land meiner Familie keine Zukunft.« Ich glaubte in seinen tapferen Worten einen schwankenden Unterton zu erkennen; als würde er sie mehr an sich selbst als an mich richten. Ältestenrat, Einweihung, Camp – all diese Worte sagten mir nichts. Doch es war nicht der Zeitpunkt, um Fragen zu stellen. König William führte uns durch die großen, spärlich möblierten Räume des Palasts, die eine Atmosphäre traditioneller Autorität verströmten.

In keinem der Bücher, die Victor mir zu lesen gegeben hatte, um mich an seinem Leben Anteil haben zu lassen, damit ich als Frau an seiner Seite bestehen konnte, hatte ich den Satz gefunden, den Victors Vater nun zu uns sagte: »Wir stehen auf den Schultern unserer Ahnen.«

William hatte uns in seinem großen Palast zu einem Altarraum geführt. Ehrfürchtig blickten Victor und ich auf eine Frauenbüste, ein Meisterwerk aus fein gemasertem, dunklem Holz. »Dies ist deine Urgroßmutter Jelema«, sagte William, »ich habe ihr Bild anfertigen lassen, damit sie dich und mich an die Wurzeln erinnert, aus denen unser Leben entstanden ist.« William hatte den Altar mit frischen Blumen – Jasmin und Hibiscus – schmücken lassen. Leuchtendes Obst – Bananen, Papayas und Weintrauben – sowie glänzende große Muscheln und Seeschnecken waren darum drapiert. Die Büste selbst trug eine Kette aus großer, roter Koralle um den schlanken Hals. Eine gefüllte Schale frisches Wasser stand vor diesem fröhlich wirkenden Altar, der so gar nicht zu den ernsten Worten des 60-jährigen Patriarchen passen wollte.

Es überraschte mich, als William uns mit einem nachsichtigen Lächeln bedachte. »Victor weiß nichts von seiner Urgroßmutter. Wie sollte er auch?!« Wie ein großer Junge, der nicht wusste, wohin mit seinen Händen – so stand Victor vor seiner hölzernen Uroma. Diese Begegnung traf ihn ebenso unvorbereitet wie mich. William nahm auf einem aus Mahagoni geschnitzten Lehnhocker Platz, während wir uns daneben auf zwei kleinere Hocker setzen durften. Ich hatte William bereits als einen afrikanischen Gentleman mit europäischen Umgangsformen kennen gelernt, der es schaffte, unkompliziert menschliche Nähe herzustellen.

»Sagen Sie nicht mehr *Chief* und *Sir* zu mir«, hatte er ein paar Wochen zuvor zu mir gesagt, »nennen Sie mich William.« Wir hatten in seiner zweimotorigen Privatmaschine gesessen, er vorn neben dem Piloten, ich dahinter, und waren zu einem Poloturnier im Norden Nigerias geflogen. Zu der Zeit hatte William bereits einen Schritt getan, der einem Patriarchen alten Zuschnitts schwer fallen musste: Da ich in Lagos bereits als Controllerin für eine deutsche Firma gearbeitet hatte, setzte er mich kurzerhand als kaufmännische Geschäftsführerin seines Konzerns ein. Noch viel wichtiger war aber, dass er mich vom ersten Augenblick an als die Frau an der Seite seines einzigen Sohnes akzeptiert hatte. William war Pragmatiker, der die Dinge in Angriff nahm, anstatt sich von ihrem Lauf bestimmen zu lassen.

Genauso erklärte er nun Victor und mir, was es mit den *Schultern der Ahnen* auf sich habe. Er machte es mir leicht, seinen wichtigen Exkurs über afrikanisches Selbstverständnis zu verstehen, wenngleich seine Worte die Liebe zwischen Victor und mir für immer ihrer unschuldigen Unbekümmertheit beraubten: »Ihr befahrt den Fluss eures Lebens mit einem kleinen Boot, versucht, mit dem Paddel die Richtung zu halten, die Hindernisse zu umfahren«, begann William und sah uns mit seinen wissenden Augen an. »Aber ihr macht euch keine Gedanken darum, woher der Fluss kommt, aus welchen Quellen sich seine Wasser speisen«, fuhr er fort, »denn für euch zählt der Augenblick. Afrikaner sehen, dass die Wasser, die uns heute tragen, vor langer Zeit auf die Erde niedergegangen sind.« So weit konnte ich William durchaus folgen. Er schob eine weitere Erklärung nach: »Im afrikanischen Denken zählt die Vergangenheit mehr als der Augenblick; die Zukunft spielt keine so wichtige Rolle wie im weißen Denken. Unsere Ahnen haben unseren Lebensweg bereits bestimmt, bevor wir geboren wurden. Die Gegenwart ist dabei nur ein unbedeutender Punkt auf dem langen Fluss der Zeit.«

Dieser *unbedeutende Punkt* aber hatte für Victor und mich eine immense Bedeutung! Für William allerdings auch, denn er wollte, dass Victor sein Nachfolger würde. Der Stammeschef befand sich somit in einem inneren Konflikt: Er kämpfte für das Wohl seines Sohnes, das wiederum mit meinem eng verknüpft war – und hatte gleichzeitig den Willen der Ahnen zu respektieren. »Darum verlangt der Ältestenrat eure Einweihung«, schloss William seine Ausführung, »der Rat muss herausfinden, ob die Verbindung im Sinne der Ahnen ist.«

Was gingen uns längst verstorbene Vorfahren an? Wir fragten nach den Chancen der Zukunft, nicht nach der Vergangenheit. Und mussten lernen zu verstehen: In Afrika werden Entscheidungen der Gegenwart bereits im Gestern getroffen – das Boot, von dem William gesprochen hatte, war vor unseren Tagen gezimmert worden; wir setzten uns lediglich hinein. Ob wir heirateten oder nicht, das betraf nach dieser Sichtweise nicht nur uns beide. Es ging die Gemeinschaft an, aus der Victor stammte, in der seine Quellen lagen.

Es ging um Victors Ahnen; meine lagen etwa 6 000 Kilometer entfernt in kalter deutscher Erde begraben. Ebenso wie mein Wissen um sie. Vielleicht konnte ich mich deshalb leichter als er mit einer gewissen neugierigen Distanz auf das Kommende einlassen. Victor aber schien unruhig, rutschte auf dem unbequemen alten Holzhocker hin und her. Er trug noch immer seinen Gehgips am Bein; die Fraktur des rechten Unterschenkels heilte nur langsam. Aber Victor wollte seine Schmerzen nicht zeigen; nicht einmal als Vorwand, um sich der bevorstehenden Einweihung zu entziehen, mochte er den hinderlichen Gips benutzen.

»Du weißt, dass ich nicht wie mein Vater überzeugt bin, dass alles vorbestimmt ist«, sagte er, »aber ich glaube auch nicht an Zufälle. Was auch immer sich dort am Sitz der Familie ereignen wird – wir müssen es einfach akzeptieren und das Beste daraus machen.« Mit dieser Überzeugung war er losgefahren und entschlossen, danach zu handeln.

Ich saß auch nicht gerade bequem auf dem harten Hocker vor dem Altar der übrigens sehr schönen Urahnin mit dem klangvollen Namen Jelema. In ihren starr geradeaus gerichteten Augen konnte ich die Antwort auf meine brennenden Fragen nicht finden. Vorsichtig räusperte ich mich: »Was erwarten die Ahnen von uns bei dieser Einweihung im Camp? Was müssen wir da tun?«

Der alte Chief schenkte mir ein nachsichtiges Lächeln; in meinem Übereifer, alles richtig machen zu wollen, hatte ich mich anscheinend falsch ausgedrückt. »Keine Sorge, Ilona, Sie müssen nicht mit toten Vorfahren im Busch campieren!« Seine saloppen Worte nahmen der bedrückenden Feierlichkeit des Augenblicks das Gewicht. »So wie ich Sie einschätze, wird Ihnen das *fathouse* sogar gefallen. Es ist ein sinnlicher Ort, an dem Sie viele Fragen beantwortet bekommen, die Sie ohnehin an Afrika haben. Eine Reihe von alten Frauen werden Sie unterrichten in den alten Riten, in Tänzen...« Er brach ab. William schien nur eine ungefähre Ahnung von diesem *fathouse* zu haben. Victor sprang ein: »Eine Ratgeberin meiner Großmutter meinte, die Frauen genießen die Zeit dort.« Er griff nach meiner Hand: »Danach werden wir den Segen von allen haben, die gegen uns waren. Es sind ja nur zwei Wochen.«

»Nach afrikanischem Brauch sind es vier Wochen«, verbesserte William, »denn der alten Tradition zufolge hat die Woche vier Tage.«

Ich rechnete schnell nach: Vier mal vier – das sind 16! Also 16 Tage? »Sie werden wie im Flug vergehen«, sagte Victor – ich war mir nicht ganz sicher, ob er das nicht ironisch meinte. Victor war ein Stadtmensch wie ich!

»Und du, was musst du in der Zeit machen?«

William sprach an Victors statt: »Victor wird sich den Lehren der weisen Männer unterwerfen. Was er tun wird, das darf ich Ihnen nicht sagen, Ilona. Es ist geheim, genauso wie es geheim ist, was genau die Frauen in ihrem Camp machen. Wer darüber reden möchte, muss sich die Erlaubnis der Ältesten holen.« Ein Blindflug hinein in die Mystik Afrikas gewissermaßen. Ich schluckte – 16 Tage Urwald, das hieß 16 Tage ohne den Mann, mit dem ich hergekommen war; 16 Tage nur zusammen mit Frauen, die ich nicht kannte; 16 Tage ohne Dusche und Klimaanlage ...

Fathouse. Wer wusste mehr darüber? Ifeoma! Sie war dort gewesen. Sie würde mir alles darüber sagen können. Fett war Ifeoma in diesem Haus jedenfalls nicht geworden.

Victor nahm mich in die Arme, bevor wir wieder die großen Palastsäle erreichten, in denen solche Berührungen als unschicklich galten: »Bald werden wir wieder zusammen sein, Liebes.« Wir lösten uns voneinander. Unsere Wege hatten sich zu trennen. Ich sah den beiden Männern nach, die durch die langen Hallen von mir fortgingen. William, eher klein und drahtig, ging voran, sein Sohn Victor, groß, mit schmaler Taille und breiten Schultern eine sportliche Erscheinung, folgte ihm mit ein paar Schritten Abstand. Er stützte sich auf seinen schwarzen Stock mit dem eleganten silbernen Griff, zog das rechte Bein mit dem Gehgips etwas nach.

Ich fühlte, wie es meinem Herzen einen Stich gab. Der Mann, den ich liebte, ging einen schweren Weg – er folgte dem Vater, der seinerseits in die Fußstapfen dieser mystischen Ahnen zu treten hatte. Victor schien meinen sehnsuchtsvollen Blick zu spüren – noch einmal stoppte er, drehte sich langsam um. Seine sinnlichen, vollen Lippen formten tonlos die drei magischen Worte der Liebe. Ich spürte den schweren Kloß im Hals, der Trennungsschmerz heißt, und tat es ihm gleich. Ich wollte noch einmal auf ihn zulaufen, als sich nun William umdrehte und sagte: »Victor, wir werden erwartet.«

William wartete, bis sein Sohn bei ihm angekommen war, dann legte er ihm die Hand auf die Schulter und beide Männer verschwanden aus meinem Blick.

Ich trat aus dem dunklen, kühlen Haupthaus des Palasts hinaus, die unbarmherzige Sonne blendete mich. Ihre Strahlen brachen sich im dünn aufsteigenden Bogen eines europäischen Brunnens, den William hier als Blickfang hatte aufstellen lassen. Mit diesem fremden Akzent wollte er sich ein kleines Stück des von ihm so bewunderten Europas in seine afrikanische Umgebung holen. Ich fühlte mich so, wie ich diesen Brunnen empfand – als Fremdkörper. Ifeomas runde Figur löste sich aus dem Schatten seitlich vom Haupthaus; mein Herz schlug sofort etwas schneller, als sie auf mich zukam.

»Ich soll dich zum Haus von Großmutter Fara bringen«, sagte sie und sah mich mit dem fragenden Blick ihrer ausdrucksstarken Augen an: »Du gehst auch ins *fathouse*?« Ich nickte. Schlagartig war eine Veränderung in unserer Beziehung eingetreten. Mir stand das bevor, was Ifeoma als 13-Jährige mitgemacht hatte! Ich, die Mutter zweier Kinder, sollte noch einmal die Schulbank des Lebens drücken. Ich sah Ifeoma an: »Ich glaube, ich habe ein wenig Angst, Ifeoma.«

Sie lachte: »Das musst du nicht. Es wird dir bestimmt gefallen.« Sie sah mich schelmisch an: »Ich glaube, Großmutter Faras Ratgeberinnen werden dir eine gute Mitteilung machen. Meine Cousine Laya lebt im Haus von Großmutter Fara. Sie hat eine Andeutung gemacht.« In diesem Augenblick konnte ich den Optimismus meiner jugendlichen Begleiterin allerdings nicht ganz teilen. Was war das nur für eine Welt, in der man erst in eine Art Schule geschickt wurde, bevor man von der Familie des geliebten Mannes ernst genommen werden konnte – als dessen zweite Frau obendrein! Natürlich, ich hätte kneifen, auf das Votum von Ahnen und Ältesten pfeifen können. Es hätte mich vielleicht die Beziehung zu Victor gekostet, doch ich wollte ihn auf keinen Fall vor die Entscheidung stellen: ich oder sein Clan.

Da war jedoch noch ein anderes Gefühl. Und es hing vielleicht mit der sympathischen Ifeoma zusammen. Irgendwie war ich neugierig geworden auf diese fremde Welt Afrikas! Denn wenn die Ältesten oder die sagenumwobene Großmutter, zu der wir unterwegs waren, meinten, ich müsste ihre Geheimnisse kennen lernen, so hieß das auch, sie wollten, dass ich sie verstehe! Und hieß das nicht auch, sie wollten mich in ihre Kreise integrieren? Damit auch ich auf den Schultern ihrer Ahnen stehen konnte? War das nicht sogar ein Vertrauensbeweis? Ich gebe zu, ich machte mir selber Mut.

Inzwischen brannte ich darauf, die Regentin dieser fremden Welt kennen zu lernen. Großmutter Faras Haus war mir deshalb bislang verborgen geblieben, weil es sowohl vom Haupthaus als auch von meiner Unterkunft aus nicht einsehbar hinter einem mächtigen Baum verborgen stand. Die dichte Baumkrone sorgte für eine Atmosphäre würdevoller Abgeschiedenheit. Ifeoma verbeugte sich vor dem Eintreten tief und ich folgte ihrem Beispiel. Sicherheitshalber – ich konnte ja nur erahnen, dass es am Hofe Afrikas formell zugeht. Im Haus war es so düster wie draußen, sämtliche Räume lagen im Halbdunkel. Die Schlichtheit der Umgebung überraschte mich. Die kahlen Lehmwände ließen nicht darauf schließen, dass ich mich im Haus einer so einflussreichen Frau befand. Eine kleine, fast zahnlose Frau nahm Ifeoma und mich in Empfang und geleitete uns in einen der niedrigen Räume.

Ich stupste Ifeoma heimlich an: »Ist das die Großmutter?«

»Nein, eine ihrer Dienerinnen«, flüsterte Ifeoma zurück. Die Dienerin, deren Name mir nicht mitgeteilt wurde, besprach sich kurz mit Ifeoma, die dann übersetzte: »Sie möchte wissen, ob du gerade deine Tage hast.«

»Wie bitte?!«

»Du darfst nur im Zustand der Reinheit das *fathouse* betreten.«

Ich rechnete nach, meine Regel stand aus, ließ sich aber wohl noch Zeit. Daran hatte ich mich in Afrika schon gewöhnt und schob das auf das Klima, die vielen Reisen, das Essen. Auf ein kurzes Klatschen ihrer Hände hin scharte sich wohl ein halbes Dutzend Frauen um die alte Dienerin, Ifeoma und mich. »Du musst deine Kleidung ablegen«, sagte Ifeoma leise.

»Alles?« Ich sah mich unsicher um – ein Striptease im Haus von Großmutter?

Ifeoma nickte ernsthaft: »Du bekommst ganz neue Kleider. Nichts, was du bei dir trägst, darfst du mitnehmen.« Zögernd begann ich mich von allen Attributen westlicher Zivilisation zu trennen – Schmuck, Uhr, Wäsche. Nur die Brille durfte ich behalten und ein schmales Band aus Elefantenhaar am Handgelenk, das ich in Lagos auf dem Markt für Zaubermittel gekauft hatte und in dem ich meinen Glücksbringer sah. Stattdessen erhielt ich eine silberne Damastbluse und einen Wickelrock aus dem gleichen Stoff, beides trug ich auf meiner nackten Haut. Dann begann ein kleines Schönheitsritual, das ich zunächst verwundert verfolgte, es aber zunehmend genoss. Sanfte Frauenhände flochten meine rotblonden Haare in winzig kleine Zöpfchen, verzierten die kunstvolle Frisur mit einer duftenden roten Blüte. Am Ende verschwand dieses Kunstwerk unter einem gefalteten Kopftuch, das ebenso wie der silberne Stoff des Kleides mit einer angenehmen Dufttinktur benetzt war.

Die aufwändige Prozedur, die in zwei bis drei Stunden eine weiße Managerin in die Initiandin eines Frauenkults verwandelte, wurde vor allem von älteren Frauen durchgeführt, die Ifeoma pauschal als Cousinen vorstellte. Nur die zwei jüngsten stellte Ifeoma mir namentlich vor, denn gemeinsam mit ihnen hatte sie ihre eigene Einweihung vor einem Jahr erlebt: Laya lebte wie Großmutter Faras Tochter seit Jahr und Tag in diesem stillen, würdevollen Haus. Naona, wie Laya und Ifeoma etwa 16 Jahre alt, wirkte im Gegensatz zu ihren Cousinen in sich gekehrt.

»Sie hat erst während unserer Einweihung den Wunsch geäußert, im Haus von Großmutter Fara als Dienerin zu leben. Ich glaube, sie will auch niemals heiraten«, sagte Ifeoma, als wir später über Naona sprachen. Laya war auch eine sehr ernste junge Frau, in ihren Augen lag eine seltsame Reife, als wäre sie viel älter. In mir brannten unzählige Fragen nach dem, was mich erwartete; doch die schweigsame Frauenrunde, die sich konzentriert um meine Schönheit bemühte, war offensichtlich nicht der richtige Ort für verfrühte Neugier.

Endlich sprach mich die zahnlose alte Dienerin direkt an. Ich verstand aber nur ein Wort: Ifeoma. Und die übersetzte auch, während ihre Cousine Laya mich das erste Mal aufmunternd ansah: »Großmutter Fara hat entschieden, dass ich dich ins *fathouse* begleiten darf.« Das war also die von Ifeoma in Aussicht gestellte *gute Mitteilung*. Das war sie allerdings wirklich – sehr gut sogar! »Danke«, sagte ich zu der alten Dienerin und fragte vorsichtig: »Darf ich Großmutter Fara nicht kennen lernen?«

»Großmutter Fara verlässt ihre Räume nie.« Laya sprach zum ersten Mal mit mir. Ihre Worte sagte sie in nahezu akzentfreiem Englisch.

»Du sprichst sehr gut Englisch!«, sagte ich spontan.

»Wir genießen hier eine sehr gute Ausbildung«, kam es zurück. »Großmutter Fara achtet darauf, dass wir alles bekommen.« Unauffällig musterte ich Laya. Sie war eine große, beinahe elegante Erscheinung, sehr schlank. Eine junge Frau mit Stil.

Meine Verwandlung war beendet, die Schar der Dienerinnen verließ uns. In meiner Aufmachung, geschmückt und nach Blüten duftend sah ich aus wie eine Königin aus Afrika. Wenngleich die vielen kleinen Zöpfchen unter der silbernen *gele*, dem kunstvollen Kopftuch, ziemlich zwickten und juckten.

Abenteurerin aus Liebe

Janet hatte sich in mein afrikanisches Abenteuer entführen lassen. »Du hast ganz schön was auf dich genommen, um die Liebe zwischen Victor und dir vor seiner Familie zu beschützen«, sagte sie. Ich sah die junge Frau vor mir sitzen, die Janet mit ihren 25 Jahren geworden war. Eine selbstbewusste junge Frau, die sich selbst abzugrenzen gelernt hatte gegenüber den Männern, die sie kennen lernte. Abgrenzung und Hingabe – das ewige Kräftefeld der Liebe. Dieser ständige Prozess wird komplizierter, wenn die eigenen Kinder ins Spiel kommen. Und in meinem Fall war dieser Spagat noch schwerer zu bewältigen. Ich hatte damals zwei kleine Kinder, die in Deutschland bei meiner Mutter und meinem Vater auf meine Rückkehr aus dem fernen Afrika warteten. »Hol die Kinder zu uns«, hatte Victor gesagt, »eine deutsche Schule gibt es in Apapa und das Haus ist groß genug für uns alle.«

»Dann bin ich fast an einem Leben als afrikanische Prinzessin vorbeigeschrammt?«, fragte Janet.

»Wenn es nach Victor und mir gegangen wäre, schon. Aber du hast sehr an Oma und Opa und deinen Freundinnen in Deutschland gehangen. Und Bobby wurde krank, als ihr zu mir nach Lagos gekommen seid. Krank vor Heimweh.«

»Wir waren in diesem tollen Haus? Daran kann ich mich gar nicht mehr erinnern!«

»Nein, das war früher, als ich noch mein eigenes Haus im weißen Viertel von Lagos-Ikeja hatte. Es war Weihnachten gewesen, du warst fünf, ihr habt den großen Baum vermisst, den Opa sonst immer hinstellte.«

Janet stöhnte auf: »Das Paket mit dem Baum, daran erinnere ich mich!«

»Ich werde diesen Anblick auch nie vergessen – es war so typisch für Victor! Er wusste, dass du und Bobby an konventionelle – und vor allem weiße – Weihnachten gewöhnt wart. Er selbst hielt sich in London auf und sandte für dich, Bobby und mich per Luftfracht einen echten Nadelbaum mit Schmuck und Geschenken nach Nigeria.«

»Oma war doch auch dabei.«

»An die hatte er natürlich auch gedacht. Man sagt wohl«, überlegte ich laut, »dass jemand ein großes Herz hat, wenn seine Liebe nicht nur dem Menschen gilt, mit dem er zusammen sein möchte, sondern auch jenen, die dieser Mensch liebt. Das war eine der Seiten an Victor, die ihn so liebenswert machten.«

»Ich verstehe«, sagte Janet, »dass du für solch einen Mann bereit warst, Opfer zu bringen. Ich glaube, den hätte ich auch nicht gehen lassen. Der war was für die Zukunft.«

»Victor vereinte zwei Seiten in sich, die ich an einem Partner schätze und brauche – die äußere Stärke eines selbstbewussten Mannes und die einfühlsame Sensibilität eines Seelenfreundes.«

»Du bist aus Liebe zur Abenteurerin geworden! Das ist romantisch, eine andere Seite an dir.«

Ich zuckte hilflos mit den Schultern.

»Sie hatten dich also in eine afrikanische Königin mit juckenden Zöpfchen verwandelt – und wie fühltest du dich so kurz vor dem Abenteuer deines Lebens?«

»Ich war wahnsinnig aufgeregt, konnte mir auch nicht vorstellen, wie das im *fathouse* ablaufen würde. Ich hatte Angst und war irgendwie gleichzeitig neugierig auf das, was passieren würde.« Ich dachte einen Augenblick nach, bevor ich fortfuhr: »Es mag sich seltsam anhören, aber es tat gut, zu wissen, dass Victor zur gleichen Zeit im Kult der Männer ähnliche Erfahrungen machen würde, wir also nachher über unsere Erfahrungen würden reden können.«

»Das nahmst du an, wusstest es aber nicht.«

»Mir hat ja niemand Genaues gesagt. *Geheimbünde* – die meinten das wirklich ernst! Ich lief neben Ifeoma und den anderen Frauen her, hinaus aus dem Palast, hinein ins Ungewisse.«

Die verborgene Welt der Frauen

Mittag war bereits vorbei, als ich gemeinsam mit Ifeoma, Laya, Naona und einigen älteren Frauen aus dem Palast aufbrach. »Durch deine Heirat mit Victor wirst du mit uns allen verwandt sein«, sagte Ifeoma. »Jede Frau wird von ihrer Familie zur Einweihung begleitet.« Eigentlich hätten mich meine eigenen Angehörigen ins Initiationslager bringen müssen, die jedoch nicht ahnten, was ich hier im fernen Afrika zu bestehen hatte.

Das Dorf, das ich bei dieser Gelegenheit zum ersten Mal richtig wahrnahm, machte einen gepflegten Eindruck und bestand nur noch aus wenigen Lehmhäusern. Mit dem Ölboom hatte sich auch das Bauen von Steinhäusern ausgebreitet. Nicht allerdings das westliche Denken. »Das Gebiet jenseits der Dorfgrenze gilt als unrein, als Wohnstatt der bösen Geister und all jener, die sie sich zu Nutze machten – der Hexen«, sagte Ifeoma. »Wer das Dorf verlassen muss, tut das am besten in Begleitung.« Gleich hinter Williams Dorf passierten wir eine Müllkippe, von der in der Sonnenglut ziemlich übel riechende, schwarze Rauchschwaden aufstiegen.

»Die Hexen halten nachts in der Nähe der Müllplätze finstere Zeremonien ab«, bemerkte Ifeoma. Ich war damit beschäftigt, mir – möglichst dezent – die Nase zuzuhalten, und wollte endlich mehr wissen über die Bedeutung des *fathouse* und seine Rolle innerhalb des Geheimbundes. »Das ist eigentlich ganz einfach«, sagte Ifeoma, »Großmutter Fara und die Älteste des Kults sind sehr enge Freundinnen. Aber nicht nur das: Odame, du wirst sie bald kennen lernen, ist die Ratgeberin von Großmutter Fara.«

Laya verbesserte: »Sie ist die wichtigste Ratgeberin. Odame ist eine wundervolle und liebenswerte Frau. Sie ist für uns alle ein großes Vorbild.«

Ifeoma, die sich nie so überlegen wie Laya gab, kicherte befangen: »Ich habe große Achtung vor Odame. Denn sie spricht nicht sehr viel.«

»Eine weise Frau schweigt nun mal«, meldete sich Naona zu Wort, die unsere Viererrunde komplettierte. Ifeoma knuffte Laya daraufhin albern in die Seite. »Naona ist jetzt schon weise«, sagte Ifeoma.

»Du wirst es sehen«, wandte sich Laya an mich, »Odame hat ein paar Frauen um sich versammelt. Jede hat eine eigene Aufgabe. Sie unterrichten die Mädchen, die im *fathouse* auf ihre Aufgabe als Frau vorbereitet werden, in besonderen Arbeiten und Ritualen. Odame leitet den Kult als Chefin. So würdest du das wohl sagen«, meinte Laya.

»Was ist denn der Unterschied zwischen *fathouse* und Kult?«, fragte ich leicht verwirrt.

»Das *fathouse* ist die Zeit, die junge Mädchen im Kult verbringen. Wir haben dort alles gelernt, was wir wissen müssen, um eine gute Ehefrau und Mutter zu sein«, sagte Ifeoma. Trotz ihrer Schwangerschaft schritt sie munter neben uns her.

»Der Kult«, übernahm Laya wieder das Wort, »ist so etwas wie das Zuhause des Geistes von uns Frauen. Er sorgt dafür, dass die alten Traditionen lebendig gehalten werden. Sehr viele Frauen treten aber auch erst, wenn sie bereits

Großmutter sind, in den Kult ein. Das, was sie im Laufe ihres Lebens gelernt haben, geben sie dann an die Jüngeren weiter. Du wirst viele solcher Frauen dort treffen. Für sie ist der Kult ein wirkliches Zuhause, ein Ort, den sie nie mehr verlassen möchten. Manche Frauen kommen und gehen, sie sorgen dafür, dass es immer einen Austausch gibt zwischen dem Palast von Großmutter Fara und dem Kult, der tief im Inneren des Regenwalds verborgen ist.«

Unser Weg führte lange durch Grasland, in dem nur wenige Bäume Schatten spendeten. Rund um das Dorf waren, wie überall in Nigeria, die Wälder gerodet, um Brennholz zu gewinnen, was den Lebensraum der Urwaldvegetation zurückdrängte. »Du hast mir erzählt, dass manche Mädchen sogar drei Jahre im Kult bleiben, um das *fathouse* zu erleben«, sagte ich zu Ifeoma, »manche aber nur einige Wochen. Wonach richtet sich das?«

»Nach dem Geld«, gab sie spontan zurück. »Die Familien müssen ja dafür bezahlen.«

»Das ist eine wichtige Einnahmequelle des Kults«, sagte Laya, »er muss sich ja irgendwie finanzieren.« Ich fragte die beiden nicht, ob Victors Vater meine Einweihung bezahlte – ich ging davon aus. »Im Kult wird aber auch gearbeitet. Du wirst lernen, Körbe, Tonarbeiten und Schnitzereien herzustellen, die auf den Märkten verkauft werden«, sagte Ifeoma. Ihre Augen strahlten: »Das macht Spaß. Wenn man Familie hat und auf den Feldern arbeitet, hat man dazu nicht mehr so viel Zeit. Aber das ist okay.«

Schließlich erreichten wir den Waldessaum, der zu Beginn des Marsches nur wie eine hitzeflirrende, dunkle Sinnestäuschung am Horizont schien. Wohltuend empfing uns die vom Blätterdach der dichter werdenden Vegetation gemilderte Wärme. Zu beiden Seiten des schmalen Wegs wucherte die verschwenderische Pracht der urwüchsigen Natur. Je weiter wir in das paradiesische Grün eindrangen, desto feuchter wurde die Luft: Die trockene Glut der Savanne hatte uns an die drückende Schwüle des Regenwaldes übergeben. Immer wieder blitzte das Wasser kleiner Flüsschen in dem dunkel lockenden Grün auf, mäandernde Nebenarme des mächtigen Stroms Niger. Vor uns breitete sich dichtes Gestrüpp aus, das ein Weitergehen unmöglich erscheinen ließ. Wir waren angekommen, am geheimen Zugang zur verborgenen Welt der Frauen, den kein unbefugter Fuß betreten durfte. Dornige Akaziensträucher und hohes Elefantengras bildeten einen blickdichten Wall.

»Wir müssen uns hier von den anderen verabschieden«, sagte Ifeoma, »sie müssen zurück, bevor es dunkel wird.«

»Aber du bleibst doch bei mir«, sagte ich bang. Bei dem Gedanken, das Kommende allein durchstehen zu müssen, wurde mir doch recht unbehaglich.

Laya reichte mir förmlich die Hand, aber in ihren Augen lag ein warmer Glanz, als sie sagte: »Das, was du erfährst, wird dir gut tun. Ich wünsche mir so sehr für dich, dass du offen sein kannst für alles, was auf dich zukommt.«

Irritiert blickte ich zu Ifeoma, die Laya wieder anknuffte: »Sie wird es schaffen.« Die anderen waren gegangen, als Ifeoma in ihrer Stammessprache einige Sätze sagte, die ich nicht verstand. Erst daraufhin öffnete sich eine schmale Öffnung in der Hecke. Dahinter erwartete mich eine einzelne Frau, eine Art Torwächterin. Sie trug nur einen weißen Wickelrock. Jetzt durfte ich den Strauß duftender Blumen, den ich den Weg über mit mir geführt hatte, der Wächterin als Willkommensgruß übergeben. Das hatte nur dem äußeren Anschein nach Verwandtschaft mit dem üblichen Blumengeschenk bei einem Besuch: Jeder einzelnen Blume kam eine magische Bedeutung aus der Welt der Liebe und der Sinnlichkeit zu – ein geheimer Code der Frauen! Laya hatte die Zeit unseres Fußmarschs schon dazu genutzt, mir die Zusammensetzung des Straußes zu erklären: »Die weiche Jasmin- und die strenge Hibiscusblüte stehen für die gebende und die fordernde Seite der Liebe, die verschlingende Tiefe der Damianablüte für den Rausch der Leidenschaft.«

Hinter dem dornigen Durchgang zweigten mehrere Wege in alle Himmelsrichtungen ab. In den nächsten Tagen fand ich heraus, dass das ganze Areal in der Form eines runden Irrgartens angelegt war. Der äußere Grund dafür lag darin, das Zentrum für Unbefugte schwerer auffindbar zu machen. Da im Kult der Frauen jedoch nichts ohne tiefere Bedeutung war, folgte die Anlage des Gartens der Vorstellung vom Kreis als sichtbarem Abbild des Lebens. »Anfang und Ende reichen sich die Hände; Leben und Tod kennen keine Trennung, sondern existieren in fließendem Übergang. Auf verrottenden Stümpfen abgestorbener Bäume wachsen ja auch junge Triebe«, erklärte Ifeoma anschaulich den mythischen Zusammenhang.

»So etwas hast du hier gelernt?«, fragte ich – verblüfft über Ifeomas lockeren Umgang mit dem Thema Tod.

»Der Tod gehört doch zum Leben. Siehst du das denn anders?«, fragte die 16-Jährige.

»Nein, nein«, sagte ich, »ich versuch's jedenfalls...«

Die Tageszeit für meinen Eintritt in das Frauenkonklave im Busch war offensichtlich mit Bedacht gewählt. Die dichte Vegetation fing das Tageslicht weit über unseren Köpfen ab. Doch um diese Nachmittagsstunde verwirrte mein Auge das lebhafte Spiel der Schattierungen. Es war unwirklich still. Nur gelegentlich gellte ein heller Schrei, von dem ich nicht sagen konnte, ob er menschlich war oder aus der Kehle eines kleinen Affen stammte, die als Schemen durch die Wipfel huschten. Mit einem tiefen Glucksen bewegte sich das von Algen hellgrün gefärbte Wasser in Tümpeln abseits des Wegs. Ich erkannte einen bräunlichen Schatten – den Schwanz eines kleinen Kaimans, der im morastigen Wasser verschwand.

»Die kleinen Krokodile sind heilig. Wenn sie einen Menschen anfallen, dann ist er ein Opfer für die Götter.«

Allen Tieren, die diesen heiligen Ort – wir würden sagen: dieses Biotop – bevölkerten, kam eine mystische Bedeutung zu, erklärte Ifeoma mir. Natürlich auch den Schlangen, vor allem den zahlreichen Baumnattern. »Aber Schlangen sind auch Nutztiere«, wusste meine Begleiterin, »sie sorgen dafür, dass die Ratten nicht die Vorräte auffressen. Eine mystische Bedeutung haben nur die Wasserschlangen. Sie verkörpern den Geist der Luft.«

»Der Luft?«, fragte ich erstaunt.

Ifeoma kicherte: »Das wird dir Ajira beibringen. Sie ist die Priesterin dieses Geistes.«

»Gibt es denn viele Geister?«, fragte ich.

»Ganz viele! Aber nur vier sind wirklich wichtig. Das wirst du alles noch lernen.«

»Wie sind sie, die Priesterinnen? Sind sie nett?«

»Unser Liebling ist Kome, die Mammy-Water-Priesterin. Am wenigsten mögen wir Oke, die dicke Oke. Sie ist auch die Beschneiderin, denn sie ist die Priesterin von Mutter Erde.«

Ich zuckte zusammen: Beschneidung! Ich hatte mit diesem umstrittenen Ritual in Nigeria sehr unangenehme Erfahrungen gemacht. »Bist du auch beschnitten?«, fragte ich meine junge Begleiterin, die im Begriff stand, bald Mutter zu werden.

»Du etwa nicht?«, fragte sie nun ihrerseits verblüfft zurück. Ich erklärte Ifeoma vorsichtig, um ihre Gefühle nicht zu verletzen, dass das in Deutschland unüblich ist. »Bei uns heiratet dich kein Mann, wenn du nicht beschnitten bist. Die

Beschneidung ist auch ein wichtiger Bestandteil unserer Initiation«, sagte Ifeoma.

Im dunklen Grün der Bäume und Blätter erkannte ich maskenhafte Gebilde: geschnitzte Krokodile, Schlangen, Kröten und Chamäleons, die Drachen glichen – geheiligte Beschützer des Frauenbundes. Ihre Gesichter drückten Wachsamkeit und Wehrbereitschaft aus, um die zu verschrecken, die sich unbefugt genähert hatten, und die zu ermutigen, die willkommen waren. Es waren Götter in Tiergestalt. In Geschichten und Mythen, die mir die Frauen erzählten, durchlebten sie bereits vor dem Auftauchen der Menschheit große und kleine Leiden als Vor- und Leitbild der Menschen. Ifeoma wies mich auf runde, überlebensgroße, aus Ton geformte Figuren mit riesigen Brüsten hin, die mich freundlich, ja beinahe ermutigend ansahen. Sie zeigten das Idealbild einer afrikanischen Frau als Nahrungs- und Lebensspenderin. Aus Eisen geformte Stäbe mit abstrakten menschlichen Zügen mahnten an erwünschte Tugenden wie Mütterlichkeit, Güte, Nachgiebigkeit, Gastfreundschaft und Nächstenliebe.

Während ich durch diesen symbolgespickten Sinnengarten geführt wurde, machte mich Ifeoma auf die reichhaltige Pflanzenwelt aufmerksam. »Hier«, sagte sie, »wächst alles, was du brauchst, um deine Familie und dich selbst vor Krankheiten zu schützen, Gebrechen zu heilen und ...«, sie kicherte mädchenhaft, »... was für die Liebe gut ist.«

Bisweilen stoppte Ifeoma meine Neugier, wenn sich meine Hand einem fremdartigen Gewächs näherte. Denn vieles von den verlockend schönen Pflanzen war so giftig, dass es tödlich sein konnte. Manchmal reichte schon eine zu hohe Dosierung oder die Verwendung des falschen Pflanzenteils! Ifeoma wies auf eine Liane, die sich um Baumstämme wickelnd dem Licht des Regenwalddachs entgegenrankte. In großen Trauben hingen ihre zart geäderten, muschelförmigen, blassrosa und violett getönten Blüten herab. »Aus den Blüten entstehen Bohnen«, sagte Ifeoma, »unsere Ahnen haben daraus den Gottesurteilstrank hergestellt. Den musste die Hexen trinken. Wenn sie das überlebten, dann waren sie keine Hexen. Wenn nicht ...« Den Rest des Satzes konnte ich mir denken! »Keine Sorge«, meinte Ifeoma, »unsere Heilerinnen machen aus dieser Pflanze ein Mittel gegen Läuse und Magenbeschwerden.«

Schon der Weg durch diesen verzaubernden Garten öffnete meine Sinne für Kommendes. Das dichte Grün wich zurück für eine Lichtung, über der sich majestätisch der weite Schirm eines großen Irokobaumes spannte, ein Riese, der gewiss Jahrhunderte gebraucht hatte, um seine Größe zu erreichen. Ergriffen blieb ich stehen und blickte zur Krone des Urwaldbaums hinauf.

»Die Geister wohnen in diesem Baum«, sagte Ifeoma.

»Geister?«, wiederholte ich.

»Geister sind Gottheiten, die dem einen, dem großen Gott, zuarbeiten, ihm dienen. Sie sind die Mittler zwischen ihm und den Menschen. Es gibt hunderte dieser Gottheiten«, sagte Ifeoma. Sie wohnten natürlich nicht alle in diesem Baum, dafür war selbst dieser Riese zu klein, denn einige der Gottheiten sind so groß und mächtig, dass sie sich nicht mit dem Platz auf einem Ästchen begnügen würden. Dieser mächtige Baum stellte also nicht nur – so wie ich es spontan empfunden hatte – einen Beschützer der Menschen dar. Er war Haus, Wohnstätte, Schutz der Gottheiten. Dadurch wurde er selbst zum Heiligtum, das in zahlreichen Ritualen geehrt wurde.

»Die wichtigste Göttin unseres Kults ist Mammy Water. Sie ist die Göttin der Fruchtbarkeit. Ihr Zuhause ist das Wasser. Du wirst ihr gleich begegnen«, versprach Ifeoma.

Der Fuß des Baumes schien aus einer Ansammlung kleiner

Lehmhütten hervorzuwachsen, denen wir uns näherten. Sie gruppierten sich um einen fast mannshohen Zaun. Hinter diesem Zaun aus Bambusrohr verbarg sich das einzige Gehöft des Dorfes. Sie nannten es schlicht *compound*. Es war das Herz des gesamten Dorfs und bestand seinerseits aus einer Ansammlung mehrerer Gebäude. Da waren zunächst das große Versammlungshaus, mehrere kleine, zu einer Seite hin offene Hütten, die einer Gottheit oder einem Geist geweiht waren. Der Geist, der für das Feuer zuständig ist, hatte seinen Altar unter freiem Himmel.

»Der Feuergeist würde sonst sein eigenes Haus in Schutt und Asche legen«, sagte Ifeoma ernst.

Im Dorf außerhalb des *compounds* befanden sich die Unterkünfte der Priesterinnen, ihrer Helferinnen und die der Schülerinnen, die wie ich nur für eine begrenzte Zeit im *fathouse* weilten. »Dort drüben am Rand des Dorfes wohnen ältere Frauen. Sie sind krank und brauchen Hilfe«, erklärte Ifeoma, »denn in ihren Dörfern will die Verrückten niemand haben. Sie werden fortgeschickt.« Außerdem gab es zwei Küchenbereiche – einen mit offenem Feuer im Freien und einen anderen in einer Hütte – sowie einen durch Sichtschutz abgegrenzten Bereich im Freien als Bad.

Ich lernte die Anlage in den folgenden Wochen als einen kleinen Kosmos der Frauen kennen – unscheinbar in seiner Schlichtheit, doch mit einer Bedeutung und Wirkung, die weit über diesen friedlichen Ort hinausging. »Ein ständiges Kommen und Gehen verbindet uns hier mit unseren Verwandten und Familien in den Dörfern«, sagte Ifeoma.

Sie führte mich auf das Versammlungshaus zu, direkt neben dem beeindruckenden Irokobaum – ein Lehmhaus von ausgereifter Architektur, das ich mitten im Regenwald nicht erwartet hätte. Griechische Tempel und gotische Kathedralen sind zwar unvergleichlich pompösere Sakralbauten, aber dies Haus mit dem weit überstehenden Dach aus Palmwedeln, das den gelegentlich sintflutartig niedergehenden Regen von den Lehmmauern fern hielt, wirkte an dem Ort durch seine Größe auf ganz eigene Weise erhaben und bildete allein dadurch den Mittelpunkt. Es kontrastierte beeindruckend mit den anderen schlichten, runden Lehmhütten und ihren spitzen Grasdächern.

Das unbeschwerte Lachen und die hellen Stimmen einer Gruppe junger Mädchen zog meine Aufmerksamkeit auf sich. Mit Körben auf den Köpfen und handwerklichem Gerät zum Bestellen von Feldern – kurze Hacken und Schaufeln – kamen sie näher. Bei meinem Anblick kicherten sie und senkten dann den Blick, um in den Hütten zu verschwinden. Ihre Reaktion verdeutlichte mir meine Außenseiterrolle. Es konnte nur einen Weg für mich geben, ihnen zu zeigen, dass ich eine von ihnen sein wollte – vergessen, wer ich war und damit auch alle Privilegien, die mir meine weiße Haut an anderen Orten verschaffte. Ich hatte damals schon viel von Nigeria gesehen, war durch meinen ersten Mann John mit einigem konfrontiert worden, was man folkloristisch mit afrikanischer Ursprünglichkeit umschreiben kann; ich hatte an der Seite von Victor den Glauben der Menschen an Geister der Natur kennen gelernt und war mit meiner Freundin aus Lagos, der Hebamme Yemi, zu Gast in ihrem Heimatdorf gewesen. Aber stets war ich die weiße Besucherin, die lediglich zusah. Diese Rolle hatte mir nicht immer gefallen. Jetzt aber hatte ich keine andere Wahl, als diese Distanziertheit aufzugeben.

Meine Lehrerin empfängt mich

»Mach einfach, was ich tue«, flüsterte mir Ifeoma zu. »Da kommt Odame, die oberste Priesterin!«

Die Frau, die aus dem Haupthaus heraustrat, um mich zu begrüßen, war nicht groß, eher schmächtig. Wahrscheinlich hätte ich sie übersehen, wenn sie mir auf den Straßen einer Großstadt begegnet wäre. Odame strahlte nicht die Platz greifende Autorität einer Führerin aus. Eigentlich wirkte sie eher wie eine Dienerin. Von ihr ging aber eine unvergleichliche Ruhe aus. Eine Frau von etwa achtzig Jahren, die weder mit Gesten noch mit Worten ihre Stellung betonen musste. Die feinen Linien, die das Spiel der Muskeln auf der Stirn und rund um die Augen hinterlassen hatte, wirkten wie das innere Leuchten einer guten Seele – als habe das Licht der Sonne seine Strahlen in dieses Gesicht hineingemalt. Odames große Augen blickten mich nie direkt an, was allerdings nicht das Zeichen von Scheu oder Ängstlichkeit war. Es war, wie ich im Laufe meiner Initiation zu verstehen lernte, ein Ausdruck von Demut dem Leben gegenüber, die Weisheit großer und tiefer Erfahrungen mit Göttern und Menschen. Die Oberpriesterin hatte nur ein weißes Tuch um die Hüften gebunden; dass sie obendrein keine *gele* auf dem Kopf trug, sondern ihn sogar kahl rasiert hatte, verstärkte das positive Gefühl, das ich dieser Frau sofort entgegenbrachte: Odame wirkte durch ihre unauffällige Erscheinung angenehm schlicht und einnehmend.

Ifeoma war neben mir längst auf die Knie gefallen und berührte mit der Stirn den Staub – Zeichen der ehrerbietenden Begrüßung, die ich in Nigeria schon oft bei Männern erlebt hatte. Sogar auf belebten Plätzen, zum Beispiel dem Markt, fielen Männer vor älteren oder höher gestellten Persönlichkeiten auf diese Weise nieder und berührten mit dem Kopf den Boden, um ihre Achtung vor dem Alter zum Ausdruck zu bringen. Frauen hingegen knicksten meist nur vor älteren Frauen und Männern; denn dem alten Menschen als Hüter des Wissens kommt eine natürliche, nicht in Frage stehende Autorität zu.

Ich wunderte mich zwar, weshalb hier im Kulthaus die Frauen in Männerart zu Boden gingen, doch folgte ich unverzüglich Ifeomas Beispiel, ein »Sorry« murmelnd, mit dem ich mehr mir selbst als der Dorfältesten meinen Fehler eingestand. Auf ein leises Wort Odames hin durften wir wieder aufstehen. Mein schöner silberner Wickelrock! Er hatte seine Staubtaufe bekommen. Während ich Ifeoma in das Innere des Hauses folgte, versuchte ich mir den rötlichen Sand abzuklopfen. Auf dem Gesicht Odames glaubte ich die Andeutung eines Lächeln zu sehen und gab das törichte Unterfangen auf. Mit dem Eintreten in das Haupthaus legte Ifeoma *wrapper* und Kopftuch ab. Nur noch ein schmales Tuch unterhalb ihres sich mächtig spannenden Bauchs bedeckte ihre Scham. Ich schickte einen unsicheren Blick zu Ifeoma, und wortlos gab sie mir zu verstehen, ihrem Beispiel zu folgen. Angesichts von Odame, die auf jede aufwändige Aufmachung verzichtete, erschien es mir geradezu konsequent, mich auch von meinen glänzenden Tüchern um Leib und Kopf zu trennen. In Großmutter Faras Haus war für diesen Augenblick vorgesorgt worden: In den Rock eingewickelt war ein leichtes weißes Wickeltuch. Obenherum war ich jedoch nackt. Linkisch verschränkte ich die Arme vor der Brust. Ich konnte unmöglich zwei Wochen lang mit gekreuzten Armen herumlaufen. Langsam ließ ich die Arme sinken. Beachtete überhaupt jemand meine Schamhaftigkeit? Ich sah mich um.

In dem etwa zehn mal zwanzig Meter großen Raum, durch dessen Fensteröffnungen das warme Licht der untergehenden Sonne nur noch für kurze Zeit fiel, erwarteten mich zwanzig, dreißig Mädchen und Frauen, die mich mit lautem Rufen und Klatschen begrüßten. Keine von ihnen hatte sich verhüllt. Ich würde mich daran gewöhnen.

Denn die weibliche Brust ist in Afrika nicht primär ein Geschlechtsmerkmal. Und ein Kult wird darum erst recht nicht veranstaltet. Nicht etwa der straffe junge Busen gilt folglich als schön, sondern jener der reifen Frau, dem anzusehen ist, dass er bereits viele Kinder genährt hat. In solchen, manchem vielleicht nebensächlich erscheinenden Äußerlichkeiten zeigt sich das grundlegend andere Selbstverständnis der afrikanischen Kultur: Während der Westen das Ideal der ewigen Jugend stilisiert, preist Afrika das Alter als Vervollkommnung des Menschen. Ich spreche hier vom traditionellen Afrika. Die westlichen Einflüsse stellen dies Bild in den Großstädten, in denen immer mehr Menschen über Fernsehanschluss verfügen, allmählich auf den Kopf.

Etwas verloren stand ich im Raum, der von ein paar blakenden Öllampen, gespeist aus dem Fett des Schibutterbaumes, in ein warm flackerndes Licht getaucht wurde. Die Fensteröffnungen – Aussparungen in der Wand ohne Rahmen und Glas – waren mit dicken Stoffen verhängt. Odame hatte begonnen, einen kleinen Hocker zu besprechen. Ihre etwas raue Stimme modulierte eine Art Sprechgesang. Anschließend überreichte sie mir den Hocker als mein Eigentum. Er war jetzt mehr als nur ein schlicht verziertes Sitzmöbel; er stellte zum einen meinen Platz in der Frauengruppe dar und symbolisierte durch die Weihung, die er von Odame erhalten hatte, meine Stellung als künftige Frau des Stammessohnes Victor. In einer Gesellschaft, in der ein Hocker kein beliebiges, sondern ein seltenes Ausstattungsstück im Haus darstellt, kommt ihm gleichzeitig eine mystische Bedeutung zu: Die Seele des Besitzers darf sich darauf ausruhen. Monate zuvor hatte ich bereits *babalawos*, heilige Medizinmänner, erlebt, die Amulette oder Fische mit bedeutsamen Worten weihten. Aber stets begleiteten sie ihre Worte mit anderen Gesten, bespuckten die Gegenstände oder gossen diverse alkoholische Getränke, vor allem Palmwein und Gin, darüber.

Meinen Hocker jedoch weihte Odame einzig mit der Kraft ihrer Stimme. Auch in der christlichen Religion kennen wir den Satz: »Am Anfang war das Wort.« Odames Glaube misst dem Wort die gleiche Wichtigkeit bei. »Das Wort ist der Kern der Dinge«, erklärte Odame mir bei einer späteren Gelegenheit, »das Wort eint und teilt, heilt und verletzt. Es verleiht dem Mutlosen Mut und nimmt dem Starken die Stärke. Das gute Wort hat die Kraft, auf dem kargen Boden der Wüste Hirse wachsen zu lassen. Das Wort ist das Geschenk Gottes an die Menschen. Gott gab es dem Menschen, um mit ihm zu sprechen.«

Für Odame, die Lehrerin der alten Riten, hatte das Wort als Bote der Wahrheit, die sie selbst von ihren Lehrerinnen erfahren hatte und an die Jüngeren weitergab, mystischen Wert. Mit diesen Worten schuf sie aus einem Stück Holz in Form eines Hockers einen magischen Gegenstand. Odame sprach nicht viel. Aber wenn sie etwas sagte, war es von Bedeutung. Der sparsame Gebrauch der Worte erhöhte deren Wirkung.

Das gesprochene Wort ersetzt in Afrika bis heute oft noch das Buch. So werden Traditionen weitergegeben, die sonst vergessen würden. Da Odame ihr Wissen an ihre Nachfolgerin weitergab, und zwar nur mündlich, sorgte auch sie nicht dafür, dass es aufgeschrieben wurde. Zu meinem Glück hatte Odame von einer ihrer eigenen Schülerinnen, die des Englischen mächtig war, die Sprache der weißen Welt erlernt. Das war etwa zehn Jahre vor meinem Besuch, als Odame bereits siebzig war. Sie hatte es nicht gelernt, um für fremde Schülerinnen gerüstet zu sein, dennoch war es jetzt eine Hilfe. »Leben ist ewiges Lernen«, sagte sie und meinte damit das Training ihrer grauen Zellen.

Meine Nervosität legte sich, ich nahm meine Umgebung bewusst wahr. In der Mitte des Raums befand sich ein großer Fetisch, um den herum sich die Frauen auf ihren Hockern niedergelassen hatten. Das Götterbild stellte eine Mischung aus Fisch und Mensch dar, der Oberkörper mit großen Brüsten ging in einen Fischleib mit gespaltenem Schwanz über. Die dunklen Haare fielen ihr eher europäisch, sanft schmeichelnd auf den Rücken, ihre kugelrunden Augen blickten wach und starr. Eine riesige Nixe, geformt aus hellem Zement und Lehm, beklebt mit weißen Steinen und Muscheln, behängt mit Korallenketten. Bild des größten Heiligtums des Frauenkults – der Wassergöttin Mammy Water. Neben dem großen Fetisch befanden sich mehrere kleine Statuetten, Wächterinnen mit Körben auf dem Kopf, Kindern auf dem Rücken, Gestalten mit dreieckigen Köpfen und kubischen Körpern, eher abstrakt als naturalistisch wie die Mammy-Water-Figur selbst.

Odame stimmte einen monotonen Gesang an, zu dem ihr schmaler Körper in sanften rhythmischen Bewegungen vibrierte. Sie hielt als Zeichen ihrer Würde einen Metallstab, einem Zepter ähnlich und etwa einen halben Meter lang, in der Hand. Ifeoma flüsterte mir zu, dass ich mich vor Mammy Water hinzuknien hätte. Mit dem Stab, dessen oberes Ende mit zwei Schlangenköpfen verziert war, berührte Odame den Fetisch und dann meinen Kopf. Sie wirbelte den Stab durch die Luft. Während ich noch von dieser Begrüßung eingenommen war, stellten einige der Mädchen Opfergaben bereit, mit denen Mammy Water gebeten wurde, mir ihre Gunst zu schenken, damit meine Einweihung erfolgreich verlaufe: Auf einem steinernen Altar vor dem Fetisch platzierten sie neben Schalen mit weißem Sand, frischem Wasser und ausgesucht schönen Muscheln ein Huhn, eine Taube, einen Fisch, Kolanüsse und diverse Früchte wie Bananen, Mangos und Papayas.

Odame ließ sich in ihrem Begrüßungszeremoniell nicht beirren und sprach an die Mammy-Water-Gestalt gewandt die beschwörenden Worte, die Ifeoma mir etwa so übersetzte: »Du bist die Besitzerin dieses Tages, lass mich dich ehren. Vom Norden, Osten, Süden, Westen soll unsere Verehrung zu dir hallen. Unsere Verehrung möge von dir und all deinen Geistern geschätzt werden. Wenn ein kleines Kind aus Unwissenheit dich nicht ehrt, so wirst du es nicht zerstören. Jenen, die deinen Schutz erbitten, wirst du Gehör schenken.« Während dieser Worte war es absolut still im Tempel, so dass Odames leise Stimme den letzten Winkel erreichen konnte.

Fasziniert verfolgte ich das Aufnahmeritual. Alles versuchten meine Augen gleichzeitig aufzusaugen. Das Licht der kleinen Öllampen brach sich an den mit winzigen grünlich blau gefärbten Plättchen belegten Wänden. Es musste eine unendliche Mühe gekostet haben, den Raum derart liebevoll auszugestalten, dass er diese Aura eines Schlosssaales tief unten im Meer annahm, Wohnstatt der Göttin. In diesem märchenhaften Raum wurden Neuankömmlinge wie ich empfangen und hier fanden die Sitzungen des Geheimbundes statt, erklärte Ifeoma später die Bedeutung des Versammlungshauses. In diesem Raum beschloss der Rat der ältesten Frauen über das weitere Schicksal der Schutzbefohlenen. Also später auch über meines.

Außer Odame hielten sich noch andere ältere Frauen im Versammlungshaus auf: Priesterinnen des Kults, aber in ihrer weltlichen Doppelfunktion gleichzeitig die Entscheidungsträgerinnen des Geheimbundes. Odame stellte mir nacheinander einige namentlich vor, die für die nächsten Wochen meine Lehrerinnen werden sollten. Wie Odame selbst, so hatten auch sie kein Haar auf dem Kopf; sie waren kahl rasiert, was sie androgyn erscheinen ließ. Und weise, ein wenig so, als ob sie über all das erhaben wären, was veranstaltet wurde, um eine Frau begehrenswert erscheinen zu lassen. Gleichzeitig war genau das eine ihrer Aufgaben: aus Mädchen Frauen zu machen. In der Rückschau eine interessante Spannung: Erst wirst du aufwändig in die Geheimnisse der Frauenwelt eingeweiht, um dich im Alter wieder davon zu lösen.

Drei Priesterinnen hatten ihre Plätze links und rechts von Odame, ein vierter Stuhl – zur äußersten Linken Odames – war unbesetzt geblieben. Vergeblich versuchte ich in ihren Gesichtern zu erkennen, was sie von mir dachten, was sie über mich wussten. Heute bin ich froh, dass ich die Antworten auf beide Fragen nicht kannte. Ich glaube, ich wäre davongelaufen.

So aber sah ich einigermaßen unbefangen in die Gesichter dreier Frauen, deren jüngste etwa fünfzig Jahre alt war: Die kleine, quirlige Ajira lernte ich im weiteren Verlauf als eine lebenslustige Frau kennen, von der ich erfuhr, dass sie bereits drei erwachsene Kinder hatte. Sie besaß eine herzliche und erfrischende Art, mit mir umzugehen. Doch einen echten Einblick in ihr Herz wollte sie mir nicht gewähren. Ganz anders als Urika, die rund sechzig Jahre alt gewesen sein mochte und die ich anfangs für unzugänglich hielt. Urika war sehr groß und hager. Irgendwie wirkte sie verbittert, wenngleich das ein sehr europäisch geprägter Begriff ist. Sie sah aus wie eine Frau, die viel mitgemacht und ihr Leben lang hart gearbeitet hatte. Leider öffnete sich Urika mir gegenüber erst sehr spät. Obwohl sie mit ihren schweren Knochen beileibe keine zarte Frau war, machte sie einen eher durchgeistigten Eindruck, während die neben ihr sitzende Oke das Urbild eines Tatmenschen darstellte.

An Oke fielen mir im ersten Augenblick ihre großen Hände auf, die ruhig die Knie umfassten, während sie etwas vorgebeugt saß. Die Hände mit den breiten Fingern ohne Schmuck signalisierten, dass diese Frau zupackte. Obwohl an die achtzig Jahre, wirkte Oke erheblich jünger als die kleine Oberpriesterin Odame. Das mochte an ihrer gewaltigen Körperfülle gelegen haben, an ihren trotz ihres hohen Alters großen Brüsten. Obwohl Okes ganze Gestalt bei unserer ersten Begegnung konzentrierte Ruhe und Kraft ausdrückte, verrieten ihre Augen gleichzeitig die in ihr schlummernde Energie. Sie waren ständig in Bewegung, schienen den ganzen Raum zu kontrollieren. Und mich abzuschätzen. Es war diese Mischung aus Okes kraftstrotzender Körpersprache und ihrer gleichzeitig deutlich spürbaren geistigen Präsenz, die mich unwillkürlich an jene Männerwelt der internationalen Konzerne denken ließ, in der ich eigentlich lebte und aus der ich zu Besuch gekommen war. Oke hätte ich dort in der Position eines Vorstandsvorsitzenden vermutet. Äußerlich unverkennbar eine Frau, störten mich an Oke ihre herben, männlichen Züge. Dass Ifeoma sie nicht mochte, konnte ich vom ersten Augenblick an irgendwie nachvollziehen.

»Der vierte Hocker gehört Großmutter Fara«, verriet Ifeoma mir flüsternd, »sie ist aber leider nur sehr selten hier. Als

Vorsteherin des Palasts erinnert ihr Hocker daran, dass sie zusammen mit den anderen Lehrerinnen dem Kult vorsteht.« Nicht zum Kreis der Ältesten zählte Ifeomas liebste Priesterin Kome, die etwas abseits saß, den weichen, rundlichen Körper aufmerksam gestrafft hielt, wobei ihre kleinen Hände in ihrem Schoß ruhten. »Kome ist auch eine Mammy-Water-Priesterin, sie übernimmt von Odame viele Aufgaben, für die Odame zu alt ist«, sagte Ifeoma leise. Kome war schätzungsweise Mitte fünfzig. »Ich glaube, sie ist dazu ausersehen, später einmal Odames Nachfolgerin zu werden«, informierte mich Ifeoma über Komes wichtige Rolle. »Von der Oberpriesterin hängt die Bedeutung des Kults und des Frauengeheimbundes ab.«

Komes reifer, fraulicher Körper war mit zahlreichen Kaurischnecken- und kristallenen Glasperlenketten behängt, was ihr eine würdevolle Erscheinung gab. Obwohl noch vergleichsweise jung, war bereits abzusehen, dass Kome sich in ihrer zurückhaltenden Art an ihrem Vorbild Odame orientierte.

Bevor wir das Versammlungshaus verlassen durften, erhob Odame noch einmal ihre leise Stimme. Sofort verstummte jedes Gespräch. »Denen, die heute zum ersten Mal hier sind«, und damit meinte die Oberpriesterin natürlich auch mich, wen noch, das konnte ich nicht beurteilen, »gebe ich eine wichtige Ermahnung mit: Sprecht während eurer Zeit der Einweihung mit keiner Person über die Erfahrungen, die ihr hier macht. Die Erlebnisse, die ihr von hier mitnehmt, sollen von keiner zweiten Person bewertet werden, sondern nur von euch selbst. Also behaltet sie für euch, denn nur dann werdet ihr dadurch stärker. Ihr sollt innerlich wachsen, das ist eure Aufgabe.« Odames Worte kamen einem Schweigegebot gleich. Zu Beginn der folgenden Wochen litt ich darunter am meisten – bis ich erkannte, dass Odame Recht hatte.

Tanzen wie ein Vogel

»Bedeuten Odames Worte, dass wir nicht mehr miteinander sprechen dürfen?«, fragte ich Ifeoma. Ihr Kopfschütteln nahm ich erleichtert zur Kenntnis: »Wenn du besser über etwas schweigen solltest, werde ich es dir sagen. Aber irgendwann wirst du von allein merken, wann es besser ist, zu schweigen.« Wir verließen Mammy Waters Tempel, als es bereits fast dunkel war. Ich fühlte mich müde, meine Beine schmerzten. Die vielen neuen Gesichter und der anstrengende Marsch vom Dorf zum *compound* hatten mich, die ich mich in der Zeit mit Victor daran gewöhnt hatte, fast jede Wegstrecke im klimatisierten Auto zu fahren, ziemlich geschlaucht. Aber eine Zeit zum Ausruhen wurde mir nicht gewährt.

Ifeoma bemerkte meine trägen Bewegungen und legte ihren Arm fast mütterlich um meine Schulter: »Das muss so sein«, sagte sie, »die Priesterinnen wollen, dass die neu Angekommenen sich richtig verausgaben. Denn du sollst ja eine andere werden.«

»Eine andere? Wie meinst du das?«

»Du sollst vergessen, wie du vorher gelebt hast, damit du bereit bist, dich auf die Rituale, die dich erwarten, einzustellen.« Ich begann zu verstehen – von wegen Luxusleben mit klimatisiertem Auto und so. »Nein, nein«, korrigierte mich

Ifeoma, »das gilt für alle. Jede von uns hat sich ja jahrelang an irgendein Leben gewöhnt. Und davon sollen wir uns lösen.«

Auf dem Vorplatz herrschte rege Betriebsamkeit. Junge Mädchen, beinahe Kinder noch, schleppten auf ihren Köpfen Brennholz herbei. Sie hatten es außerhalb des kunstvoll angelegten Mythenwaldes gesammelt, in langen Fußmärschen hierher gebracht und schichteten es am Rande des Tanzplatzes zu einem großen Stapel auf. Ein gespenstisches Schauspiel, vollzogen in beinahe völliger Dunkelheit, nur die weißen Tücher leuchteten. Einige Mädchen waren bereits mit weißer Farbe bemalt, dem rituellen Minimalkostüm für den bevorstehenden Tanz.

»Bevor das Feuer entzündet werden kann, muss Urika dem Geist des Feuers ein Opfer bringen. Denn sie ist seine Priesterin«, sagte Ifeoma. Der Altar des Feuergeistes bestand aus einem großen runden Stein, durch vergossenes Blut zahlloser Opferungen dunkel verfärbt. Meine enorme Müdigkeit ließ mich die folgende Opferszene wie durch einen Schleier wahrnehmen: Urika, diese große, kräftige Frau, schnitt einem kleinen schwarzen Hahn die Kehle durch, besprengte mit dem Lebenssaft des Vogels den Stein des Feuergotts, um das Tier zum fachgerechten Schlachten an eine Helferin weiterzureichen. Der Vogel wurde noch am gleichen Abend gegessen, allerdings nicht von mir. Denn ich hatte zu fasten. Warum – dazu wollte Ifeoma mir keine Erklärung geben.

»So wie die Menschen sind auch die Geister des Waldes und der Natur eifersüchtig aufeinander. Wird einem Geist ein Opfer gebracht, so müssen auch die anderen, immer anwesenden Geister mit einem kleinen Opfer besänftigt und positiv gestimmt werden«, erklärte mir Ifeoma, als Urika nach dem Opfer für den Feuergott zu zwei weiteren Altären eilte. Es waren die Vertreter der Elemente Luft und Erde, die ihre kleinen Schilfrohrhütten an der Seite des *compound* hatten. Urika spendierte dem Luftgeist einen Schluck Palmwein, dem Erdgeist einen Spritzer dunklen Rum. Mammy Water, die Hauptgottheit, hatte ja bereits in ihrem Kulthaus Opfergaben erhalten. Erst nachdem Urika sich derart umsichtig bei allen bedeutenden Geistern abgesichert hatte, entzündete sie den Holzstapel.

Die Mädchen hatten die Zeit genutzt, um große Trommeln herbeizuschaffen. Die Ritualtrommel, ein gewaltiges Instrument, wurde von vier zarten Mädchen geschleppt. Mit erstaunlicher Geschicklichkeit handhabten die durch Feldarbeit gestählten Frauenhände die Trommeln und schon nach wenigen Augenblicken war der Tanzplatz mit sich anmutig bewegenden Körpern gefüllt. Auf die ersten zaghaften, tastenden Schritte folgten bald schnellere. Keines der Mädchen tanzte für sich allein, alle verschmolzen zu einer einzigen großen Bewegung.

Nach den ersten, quasi lockernden Tänzen ahmten sie rhythmisch den Flügelschlag eines Vogels nach, beugten die Oberkörper weit nach unten, streckten das Gesäß keck nach hinten. Mit leichter Amüsiertheit beobachtete ich, wie die schlanken Gestalten allmählich in einen angedeuteten Kopulationstanz hineinfanden. Dabei lachten sie unbefangen, nichts Obszönes haftete der Veranstaltung an. Es wirkte eher wie ein kindliches Erproben uralter Rituale. In genau dieser Tradition stehen einige der Tänze, sofern sie nicht sakralen Ursprungs sind und die Tänzerinnen geradewegs in einen tranceartigen Zustand befördern.

»Lass uns mitmachen! Da wirst du wieder munter!«, rief Ifeoma.

»Was?! Und was ist mit deinem Bauch?«

»Ach, das tut doch dem Baby gut«, lachte sie und zerrte mich zu den Mädchen, nachdem ihr kugelrunder Körper sich schon zu Beginn kaum den verlockenden Trommelschlägen hatte entziehen können. Ich ahmte die Bewegungen der anderen Mädchen nach, schrecklich ungelenk, aber es machte mir Spaß, ich hopste mehr, als dass ich sprang, schlug mit meinen *Flügeln,* die noch wenige Minuten zuvor meine Arme gewesen waren. Ich lachte mit ihnen und hob ab, ja, ich wurde, wie Ifeoma es mir vorausgesagt hatte, eine andere. War nicht mehr die kopfbestimmte weiße Managerin, die darauf achtete, ob sie irgendetwas falsch machte. Ich ließ mich fallen, fühlte mich geborgen. Das ging so schnell, war so einfach. Ich musste nur meinem Gefühl folgen, das sich dem Klang der Trommel hingab.

Trommelmusik ist reine Körperlichkeit. Urika erklärte mir zu einem späteren Zeitpunkt, was es auf sich hat mit der mystischen Verbindung zwischen Tanz und Feuer, Feuer und Sonne, der Quelle aller Energie: »Im Tanz«, sagte die Priesterin des Elements Feuer in ihrem Pidginenglisch, »drückt sich die ursprüngliche Kraft der Sonne aus, des mächtigen Gestirns, das alles Leben auf der Erde hervorbringt.« Aus den angedeuteten Fruchtbarkeitsriten, die ich mit den Mädchen tanzte, sprach somit die oberste Gottheit Sonne. Ein einfacher Kreis und gleichzeitig jener der Naturreligion innewohnende Grundgedanke für die Verehrung der Elemente.

Sinngemäß versuchte Urika es mir so nahe zu bringen: Neben dem Feuer, den alten Mythen zufolge den Menschen von der Sonne gegeben, sind es Luft, Erde und Wasser, die Menschen, Tiere und Pflanzen am Leben erhalten und deshalb verehrt werden. Sie sind das Kraftfeld, in dem sich alles bewegt und dementsprechend auch die Himmelsrichtungen zugeordnet werden. Die recht kleine und quirlige Ajira, in deren Obhut das Element Luft lag, schlug nun mit einem Holzstock nacheinander gegen ein paar Glocken, die von hell nach dunkel anschwellend Töne von sich gaben. Die unterschiedlich großen *cowbells* oder Glockengongs, deren Besonderheit darin besteht, dass sie keinen Klöppel haben, waren an einem Holzgestell aufgehängt.

»Du musst nach innen hören«, erklärte mir Ifeoma den Zweck des Rituals. Das war nicht so einfach, denn ich hatte inzwischen enormen Hunger bekommen. »Denk nicht dran«, sagte Ifeoma. Was allerdings keinerlei Erleichterung bedeutete. Meine Gedanken kreisten um das Wortpaar *fathouse/Hungerhaus,* eine eigentümliche Verkehrung des Sinns. Da sich allerdings niemand bewegte und Ajira damit fortfuhr, die zum Gong umfunktionierten Glocken zu bearbeiten, ließ ich mich schließlich auf die von den Glocken ausgehenden Schwingungen ein, schloss die Augen und spürte nach einer Weile, wie die Töne in meinem Kopf zu wirken begannen.

Mein Kopf übersetzte die Klänge in Farben, die in schillernder oder aufsaugender Intensität vor meinem inneren Auge aufschienen. Dominierte anfangs noch aggressives Rot, so wanderte die Farbskala allmählich vom dunklen ins helle Rot und Violett, sodann ins Grün, das vom tiefen Blau zum zarten Blütenton des Vergissmeinnichts changierte, um endlich einem satten Goldgelb und dann einem strahlenden Weiß Platz zu machen. Es kam mir vor, als bedeutete dieses Spiel der Farben einen Prozess der Reinigung, vielleicht sogar des Vergessens, wer ich war, wo ich mich aufhielt. Und – vor allem – was ich wollte. Mein Körper und mein Geist hatten aufgehört, Wünsche zu formulieren. Der Hunger war verflogen.

Erst die sanfte Berührung durch meine Begleiterin Ifeoma erinnerte mich, dass ich mich im Kreis von lauter mir fremden Menschen befand, an einem äußerst ungewohnten Ort. Die anderen waren unterdessen aufgestanden, hatten sich auf ihre Schlafhütten verteilt. Mich hatte ein seltsamer innerer Frieden erfasst, eine Leichtigkeit, vielleicht sogar eine gewisse Gleichgültigkeit den gegebenen Umständen gegenüber. Ich begann mich mit meinem Los abzufinden, da ich nicht die geringste Ahnung hatte, was mich in den nächsten Tagen erwartete.

Zu meiner Überraschung war es zunächst ein einsames Mahl neben dem Feuer. Ajira stellte eine Kalebasse vor mich hin, eine hölzerne runde Schale, in der sich augenscheinlich eine Suppe befand. In Nigeria hatte ich schon allerhand ausgesprochen gewöhnungsbedürftige Speisen kredenzt bekommen. Ob sich hinter der Bezeichnung *bushmeat* tatsächlich Erdferkel oder am Ende gar Buschratte verbarg, wollte ich manches Mal lieber nicht wissen. Im Zweifelsfall erinnerte ich mich an mein ständig drohendes Übergewicht – und hungerte. Ajiras Suppe roch säuerlich und war – sofern das im Schein des allmählich verglimmenden Feuers noch erkennbar war – schleimig grau. Das Zeug sah aus, als hätte es sich schon einmal im Magen eines anderen Menschen befunden.

»Du musst es essen«, soufflierte Ifeoma. In ihren Augen erkannte ich echtes Mitleid für die mir bevorstehenden Leiden.

»Ist das Okra?«, fragte ich vorsichtig. Ifeoma schüttelte den Kopf; das schleimig gekochte, vormals grüne Schotengemüse schied also als tröstende Brücke zur Versöhnung mit meinem Widerwillen aus. Der Löffel fuhr vorsichtig in die Suppe hinein und ließ den zähflüssigen Schleim träge wieder ins Gefäß zurückploppen. Dunkle, recht große Körner platschten in die Kalebasse. »Muss das wirklich sein?«, fragte ich Ifeoma flehentlich, »wenn ich das essen muss, übergebe ich mich!« Ifeoma lächelte mild – und nickte. Sie hatte all das schon einmal mitgemacht, wusste, was mich erwartete.

»Halt den Atem an und würg es ganz schnell runter. Dann

hast du es hinter dir«, sagte sie, »und zerbeiß nicht die schwarzen Körner!« Wäre mir sowieso nicht im Traum eingefallen. Warum nur hatte Ajira so viel von dem grässlichen Zeug in die Holzschale gefüllt! Trotz aller Anstrengung schaffte ich es nicht, ohne Atem zu holen alles in mich hineinzuschaufeln. Immer wieder würgte mich der saure Geschmack. Doch ich brachte es fertig. Mit dem letzten Löffel, der mit bleischwerer Hand in den Mund fand, drehte sich mein Magen um und gab alles wieder von sich. Instinktiv schämte ich mich meines Versagens, wollte nicht, dass die weisen Frauen sahen, dass ich ihr Mahl nicht bei mir behalten konnte. Und verkannte den Zweck der Sache komplett! Es war ein Essen, das eingenommen wurde, um es wieder zu erbrechen. Ifeoma hinderte mich am Fortlaufen. Mein Magen entleerte sich direkt auf den zementharten Boden des Tanzplatzes. Völlig ermattet kauerte ich neben der Schweinerei, die ich angerichtet hatte. Gut sichtbar schwammen in der Brühe die schwarzen, dicken Körner.

»Und was jetzt?«, fragte ich kraftlos.

»Jetzt dürfen wir schlafen gehen«, antwortete Ifeoma.

»Und das da?« Ich deutete schlapp auf die gewesene Suppe.

»Die Sonne wird es morgen trocknen.« Klug wurde ich aus dieser Antwort nicht.

In einer der Hütten neben dem *compound* erwartete mich mein Bett. Gut hatten sie es mit mir, der weißen Frau, gemeint und ein Metallbett mit Matratze hineingestellt. Ifeoma rollte sich neben meinem Bett auf einer Matte zusammen und schlief bereits, während ich vergeblich nach einer angenehmen Lage suchte. Und die wirklich wichtige Erkenntnis gewann, dass europäische Betten nichts im Regenwald zu suchen haben – ein gestampfter Boden ist besser als jedes ausgeleierte Bett mit feuchter Matratze.

Die Schlange häutet sich

Die Sonne schlief noch, während ich aufzustehen hatte. Denn ich sollte dabei sein, während sie ihre Bahn zu ziehen begann. Zusehen, wie zuerst der schwache Schein der Dämmerung die Nacht vertrieb, bevor sie ihre ganze Kraft entfaltete. Urika, die den Geist des Feuers verehrte, war zu Ifeomas und meiner Hütte gekommen, um mir den Sonnengruß beizubringen, den ich künftig jeden Morgen praktizieren sollte. Urika wandte sich gen Osten, spuckte in die Hände und blies hinein, erhob die Arme, hielt die feuchten Flächen ihrer Hände der aufgehenden Sonne entgegen und sprach mir unverständliche Worte, die in einen heiseren, leisen Singsang übergingen.

»Sag der Sonne, was du dir von diesem Tag versprichst, und danke ihrer Kraft, die sie dir schenkt«, riet Ifeoma mir.

Förmlich und ungelenk ahmte ich Urika und Ifeoma nach; im Lauf der Jahre habe ich den Sonnengruß in meine eigene Form übersetzt. Auch am Morgen war für mich keine Speise vorgesehen, stattdessen ein bitter schmeckender Tee, der sehr schnell und vor allem sehr abführend wirkte. Ifeoma wusste offensichtlich um seine Wirkung: »Komm schnell!«, rief sie und zog mich aus dem geheiligten *compound* hinaus in eine schilfumwachsene Ecke seitlich hinter dem Gehöft.

Hatte ich mich bei der ersten Begegnung mit einer original

afrikanischen Toilette im Haus meines damaligen Schwagers Moses in Lagos noch über die »Zumutung« empört, ein von Ungeziefer bevölkertes Fliegenloch benutzen zu müssen, so war mir jetzt auch das schon fast egal: Peinigende Darmkrämpfe schüttelten mich, brachten mich an den Rand einer Ohnmacht. Um nichts in der Welt wollte ich an diesem widerwärtigen Fleck besinnungslos in den Dreck fallen. Obwohl der Gestank nicht gerade dazu einlud, versuchte ich mit regelmäßigem Ein- und Ausatmen, die sich bedrohlich vor meine Augen schiebende schwarze Wand niederzuringen. Welche meiner Sünden sollte ich wohl büßen, dass ich so zu leiden hatte?! Ich weiß nicht, wie lange ich an diesem entsetzlichen Ort verbrachte. Irgendwann begann ich den Gestank und die Insekten zu ignorieren. Notgedrungen. Während ich schweißüberströmt mit verspannten Muskeln dahockte, verlor ich die Fixiertheit auf die Unbill, die mein Körper mir verursachte, und starrte auf die braunen und grünen Halme, dies verwirrende Durcheinander von Pflanzen, das mich umgab. Eine ganz langsame, kriechende Bewegung erregte meine Aufmerksamkeit. Am Boden wand sich eine grüne Schlange. Im ersten Augenblick vergaß ich meine missliche Lage, wollte, so wie ich war, aufspringen. Aber etwas riet mir, mich nicht zu bewegen. Als wäre ich das berühmte Kaninchen, glotzte ich bewegungslos die Schlange an. Sie war etwas länger als einen Meter, sehr dünn. Und sie war sehr beschäftigt. Wie ich. Sie häutete sich.

Indem das Reptil sich durch die harten Halme des Schilfrohrs und zweier scharfkantiger Steine presste, zog es sich die alte, erstaunlich farblos durchscheinende Haut vom feucht schimmernden Leib. Darunter lag die neue Haut in ihrer jungen, zartgrünen Maserung, das exakte Abbild der sich ablösenden. Die erste Hälfte ihres Körpers war jung, die hintere noch alt; für die Minuten des Übergangs von einem Alter in das nächste hob sie die Gesetze der Zeit auf. Und war ihnen dennoch unterworfen, denn sie schlängelte sich unaufhörlich weiter, bis sie ihre alte Haut in den Halmen zurücklassen konnte. Gewissermaßen achtlos.

Das Leben geht weiter, vergiss, was dich belastet, schien sie mir sagen zu wollen. Ich wünschte, ich wäre eine Schlange gewesen – meine »Häutung« verlief wesentlich anstrengender. Fand aber auch irgendwann ein Ende; ein mit Wasser benetzter Stein, den die fürsorgliche Ifeoma mir gab, ersetzte das Toilettenpapier. Mit der Schlangenhaut in der Hand krabbelte ich erschöpft aus meinem stinkenden Versteck hervor, präsentierte Ifeoma meinen Fund wie eine Trophäe: Ich hatte es überstanden. Eine Erklärung war nicht mehr nötig, um zu verstehen: Ich sollte meinen Körper entschlacken, weil sich eine Zeit des Fastens anschloss. So wie der Prozess der Häutung abläuft – während die Schlange noch ihr altes Kleid trägt, bildet sich darunter bereits ein neues.

All die Qualen, die ich auf mich genommen hatte und von denen ich erst die harmlosesten kennen gelernt hatte, fanden statt, damit ich Victor nahe sein konnte. Während ich mich mit Bauchschmerzen zurück zum *compound* schleppte, die Schlangenhaut stolz in meiner Hand, musste ich an ihn denken. Was machte er gerade durch? Für Victor waren die Voraussetzungen zur Teilnahme am Initiationsritus der Männergesellschaft noch wesentlich schwerer zu durchstehen, denn mein Prinz trug schließlich noch immer sein Bein im Gips! Zum ersten Mal schloss ich in meine Gedanken auch den Anflug einer Kritik am Plan des Ältestenrats mit ein: Sie wussten doch, dass Victor seit dem Reitunfall gehandikapt war; und sie kannten die unwirtliche Umgebung des Regenwalds. Warum setzten sie ihn gerade jetzt dieser Erfahrung aus?

Wenigstens hatte ich mein erstes Mitbringsel für ihn – die Haut der Schlange, erstanden unter großer Pein.

Von diesem Gedanken getröstet, traf ich gemeinsam mit Ifeoma auf Ajira. Auf ihr freundliches Gesicht legte sich ein glückliches Lächeln. Es galt nicht mir, sondern der Haut der Schlange. Sie nahm sie mir ab, legte sie zum Trocknen in die Sonne – neben das Erbrochene der vergangenen Nacht. Sie drückte mir einen schlichten Besen aus Reisig in die Hand, um damit in der Hitze des Morgens den Hof zu fegen. Ein unsinnig erscheinendes Unterfangen, bei dem ich mehr Sand aufwirbelte, als ich beiseite kehrte. Wie praktisch, dass Ajira mich danach waschen wollte! Doch zunächst wurde ich mit den Mädchen losgeschickt, um Holz fürs abendliche Feuer zu holen. Eine zeitraubende Arbeit, denn loses, altes Holz hatten schon ganze Legionen anderer Frauen vor mir rund um das Dorf eingesammelt. Wir mussten weit durch die Wälder streifen, bis wir mit genügend Zweigen bepackt zurückkehren konnten.

Im ganzen Dorf hatte keine Hütte ein Badezimmer. Wer sich waschen wollte, tat es im Fluss. Im *compound* selbst – gleich vorn, wenn man um den Zaun herum- und daran entlangging bis zur ersten Ecke rechts – gab es einen gewachsenen Bambuszaun, hinter den das Wasser geschleppt wurde. Gebadet wurde dort nicht aus Vergnügen oder Reinlichkeit – sondern rituell. Das anstehende Bad, das Ajira für mich bereitet hatte, war denn auch nicht unbedingt das, wonach mein kraftloser Leib verlangte. Ajira tauchte junge Zweige eines Buschs in die bereitstehende Wanne; Blech übrigens – wo es praktisch ist, geht man mit der Zeit.

Immer wieder spritzte und schleuderte Ajira die Zweige gegen meinen bloßen Körper, eine ganz eigentümliche Art der Massage. Aus der Wanne stieg ein vielschichtiger Geruch diverser beigemengter Kräuter und Öle auf, die nach und nach auf meiner Haut ein leichtes Kribbeln auslösten, das allmählich in ein Brennen überging. Als die Priesterin mit ihrer an eine Züchtigung erinnernden Prozedur fertig war, war meine weiße Haut von dünnen roten Striemen gezeichnet. Allerdings hatte diese Behandlung auch eine belebende Wirkung. Ich fühlte mich besser, wie aufgedreht. So, als hätte ich in der Tat eine neue Haut bekommen.

Die Schlangenhaut selbst war leider von ihrem Trockenplatz in der Sonne verschwunden. Es saßen dort einige Mädchen, die ich am Vorabend bereits beim Tanz gesehen hatte. »Wir basteln Ketten«, sagte Ifeoma, die schon damit begonnen hatte, Muscheln und bunte Glasperlen aufzufädeln. Stolz hob sie zwei bereits fertige Schmuckstücke hoch: »Bald ist wieder Markt im Dorf. Dort werden die Ketten verkauft.« Sie deutete auf ein Häufchen neben sich – die schwarzen Körner aus der erbrochenen Suppe! Ich muss Ifeoma wohl ziemlich töricht angesehen haben, denn sie quittierte meinen Blick mit einem fröhlichen Lachen: »Nein, nein, die Kette, die du bastelst, wird nicht verkauft. Du musst die Körner auffädeln. Ich zeige dir, wie es geht!«

»Die Körner, die ich erbrochen habe?«, fragte ich.

»Ajira sagt, zwischen ihnen und dir besteht eine Bindung. Darum musstest du sie vorher essen. Die Kette, die du machst, ist ja nicht irgendeine Kette.«

»Sondern? Wozu ist sie gut?«

Ifeoma lächelte nachsichtig: »Das wirst du später erfahren.« Am Ende dieser »Erfahrung« bluteten meine Finger wegen zahlloser fehlgeschlagener Durchbohrungsversuche! Mit einer dicken Nadel hatte ich die Körner zu durchbohren und aufzufädeln. Vielfarbige Glasperlen und Muscheln dienten als Ergänzung. Aber: Es war meine Kette, kein Kunstwerk, dennoch erfüllte mich meine Arbeit mit ein bisschen Stolz. Ich hoffte, sie am Ende meinem Victor überbringen zu dürfen. Denn niemand hatte Einwände, als ich mir die Kette um den Hals legte.

Noch immer wartete das Feuerholz auf seine Verwendung, ein Haufen Äste und Zweige. In meinem Ehrgeiz, mich meinen Begleiterinnen als ebenbürtig zu erweisen, hatte ich einige recht dicke Stücke mitgebracht. Deutlich unterschieden sie sich von den anderen, dünneren Hölzern. Ich wurde – ohne zu verstehen, warum – aufgefordert, mir einen Ast herauszusuchen. Den Rest hatte ich mit einer Axt zu zerhacken. Als ich mich damit abgeplagt hatte, präsentierte mir Ajira meinen einstigen Ast. Sie deutete auf eine unscheinbare Frau mittleren Alters, die abseits von den anderen saß, und redete in ihrer Stammessprache auf mich ein. Ifeoma ließ sich in ihrer Auffädelarbeit – sie hatte inzwischen eine rekordverdächtige Anzahl von Ketten erstellt – nicht stören und rief mir die Übersetzung zu: »Afuma dort drüben hat dein Ritualholz gemacht. Wenn du wieder in den Wald gehst, sollst du ihr zum Dank etwas Schönes mitbringen. Afuma liebt seltene Vogelfedern. Am liebsten mag sie kleine bunte. Sie macht Ketten daraus.«

Ich nahm Ajira das Ritualholz aus der Hand. Afuma hatte den Ast mit Kerben versehen und mit roter, weißer und blauer Farbe bunt bemalt. Ajira führte das kleine Kunstwerk an ihren und dann an meinen Mund. Gemeinsam gingen wir hinüber zu Afuma, die es wieder zurückerhielt. Afuma stand wortlos auf und verschwand. Ich starrte ihr verblüfft nach. Afuma hatte etwas für mich gebastelt, wofür ich ihr ein Gegengeschenk machen sollte – gleichwohl verschwand Afuma damit. Das mochte verstehen, wer wollte! Ich drehte mich zu Ajira um, aber die war bereits gegangen.

In der Stunde vor Einbruch der Dämmerung stand ein langer Marsch durch den labyrinthischen Wald der Frauen an. Zum ersten Mal beteiligte sich die ruhige Oberpriesterin Odame an einer meiner Aktivitäten. Sie ging sparsam mit ihren Kräften um. Vor unserem Aufbruch hatte sie uns ermahnt, schweigend zu laufen. Immer noch ging mir Afumas Gegengeschenk durch den Kopf, die kleinen Vogelfedern. Mir war bereits aufgefallen, dass sich die Frauen gegenseitig dauernd kleine Geschenke machten: Steine, Muscheln, Perlen, manchmal auch den Schädel einer kleinen Schlange – oder eben Federn. Es war also an der Zeit, diese Sitte selbst anzuwenden. Gedankenverloren suchte ich die Bäume nach Vögeln ab.

Plötzlich hörte ich Odames Stimme. »Dies ist die Stunde: Der Leopard lauert lautlos in den Ästen. Schon dein Blick kann ihn reizen. Dann setzt er zum Sprung an«, sagte sie nah an meinem Ohr in Englisch. Völlig unbefangen war ich bislang durch den labyrinthischen Wald des Frauenkults gelaufen, hatte beim Holzsammeln keinen Gedanken an solche Gefahren verschwendet. Schlangen und Krokodile, die waren langsam; ein Leopard – das beeindruckte mich allerdings. In freier Wildbahn hatte ich noch nie einen zu Gesicht bekommen. Ich wollte Odame fragen, ob es noch viele von ihnen gebe. Sie legte die ausgestreckte Hand vor den Mund – schweig! Verstohlen blickte ich mich dennoch um. Entdeckte aber weder Federn noch Leoparden.

Unser Ziel war der Fluss, über dem die Sonne glutrot versank. Odame ging nur ein, zwei Schritte mit mir ins Wasser hinein. Feierlich streckte sie ihre dünnen Arme nach meiner selbst gebastelten Kette aus, nahm sie mir wortlos ab. Ich erwartete eigentlich, dass sie das wertvolle Teil in irgendeiner Weise segnete, als sie in ihrer eigenen Sprache, leise und mit rauer Stimme, zu sprechen begann. Kurz tauchte sie die Kette ins Wasser, führte sie zurück an meine Stirn – und ließ sie anschließend im Wasser versinken, das an dieser Stelle von vielen kleinen Strudeln quirlig bewegt wurde. Die Kette sank ins Wasser, wirbelte für die Länge eines Lidschlags. Dann war sie verschwunden. Gleichzeitig versank die Sonne hinter dem Blätterdach des Regenwalds. Impulsiv machte ich einige Schritte, um mein Schmuckstück zurückzubekommen. Vergebens, ich konnte es nicht mehr entdecken. Unter welchen Schwierigkeiten hatte ich diese Kette hergestellt, ja geschaffen! Das gluckernde Wasser nahm sie mit sich. Vornübergebeugt stand ich bis zu den Hüften im Fluss, mühte mich, das Bett des Flusses mit den Augen abzusuchen.

Ich habe wohl ein ziemlich dummes Gesicht gemacht, als ich mich zu Odame und den etwa ein Dutzend Frauen und Mädchen umdrehte, die mich begleitet hatten. Zwischen ihnen und mir lagen jetzt rund sechs Meter Wasser. Vorsichtig tastete ich mich in dem schlammigen Nass zurück. Am Ufer des Flusses, nur wenige Meter von dort entfernt, wo sich Odame befand, erblickte ich zwischen den dichten Blättern die rundliche Figur einer Mammy-Water-Gestalt. Über und über war ihr aus Zement geformter Körper bedeckt mit ebensolchen Ketten, wie ich eine gebastelt und an das Wasser verloren hatte.

Verloren? Schlagartig wurde mir bewusst, dass ich einen Fehler gemacht hatte. Die Kette war ein Geschenk, das schon, aber eines für die Göttin des Wassers. Wie selbstsüchtig von mir anzunehmen, ich könnte sie meinem Victor mitbringen, um mich in seinem Lob zu sonnen. In meiner Eitelkeit war ich ihr förmlich nachgelaufen. Nun war sie doppelt verloren, nahm ich an. Odame sprach mit ihrer Göttin; ich hoffte, sie würde bei ihr ein gutes Wort für ihre dumme weiße Schülerin einlegen. Schüchtern gesellte ich mich zu den anderen Schülerinnen und älteren Frauen, wartete, bis Odame ihr Gebet beendet hatte.

»Mammy Water hat dein Geschenk angenommen«, verkündete Odame zu meiner Überraschung. Gehörte meine Kette denn nicht zu den anderen am Hals der Fruchtbarkeitsgöttin?

Dann machten wir uns auf den Rückweg. Ich war irritiert, offenkundig verstand ich überhaupt nichts. Ifeoma musste mir auf die Sprünge helfen, verstand aber ihrerseits meine Verstörung zunächst nicht. Dann lachte sie: »Mit deinem Geschenk an Mammy Water ist ein Orakel verbunden. Was mit der Kette passiert, nachdem sie in das Wasser geworfen wurde, verrät Odame den Ausgang deiner Einweihung.« Das komplette Verschwinden der Kette und mein Hinterherlaufen bedeutete, dass ich Mammy Water die Kette gewissermaßen überreichte. Jene Ketten hingegen, die ich am Hals der Figur gesehen hatte, waren plump ins Flussbett gesunken. Die Initiandinnen trugen sie dann während ihrer Einweihung und überreichten sie erst am Schluss Mammy Water, indem sie sie ihr um den Hals legten.

»Dann habe ich also alles richtig gemacht?«, fragte ich. Ifeoma sah mich mit ihren ausdrucksstarken Augen ratlos an. Sie war zu zurückhaltend, um zu fragen, ob ich vielleicht etwas begriffsstutzig sei. »Ich mochte meine Kette«, sagte ich. Es hörte sich etwas bockig an, glaube ich. Aber Opfer mussten an diesem Ort eben sein.

Flucht in die Nacht

Im Dorf sprachen schon wieder die Trommeln, viele junge Mädchen tanzten bereits. Einige beendeten gerade ihr Essen, das aus einem graubraunen Brei bestand und trotzdem in meinem Magen eine enorme Begehrlichkeit weckte.

»Warum dürfen sie essen und ich nicht?«, fragte ich Ifeoma.

»Die anderen sind schon viel länger da als du und haben den ersten schweren Teil der Initiation bereits hinter sich«, sagte Ifeoma. »Es sind nur zwei da, die ebenfalls neu gekommen sind. Sie sitzen dort drüben.« Die beiden von Ifeoma Bezeichneten waren keine Mädchen mehr, sondern Frauen jenseits der dreißig. »Du darfst nicht mit ihnen sprechen«, ermahnte mich Ifeoma. »Du weißt, was Odame gesagt hat. Ich darf auch nur deshalb mit dir sprechen, weil Fara mich als deine Dienerin und Übersetzerin ins *fathouse* mitgeschickt hat.«

»Weißt du etwas über die beiden anderen?« Als Antwort erntete ich nur Ifeomas mitleidvollen Blick – nicht einmal der Vergleich mit dem Schicksal der beiden anderen sollte mich ermutigen. Oder gar entmutigen?

Um Ajira hatten sich ihre Schülerinnen versammelt, die rhythmisch und abgehackt monotone, tiefe Gesänge murmelten. Ajira selbst zerstapfte in einem Steinmörser getrocknete Blätter und fügte gelegentlich etwas Getrocknetes, Durchscheinendes hinzu. Mit Neugier und intuitivem Argwohn trat ich dichter heran. Ajira setzte ihre Arbeit konzentriert fort. Als nur ein kleines Fitzelchen von der getrockneten, harten Substanz übrig war, erkannte ich, um was es sich handelte: die Schlangenhaut vom Dschungelklo! Protest verbot sich von selbst; ich schwieg und sah den Rest der kostbaren Trophäe im Mörser zerbröseln.

»Die Schlange ist ein Zeichen, dass alles einen glücklichen Ausgang nehmen wird«, sagte Ifeoma. »Der Geist der Luft wird dich beschützen.« Wovor, das verriet sie mir wieder nicht, wohl aber, dass die Haut der Schlange für diesen Zweck ideal war. »Die Schlange, die du gefunden hast, hat ihr Zuhause in den Bäumen, deshalb lebt in ihr der Geist der Luft«, sagte Ifeoma.

Ich hoffte jetzt nur noch eins: nicht auch diese Substanz essen zu müssen! Ganz verkehrt lag ich mit meiner Befürchtung nicht. Dieses Mal sollte mir eine Paste auf die Haut geschmiert werden. Sie entstand unter Hinzufügung von ein paar Spritzern frischem Opferblut, Palmwein und öligen Flüssigkeiten. Die Art der Kräuter, die darin enthalten waren, sind mir unbekannt geblieben – ihre Wirkung allerdings war nachhaltig: Das Zeug brannte von der ersten Sekunde an wie ein Bad aus Brennnesseln; sein Geruch, der ätherisch und leicht stechend war, nahm mir den Atem. Gleichzeitig erschien es mir, als leisteten die Mädchen an der Trommel Schwerstarbeit; aus den Augenwinkeln nahm ich wahr, dass einige der Tänzerinnen ein rasendes Tempo vorlegten. Als die Schlangenhautmixtur meinen Körper komplett bedeckte, puderte mich Ajira mit Kaolin weiß ein – nicht einmal mein Gesicht verschonte sie dabei. Einen Spiegel hatte ich nicht zur Verfügung; wieder erkannt hätte ich mich ohnehin nicht.

Während ich zur Tanzfläche geführt wurde, setzte sich in mir der Gedanke fest: Ich trug die Haut einer Schlange, »meiner« grünen Schlange. Aus Ifeomas Worten schloss ich, dass es eine Baumnatter war. Das einpeitschende Getrommel verwandelte mich wohl in ein ziemlich wild zappelndes Wesen, eine Mischung aus durchgedrehtem weißen Menschen und sich häutendem Reptil.

Die Haut ist das größte Organ des Menschen und unter anderem zuständig für dessen Sauerstoffzufuhr. Nur: Durch meine Haut drang kein Sauerstoff mehr, weil sie entweder von dem weißen Puder verkleistert oder mit der intensiv riechenden Kräuterpaste bestrichen war. Allerdings waren mir diese Details gleichgültig, denn mein Kopf hatte längst aufgehört zu arbeiten, meine Füße trieben meinen weißen Körper in rasanten Drehungen über den Tanzplatz, während sich alles um mich herum zu bewegen schien. Der gesamte *compound* verwandelte sich in meiner Einbildung in eine Versammlung von grinsenden, finsteren oder mich verhöhnenden Fratzen, selbst die hungrigen Flammen des offenen Feuers schienen nach mir zu greifen. Ich wich ihnen immer wieder aus. Bei einem Medizinmann war mir Monate zuvor schon einmal Ähnliches passiert – dabei war ich in Trance gefallen.

Mein Unterbewusstsein sehnte sich nach diesem Zustand, der Befreiung des Geistes vom nicht mehr durch den eigenen Willen beherrschbaren Körper. Ich hoffte, auf diese Weise entkommen zu können. Weg von diesem Feuer, das nicht nur neben mir, sondern auch auf meiner Haut brannte. So wahnsinnig ich auch tanzte, um die Flucht vor mir selbst antreten zu können – diesmal geriet ich nicht in Trance. Ich musste bleiben, diesen Feuertanz durchstehen, mich von den Dämonen treiben lassen, die ihre Freude am Spiel mit mir hatten. Ich war ihnen ausgeliefert, eingesperrt im Gefängnis meines eigenen Körpers. Ich, die noch nie Alkohol getrunken hatte, weil ich es hasste, nicht die Kontrolle behalten zu können, ausgerechnet ich wurde einem solchen Ritual unterzogen. Je mehr ich versuchte, aus meiner Haut zu tanzen, desto mehr Angst bekam ich, nichts mehr steuern und kontrollieren zu können. Meine Angst steigerte sich zu Panik. Ich schien auf der Schwelle zwischen Leben und Tod zu tanzen.

Wenn ich gewusst hätte, dass es genau darum ging, um das Wandeln auf diesem dünnen Seil, das zwischen beidem gespannt ist, hätte ich weniger Angst gespürt? Oder gar mehr? Damals wusste ich ja nicht einmal um die einfache Symbolik der ganzen Sache: dass die weiße Farbe auf meinem Körper das Symbol für den Tod war; dass in Afrika der Tod nicht für das Ende steht, sondern für Neubeginn. Ich befand mich bereits am Übergang in ein neues Leben. So wie die Schlange, deren abgestreifte Hülle ich auf meiner Haut trug. Die Psychodrogen, die über meine Haut in mein Blut eindrangen und meinen Kopf nach und nach immer mehr verwirrten, meinen Puls rasen ließen, machten mich zur Gefangenen des Augenblicks.

Immer größer wurde die Unruhe, die mich trieb, immer weiter entfernte ich mich vom Feuer und dem Tanzplatz. Unvermittelt stand Ajira vor mir, packte mich kurz, zischte mir etwas zu, das ich nicht verstand, und ließ mich wieder los. Ich irrte durch die Frauen hindurch, als ob ich etwas suchte, das ich nicht finden konnte. Wo ich hintrat, wichen sie vor mir zurück, als fürchteten sie, der Funke meiner Raserei würde jeden Moment auf sie überspringen.

Es war dunkel dort draußen, pechschwarz, sobald ich den *compound* verließ. Der furiose Wirbel der Trommeln verfolgte mich, trieb mich vor sich her und gleichzeitig von sich fort. Die dumpfen Töne schienen in meinem Kopf zu sein, pochten gegen meine Schläfen, obwohl ich immer weiter fortstolperte, über Wurzeln fiel, mich wieder aufrappelte und weitereilte. Lediglich ein weißes Tuch trug ich um die Hüften. Zusammen mit der weißen Bemalung meines Körpers muss ich auf die mir unsichtbaren Bewohner des Waldes wie ein Gespenst gewirkt haben! Eines, das vor sich selbst davonlief. Ich rannte, immer weiter, keinen Gedanken daran verschwendend, dass ich irgendwie wieder zurückfinden müsste. Irgendwann hielt ich endlich inne, verharrte still, reglos. Nur mein eigener gehetzter Atem war zu hören und ein dumpfes Pochen. Das jetzt allerdings nicht mehr von den Trommeln herrührte, sondern mein eigener Herzschlag war.

Wo war ich? Wie war ich hierher gekommen? Intensiv spürte ich den Boden unter meinen nackten Füßen und eine entsetzliche Leere in mir. Mein Rausch war verflogen, die Angst, die mich getrieben hatte, auch. Um sofort einer anderen Platz zu machen. Nie zuvor hatte ich erfahren, dass Orientierungslosigkeit so erschreckend sein kann. Ich konnte keinen Fixpunkt erkennen, nach dem ich mich hätte richten können. Keine Sterne waren zu sehen. Ich war so weit gelaufen und hatte nichts gefunden. Die absolute Leere. Schwärze ringsum. Mir blieb nichts als ich selbst.

Bis hierhin war ich gekommen, war nicht ein einziges Mal gegen einen Baum geprallt. Wie war das möglich? Vor Stunden erst hatte ich mit den Mädchen Holz gesucht, hatte gesehen, wie dicht der Wald voller Büsche und Bäume stand. Mir fielen die warnenden Worte von Ifeoma ein, ja keine unbekannten Pflanzen zu berühren, ich erinnerte mich an all die seltsamen Figuren der Waldgeister im labyrinthischen Wald, an die vielen kleinen Gewässer, die das Gebiet durchzogen. Nicht einen Schritt wagte ich mehr zu tun, aus Angst, eine schlafende Bestie zu wecken. Still verharrte ich. Ganz still. Und lauschte. Der Wald, den ich kannte, war voll Leben gewesen! Jetzt war nur Stille. Alles Leben um mich herum schien zu schlafen. Wenigstens die Trommeln mussten doch zu hören sein, so dass ich ihrem Klang hätte entgegenlaufen können! Alles schien aus Zeit und Raum herausgefallen zu sein.

Wie sollte hier eine Wassergöttin über mich wachen, mitten im Wald? Schritt für Schritt, die Arme weit ausgestreckt, bewegte ich mich im Zeitlupentempo vorwärts, bis ich endlich harte, rissige Rinde ertastete. Ich umarmte den Baum, diesen fühlbaren Beweis für die Existenz anderen Lebens. Nachdem ich mich überzeugt hatte, dass meine Hände nichts und niemanden berührten außer diesen Baum, untersuchten meine nackten Füße den Boden. Erst dann ließ ich mich langsam nieder.

Der Baum, tief in der Erde verwurzelt, gab mir das Gefühl von Sicherheit und Ruhe. Seine konzentrierte, ruhende Energie, angesammelt in einem gemessen am Menschenleben unübersehbar erscheinenden Zeitraum, verströmte die Kraft gleichmütiger Standhaftigkeit. Eingebunden in den Energiefluss der Natur nahm er sich, was er brauchte; behielt, was ihn stärkte, und gab, was seiner Umgebung diente. In der Dunkelheit konnte ich ihn nicht sehen. Ich versuchte, mit ihm zu reden, ihn zu fühlen und zu erspüren, seine Stärke aufzunehmen. Ich erinnerte mich an den Irokobaum im *compound* der Frauen, den Baum, in dem die Geister wohnten. Vielleicht wohnten auch in diesem – nach seinem Stammumfang zu urteilen – mächtigen Kerl die Götter. Ich hatte keine andere Wahl, als mich ihrem und seinem Schutz anzuvertrauen, suchte eine einigermaßen angenehme Position, in seinen Wurzeln ruhend. Viele Meter über mir streckte dieser Riese seine mächtige Laubkrone dem Himmel entgegen. Hätte ich die körperliche Fähigkeit besessen, ich wäre hinaufgeklettert, fort aus dieser Schwärze, die mich gefangen hielt. So blieb mir nichts anderes übrig, als mir vorzustellen, dass weit über mir der Baum in die Sterne blickte.

Mit diesem Gedanken tröstete ich mich; hörte, dass nicht weit entfernt ein Frosch zu quaken begann, dem ein anderer antwortete, bis schließlich ein richtiges Quak-Konzert im Gange war. Mein Eindringen musste sie erschreckt haben. Meine Augen fielen zu, erschrocken riss ich sie immer wieder auf; unter keinen Umständen wollte ich einschlafen. Im Hochschrecken schlug ich mit dem Hinterkopf gegen den Baum. Für Minuten war ich wieder hellwach, nichts hatte sich verändert, Dunkelheit ringsum, monoton das Quaken der Frösche. Vergeblich versuchte ich, in der Finsternis Konturen zu erkennen. Ein winziger Luftzug wischte dicht an meinem Gesicht vorbei, kurz darauf noch einmal. Der Hauch eines Windes? So dicht am Boden?

Mein ermatteter Körper und überanstrengter Geist versagten mir die Dienste. Wieder fielen mir die Augen zu, wieder schrak ich hoch. Es machte keinen Unterschied, ob ich die Augen geöffnet oder geschlossen hatte. Die Dunkelheit war die gleiche, nur dass meine Fantasie bei geschlossenen Augen die entsetzlichsten Dämonen der Nacht sah. Ich versuchte, an Victor zu denken, mich an die schönen Stunden mit ihm zu erinnern, an die kostbaren zärtlichen Augenblicke. Und hoffte gleichzeitig, dass er nicht die gleichen Torturen durchleiden musste wie ich. Vielleicht saß er in dieser Stunde auch irgendwo einsam im Regenwald? Mich überkam der Wunsch, Victor, meinen Prinzen, zu beschützen. Und sei es auch nur, indem ich intensiv an ihn dachte.

Wieder spürte ich einen leisen Lufthauch nah an meinem Gesicht, riss die Augen auf. Doch immer noch war da dieses schwarze Nichts und der Stamm in meinem Rücken. Und das Quaken. Ich beschloss, meine Augen offen zu halten und an Victor zu denken.

Als mein Denken wieder einsetzte, begann sie. Diese Ahnung. Dieses diffuse Gefühl des Beobachtetwerdens. Mein

Rücken schmerzte, der Nacken war steif. Ich war etwas zur Seite gekippt, doch der Baum hielt mich. Erst jetzt fiel mir die Stille auf. Die Frösche! Ihr Wiegenlied, das sie mir gequakt hatten, war verstummt. Jegliches Gefühl für die Zeit war mir abhanden gekommen. In dem Moment, in dem ich die auf mich gerichteten grünen Augen sah, fühlte ich eine verquere Art der Erleichterung: Die Bedrohung war objektiv vorhanden; mein verwirrtes Hirn hatte mir keine paranoiden Bilder vorgegaukelt.

Nachdem ich mich später am Fluss gesäubert und der Flussgottheit meine Angst geopfert hatte, rief ich in die morgendliche Stille am Fluss: »Ich hab's geschafft!« Jetzt hörte ich, dass Vögel zwitscherten, ihren vielstimmigen Gesang, mit dem sie die Sonne begrüßten. Ich bemerkte das heisere Rufen der Affen, die über eine verrückte Weiße redeten, welche die Nacht bei ihnen im Busch verbracht hatte.

»Ich lebe«, rief ich laut vor mich hin, als ob ich mich vergewissern müsste, dass dem auch wirklich so war. Die warmen Strahlen der Sonne trockneten meine Haut; ich erinnerte mich an den Morgengruß, den Urika mir gezeigt hatte. Zögernd spuckte ich in meine Hände und blies hinein, um sie der Sonne entgegenzuhalten. Ein bisschen kindisch kam mir das vor, aber es war mir egal. Wer sah mich schon? Außer der Sonne.

»Pass auf Victor auf«, sagte ich leise. »Ich glaube, solche Dinge sind nicht das Richtige für ihn«, fügte ich noch leiser hinzu. Damit die Sonne und alle Geister, die hier vielleicht hausen mochten, auch wirklich verstanden, dass ich es ernst meinte, wiederholte ich es laut und deutlich: »Beschützt meinen Victor!« Ich hörte ein Echo, das seinen Namen zweimal wiederholte.

Die Nacht hatte an meinem weißen Tuch deutliche Spuren hinterlassen, es in einen braunen Lumpen verwandelt, den ich dennoch fest um meinen Körper wickelte. Ich stand auf, um den Weg zum Kulthaus zurückzufinden. Irgendetwas schien ich vergessen zu haben. Ich blickte um mich; ich hatte nichts mitgebracht. Und doch hing etwas in dem Baum am Wasser, ein rot, weiß und blau bemaltes Stück Holz, versehen mit ein paar Einkerbungen.

»... such das Holz ... lauf ... in den Wald ...« Es war, als hörte ich plötzlich die Stimme Ajiras, die zu mir sprach, während ich blindlings in die Nacht floh. Und jetzt plötzlich verstand ich diese Worte! Ich pflückte mir das etwa dreißig Zentimeter lange Stück Ritualholz vom Baum. Es schien mich erwartet zu haben, hier an diesem Ort am Fluss. Das Stückchen Holz entpuppte sich als die schnell entstandene Arbeit Afumas kundiger Finger. Eine Botschaft lag darin, die ich nicht verstand. Für mich zählte einzig die Existenz des Holzes – und die Tatsache, es gefunden zu haben. Die Schlangenhaut, die Kette, das Holz, all das gehörte wohl zusammen und bezog sich irgendwie auf die Waldgeister.

Es galt, sich bei Afuma zu bedanken, Federn zu suchen. Ziellos marschierte ich los, hoffte dabei zum *compound* zurückzufinden. Genauso lautlos, wie der Leopard gegangen war, musste Ajira wohl erschienen sein. Sie stand am Ufer des Flusses, beendete gerade ihren Morgengruß. Langsam trat ich zu ihr, um sie nicht zu stören. Sie bedeutete mir, näher zu kommen, und redete in ihrer Stammessprache einige Worte zu mir, die ich jedoch nicht verstand. Ich ließ mich neben ihr nieder, zeigte ihr scheu meinen Fund, woraufhin sie nur still lächelte und sich erhob.

Breitbeinig stellte sie sich an das Wasser, das Gesicht der Sonne zugewandt. Ihr Rücken war kerzengerade, die Knie leicht gebeugt, ihre Armen hingen locker, die Handflächen formten auf Nabelhöhe eine Schüssel, wobei die Fingerspitzen sich berührten. Während sie durch den leicht geöffneten

Mund einatmete – es sah aus, als lächelte sie die Sonne an –, hob sie die Arme seitlich hoch, bis die Fingerspitzen sich über ihrem Kopf trafen. Jetzt hielt sie den Atem an, um ihn dann auszustoßen. Gleichzeitig schien sie mit den Handflächen auf ihren Kopf zu drücken, freilich ohne ihn zu berühren, und die Knie gaben ein wenig mehr nach. Ich stellte mich ungeschickt an in dem Versuch, es meiner Lehrmeisterin gleichzutun, sie korrigierte nachsichtig meine Haltung, wobei sie mich sanft berührte. Aus ihren Händen fühlte ich eine Wärme und Liebe auf mich überströmen, die mir die Kraft gaben, es richtig zu machen. Wir standen nebeneinander und füllten unsere Lungen mit der klaren Luft, als wollten wir die ganze Welt auf diese Weise in uns aufnehmen.

Seite an Seite gingen wir zurück, tausend Fragen wirbelten in meinem Kopf herum. Ajira erzählte mir mit ihrer etwas brüchigen Stimme fröhliche Geschichten. Das nahm ich jedenfalls an, denn sie lachte und amüsierte sich. Und ich verstand nicht ein einziges ihrer Worte. Wir kamen an einigen der geschnitzten Gestalten vorbei, die die Wege zu bewachen hatten. Ajira begrüßte sie von ferne winkend und rufend wie richtige Menschen. Nach einem nicht sonderlich langen Rückmarsch lag das Dorf vor uns. Ohne Ajira als Führerin hätte ich mich in diesem Labyrinth allerdings niemals zurechtgefunden.

Ich sehnte mich danach, meine Abenteuer mit jemandem zu teilen, zu besprechen, zu verarbeiten, was mir zugestoßen war. Aber Ifeoma war damit beschäftigt, zusammen mit anderen Frauen mit einem mächtigen Stück Holz kräftig in einen ausgehöhlten Baumstumpf hineinzustoßen, immer wieder, auf und ab, gleichmäßig. Dabei sangen sie laut durcheinander, jede ihrer eigenen Melodie folgend. Ein Arbeitsplatz war noch zu vergeben – an mich. Die hellbraunen Maniokwurzeln, groß wie schwere Äste, widersetzten sich den Anstrengungen meiner ungeübten Schreibtischhände hartnäckig. Was meine Mitstampferinnen in Heiterkeit versetzte. Mit zusammengebissenen Zähnen drosch ich auf die widerspenstigen Dinger ein, bis sie endlich barsten. Das ganze Unterfangen diente übrigens der Stärkegewinnung. Nicht meiner, denn ich hielt nicht lange durch, meine Arme schmerzten, die Blasen an den Handflächen platzten auf. Nein, für Afrika »live« tauge ich nicht recht. Wenigstens war jetzt klar, woher Ifeoma so ausgeprägt kräftige Oberarmmuskeln hatte. Ich machte schlapp, suchte schweißüberströmt und frustriert den Schatten. Dankenswerterweise nahm eine der beiden Frauen, die wie ich eine späte Initiation mitmachte, meinen Platz ein. Sie war robuster als ich gebaut und fand schnell den Stampfrhythmus der anderen vier Mädchen. Ich suchte ihren Blick, um sie unauffällig auf ihre Erfahrungen anzusprechen. Ifeoma schien mein Vorhaben zu durchschauen, gab ihren Platz an eine vielleicht 14-Jährige ab.

»Siehst du«, sagte Ifeoma, »es ist gut, wenn man nicht alles allein machen muss. Frauen brauchen andere Frauen, die helfen.« Dem war nicht zu widersprechen. »Wir Frauen müssen zusammenhalten, damit wir für die Männer und unsere Kinder eine starke Gemeinschaft bilden. Das Leben mit Victor und seinen Frauen wird dir die Möglichkeit geben, das zu tun, was deiner Bedeutung entspricht.«

Ganz langsam drehte ich mich zu Ifeoma um; sah sie an. Nanu, was für sibyllinische Worte? »Ein wichtiger Mann wie Victor braucht viele Frauen«, sagte Ifeoma ganz unbefangen. Es lag mir auf der Zunge, der jungen Frau zu sagen, dass mir durchaus auch andere Wege einfielen, um Stärke zu gewinnen, als archaisch mit einem Holzprügel in einen ausgehöhlten Baumstumpf zu stampfen. Dazu brauchte ich nicht die Spielregeln der Polygamie zu akzeptieren. Es war klüger, zu schweigen.

Ajira gesellte sich zu uns. Ich war auf Ifeomas Sprachvermögen angewiesen, um die Priesterin ganz zu verstehen. Eine Frage brannte mir auf der Zunge: »Ich hatte entsetzliche Angst, im Wald sterben zu müssen«, sagte ich ehrlich, »was hättet ihr gemacht, wenn ich meinen Ausflug nicht überlebt hätte? Ihr konntet doch nicht einmal wissen, wo ich mich aufhielt!«

Ajira ließ sich meine Frage übersetzen, dann lachte sie. Ifeomas Worte brachten mir die Welt der Afrikanerinnen näher: »Die Angst, die du gespürt hast, war das Tor, durch das du gehen musstest, um zu einem neuen Anfang zu finden. Denn so wie der Tod ein neuer Anfang ist, so hilft dir die Angst, dich selbst zu erkennen. Sie bindet dich an die Gegenwart. Wie willst du die Frau eines so bedeutenden Mannes wie Victor werden und seine Nachkommen gebären, wenn du voller Furcht bist?«

»Auf mich lauerte ein Leopard im Baum. Er hätte mich anfallen können.«

»Woher weißt du das? Deine Angst ist dir ein schlechter Ratgeber! Kann es nicht sein, dass der Leopard über deinen Schlaf gewacht hat? Zeigte er dir nicht sogar, wo der Fluss und der Baum waren, wo du das Ritualholz pflücken konntest?« Ich sah die alte Frau erstaunt an. Woher wusste sie das? Hatte sie mich am Ende gar durch den Wald begleitet – in der Schwärze der Nacht?

»Im Wasser war der Tod«, sagte ich matt.

»Du hast ihn abgewaschen, um einen neuen Anfang zu finden. Du hast dich gereinigt.«

»Muss ich noch einmal solche Sachen durchmachen?«, fragte ich bang. Ajira schien die Frage nicht zu verstehen. Vielleicht hat Ifeoma sie auch nicht übersetzt. Ich weiß es nicht.

Der gute Tod

Im Haus von Mammy Water erwartete Odame uns auf ihrem Hocker. Ich nahm neben Ifeoma auf meiner geweihten Sitzgelegenheit Platz – voller Sehnsucht nach einem komfortablen Ort für meinen müden Körper. Odame schien zu warten, bis alle bereit waren ihr zuzuhören. »Worte sollen nicht sein wie die Saat, die auf steinharten Boden fällt. Sie keimt nicht, der nächste Regen wäscht sie fort.« So umschrieb Odame mir gegenüber die Geduld, die Worte brauchen, um ihre Wirkung zu tun. Odames Augen wanderten umher, durchstreiften das Kulthaus, als achte sie darauf, dass alles an seinem Platz sei. Ihr Mund, der so viel zu sagen hatte, war in den Phasen der Ruhe eigentümlich nach innen gestülpt, als hüte er die Zunge davor, achtlose Worte zu vergeuden. Die Mitpriesterinnen Oke, Ajira, Urika und Kome trafen nach und nach ein, besetzten ihre Hocker, jede in der ihr typischen Haltung, die sie anscheinend immer einzunehmen pflegten. Ihr Eintreten gab mir Gelegenheit, meine beiden Mitschülerinnen, die Ifeoma mir bezeichnet hatte, unauffällig zu mustern. Beide hielten den Blick gesenkt. Vielleicht aus Scheu, Ängstlichkeit oder Gewohnheit. Wenn sich unsere Blicke zufällig kreuzten, sahen sie sofort auf den Boden.

»Sie wollen ihr Selbst und den vorherbestimmten Sinn

ihres Lebens finden«, hatte Ifeoma gesagt. Bei anderer Gelegenheit hatte Ifeoma berichtet, dass einige Frauen deshalb die Hilfe des Kults suchten, weil sie von Träumen und Visionen geplagt worden waren. »Nach der Einweihung in die Traditionen unseres Volkes können sie entweder gestärkt in ihr altes Leben zurückkehren, um wieder ihre Pflichten zu erfüllen, oder sich weiterbilden lassen. Sie können als Hilfspriesterin dienen oder gar selbst eine Priesterin werden. Aber das ist teuer, das machen nur wenige«, wusste Ifeoma aus ihrer Initiationszeit. Ich nahm mir vor, die Beweggründe dieser beiden herauszufinden. Trotz Redeverbot; es gibt immer einen Weg. Außer diesen beiden und den Priesterinnen kamen noch etwa ein Dutzend Frauen, diesmal aber keine jungen Mädchen. Die Frauen nahmen auf Hockern an den Wänden Platz, so dass ich den Eindruck gewann, Odame spräche in erster Linie zu meinen etwa gleichaltrigen Mitschülerinnen und mir.

Odame redete, um unsere Aufmerksamkeit zu erhöhen, sehr leise, denn das Folgende stellte den Schlüssel zu einem Schloss dar, nach dem die meisten schon lange vergeblich gesucht hatten. »Schon lange bevor ihr geboren wurdet«, erklärte sie die wichtige Grundüberzeugung der Naturreligion, »haben die Ahnen beschlossen, zu welchen Aufgaben ihr auf die Erde zurückkehrt. Mit dem Wissen um eure Bestimmung seid ihr auf die Welt gekommen. Aber ihr wurdet von euren Eltern nicht so erzogen, dass ihr dieses Wissen behalten konntet. Es ging verloren. Jetzt, da ihr ein Alter erreicht habt, in dem ihr selbst Kinder habt oder Kinder bekommen könnt, erinnern euch die Ahnen an diese Aufgabe.« Da waren sie wieder – die Ahnen auf dem *Fluss des Lebens*. Odames Worte, deren tief greifende Bedeutung ich erst wirklich verstehen konnte, als mein eigenes Schicksal mich in eine entsprechende Situation brachte, besagten, dass unser Leben bereits vor der Geburt mit dem Auftrag beginnt, den die Ahnen dem neuen Leben erteilen.

Auch in Odames Umfeld hatten sich die Menschen von einer bewusst gelebten Existenz längst weit entfernt. Weshalb die anschließende Erklärung nötig wurde: »Ihr versteht nicht, was die Ahnen euch sagen wollen, denn ihr sprecht nicht mehr die Sprache der Ahnen. Deshalb überkommt euch manchmal Verzweiflung. Ihr seid wie Blinde, die durch eine bunte Welt laufen. Ihr müsst wieder sehen lernen, damit ihr versteht. Der gute Tod erlaubt euch, die Ahnen über den Sinn eures Lebens zu befragen. Unsere Liebe und Gemeinschaft werden euch dabei helfen.«

Odame sprach während ihres kleinen Exkurses über das traditionelle Leben einer Afrikanerin ergriffen von der Liebe, mit der das ganze Dorf die Kinder des Stammes großzieht. Denn ihnen kommt eine besondere Rolle zu: Die Gemeinschaft legt Wert darauf, dass die Kleinsten sich um Babys und Kleinkinder kümmern. Bis zum Alter von etwa fünf Jahren tragen die Kinder noch das Wissen der jenseitigen Ahnen-Welt in sich. Erst danach geht es – durch verschiedene Ursachen – verloren. Früher erhielten Kinder erst, wenn sie etwa fünf Jahre alt waren, einen zweiten Namen: Zu diesem Zeitpunkt hatten sie sich erst so weit von ihrer Ahnenexistenz gelöst, dass sie ein »neues« Leben beginnen konnten. Der dafür gewählte Name knüpfte an die vorangegangene Inkarnation an.

Odame setzte ihren Exkurs, den sie wohl wegen meiner Mitschülerinnen in der Stammessprache hielt und den Ifeoma fleißig übersetzte, fort: Um den Übergang von der Ahnen-Welt in die diesseitige so friedvoll wie schonend zu gestalten, braucht es andere Kinder. Was somit auch die – weitgehend vergessene – religionsphilosophische Rechtfertigung der Großfamilie darstellte. Der soziale Aspekt des Miteinanders möglichst vieler Familienmitglieder liegt vor allem im Zusammenhalt, mit dem die Frauen sich gegenseitig unterstützen: Eine Mutter ist zwar am Anfang die nährende Bezugsperson des Säuglings, doch fühlen die Frauen sich gemeinsam für das Wohlergehen aller Kinder zuständig. Fast alle Kinder werden zur Arbeit auf den manchmal nur in stundenlangen Märschen erreichbaren Feldern mitgenommen. Später wachen andere Kinder über die Kleinen und erkunden gemeinsam die Umgebung: Die »Großen« führen spielend die Kleineren in die Umgebung ein. Doch stets ruht ein wachsames Auge von Erwachsenen des Clans auf ihnen.

In der Kindheit spielen Jungen und Mädchen gemeinsam, die Zeit der Trennung der Geschlechter erfolgt in Victors Stamm erst kurz vor dem Einsetzen der ersten Monatsblutung, meistens zwischen dem 12. und 13. Lebensjahr. Es ist das Ende der Kindheit. Erst dann beginnt der Ernst des Lebens mit der Aufnahme ins *fathouse* und dem Erlernen der Aufgaben einer Frau und Mutter. In Odames Kultstätte fand auch die Beschneidung der Mädchen statt.

»Beschneidung ist die Trennung von der Kindheit: Bis zu diesem Zeitpunkt dürfen Jungen und Mädchen gemeinsam leben und gegenseitig ihre Körper erkunden; sie haben zwei Geschlechter«, fuhr Odame fort. Die Beschneidung definiert das Geschlecht des Kindes: »Das Entfernen der Klitoris symbolisiert den Verlust des Penis, die Vorhaut der Jungen die Schamlippen des Mädchens. Die Priesterin von Mutter Erde opfert diese Körperteile der Erdgottheit: Sie sollen wieder zu Erde werden und so die Brücke zu den Ahnen herstellen. Die Priesterin von Mutter Erde führt den Willen der Ahnen aus«, erklärte Odame in ihrer ruhigen Art.

Im Einweihungscamp folgt anschließend der langsame Kontakt mit der Welt der Erwachsenen, eingeleitet von Übergangsphasen. Ich holte diese Trennung gewissermaßen als fast 30-Jährige nach – ohne Beschneidungsritual und stark verkürzt. Mit der Menopause endet das Leben als gebärfähige Frau und Mutter. »Jetzt beginnt die Zeit als reife und erfahrene Frau. Die meisten von uns genießen diese Jahre sehr. Sie stellen ihr Leben in den Dienst anderer, für die dieser Kreislauf wieder beginnt«, sagte Odame.

Im Leben jeder Frau gibt es somit drei verschiedene Abschnitte, bestimmt durch die Fruchtbarkeit. Durch den Tod findet das Schauspiel jedoch kein Ende. Es leitet nur in ein neues Stück über, das allerdings den gleichen Titel trägt: Leben. »Wir kommen«, sagte Odame, »zurück, um neue Aufgaben zu bewältigen. Oft innerhalb unserer Familie.« Aus diesem Grund sind es auch die Großeltern, die für die spirituelle Erziehung der Kinder zuständig sind: Sie sind unter Umständen jene, die wir aus dem letzten Leben kennen.

Nach Odames Glauben kommen wir nicht als Fremde auf die Welt. Doch auch hier gibt es Ausnahmen: So die Ahnen beschlossen haben, jemand müsse den Stamm verlassen, um außerhalb wichtige Aufgaben zu übernehmen, wird von dieser Regel abgewichen. Mit Sicherheit wird die betreffende Person irgendwann in ihrem Leben allerdings das Bedürfnis verspüren, sich des alten Wissens zu erinnern. Die Person wird so lange als Suchende durch die Welt laufen, bis sie findet. »Aber sie wird nichts Zufälliges finden, sondern die Lösung der gestellten Aufgabe!«, betonte Odame.

Ich saß auf meinem Hocker, lauschte und erfühlte, dass Odames Worte wohl wahr sein müssen. Ihre Weisheiten hörten sich so ideal, perfekt und rund an. Hatte es wirklich einmal eine Zeit gegeben, in der die Welt so harmonisch war? Leider befand ich mich nicht im Religionsunterricht, wo Fragen statthaft gewesen wären.

Großeltern als spirituelle Wegweiser ins Leben! Meine

Güte, ich hatte meine eigenen Großeltern nicht einmal richtig kennen gelernt. Janet und Bobby, meine Großen, allerdings waren zurzeit meines Nigeria-Aufenthaltes in der Obhut meiner Eltern, die sie aufzogen. Stets vom schlechten Gewissen geplagt, weil ich meine Mutterpflichten vernachlässigte, überkam mich jetzt zum ersten Mal seit der Trennung von meinen Kindern eine innere Ruhe. Vielleicht machte ich ja doch nicht alles falsch, ja, lernte sogar etwas über die afrikanischen Wurzeln meiner Kinder, um ihnen später zumindest einmal den theoretischen Teil davon weitergeben zu können. Mein Aufenthalt bei den Frauen im Busch begann plötzlich eine größere Dimension anzunehmen.

Meine Aufmerksamkeit kehrte zu Odame zurück. Eine Helferin führte einen Ziegenbock an einem kurzen Strick herein. Das bockende Tier wurde dicht an die Mammy-Water-Figur herangeführt. Ich sah das Messer in Odames Hand schon aufblitzen. Unwillkürlich zuckte ich zurück. Ich spürte die leichte Hand Ifeomas auf meinem Unterarm und hörte sie mir zuflüstern: »Ihm geschieht nichts. Aber sein Blut ist wichtig, um für einen günstigen Verlauf zu bitten.«

»Was wird denn passieren?« Ifeoma legte den Finger vor die geschlossenen Lippen.

Mit dem Messer stach Odame dem Ziegenböckchen in den Hals, das herausspritzende Blut wurde von ihr über den Leib der Göttin gerieben. Kome verschloss in der Zwischenzeit die Wunde des Ziegenbocks mit einer Tinktur, die Helferin führte das lebendig blökende Tier wieder hinaus. Erleichtert atmete ich auf. Zunächst dachte ich, die Göttin wäre ein Zwitterwesen mit einem Penis, bis ich erkannte, dass es sich bei dem kleinen Zipfel oberhalb ihrer Scham um ein Stück symbolisierter Nabelschnur handelte, das mit dem Ziegenblut benetzt wurde.

Ajira hatte begonnen, alte Stammesgesänge anzustimmen

und die Kürbisrassel zu schlagen. In der Zuständigkeit der Priesterin der Luft lag der folgende Teil, den Odame als Oberpriesterin beaufsichtigte. Uns drei »unwissenden« Frauen wurde feierlich eine Kalebasse mit heiß dampfender Flüssigkeit gereicht. Sie sah aus wie dunkler Tee, in dem allerdings kleine Pflanzenteile schwammen. Ich verschluckte mich mehrfach, hustete und würgte die Flüssigkeit hinunter. Nachdem wir das ausgesprochen unangenehm schmeckende Getränk ausgetrunken hatten, mussten wir uns auf Schilfmatten am Boden ausstrecken.

Während ich bereits spürte, dass die ersten Schlucke, die einen bitteren Nachgeschmack auf der Zunge hinterließen, meinen leeren Magen erreichten, begannen sich schon die Töne von Ajiras Rassel eigentümlich zu dehnen, hallten nach, als erzeugten sie in meinen Ohren ein Echo. Dann mündete das Rasseln des einen Instruments in ein ganzes Orchester, das aus allen Ecken des Raums auf mich einzudringen schien. Die rein körperliche Wirkung des Tees setzte mit einem pelzigen Gefühl auf der Zunge ein. Sie schien plötzlich anzuschwellen. Instinktiv tastete ich mit den Fingern nach ihr, war aber nicht mehr in der Lage, den Umfang einzuschätzen, da die gleiche Taubheit auch meine Fingerspitzen befiel. Nach und nach breitete sich in meinem Körper diese Gefühllosigkeit aus, bis ich reglos auf der Matte lag.

Die Frauen, die zu Anfang auf Hockern an den Wänden sitzend zugehört hatten, begannen meinen Leib mit Öl einzureiben. Ich spürte ihre Berührungen nicht, sondern hatte eher das Gefühl, die Frauen massierten einen Behälter, in dem ich mich befand. Ich hörte es klatschen, wenn sie mit der flachen Hand auf meine Haut schlugen. Der Aufprall ihrer harten Hände verursachte aber keinen Schmerz. Irgendwann interessierte mich die Behandlung überhaupt nicht mehr, gleichwohl ein Teil meines Gehirns zu arbeiten schien. Jener Teil vor allem, der für die Rezeption von Licht zuständig ist. Meine Umgebung verfärbte sich allmählich in ein immer helleres Blau. Es ging von der bläulichen Farbe der Tempelbemalung aus, auf der kleine gelbe Lichter zu tanzen begannen. Ich nehme an, es war der Widerschein der Schibutterlampen. Dieses Blau schien zu surren wie eine Starkstromleitung. Oder es war der Ton der Rassel, der diese Wahrnehmung erzeugte. In dieses Surren mischte sich ein tieferes Brummen, das ich allmählich als eine Stimme erkannte, Odames Stimme, die zu uns sprach.

Ifeoma hatte sich zu den vier Frauen gesetzt, die mich massierten, und wiederholte leise und monoton in Englisch, was sie von Odame in der Stammessprache hörte. Bislang war mein Kopf noch klar. »Der Körper, der euch über diese Erde trägt, ist die Hülle, die ihr jetzt verlasst, um dahin zurückzukehren, woher ihr kommt und wohin ihr eines Tages wieder zurückkehrt. Vergesst nicht, dass ihr euch auf einer Traumreise befindet, von der ihr zurückkommen müsst. Wenn ihr im Reich des Traums bleibt, gibt es keine Rückkehr mehr in den Körper. Denkt daran, wenn ihr jetzt auf die Reise geht: Euer Körper bleibt hier, um euch wieder aufzunehmen«, mahnten Odames und Ifeomas Stimmen, wurden aber allmählich übertönt von Ajiras Rassel.

Das Surren verstärkte sich zu einem Rauschen, schwoll zu einem Orkan, der in meinem Kopf brauste und alle anderen Geräusche verschluckte. Gleichzeitig starrte ich mit weit aufgerissenen Augen in dieses helle Blau hinein, das immer weißer wurde, eine Klarheit von unvorstellbarer Transparenz erreichte, die schließlich wie ein heller Strudel von mir fortglitt und mich gleichzeitig in sich hineinsog. Das Bild eines Strudels ist vielleicht missverständlich, weil es eine Beengung assoziiert, die ich nicht empfand.

Ich tauchte ein in diese Helligkeit, verschwand in ihr, und

sie verfärbte sich in ein zartes Gelb, das immer intensiver wurde, bis es die Intensität eines lodernden Feuers angenommen hatte. Geradewegs raste ich in den Ursprung dieser Flamme hinein, die wieder all ihre Farbe verlor und nur noch Nichts war. In diesem Nichts hörte ich Stimmen, die mit mir sprachen, sich unterhielten, mir viel von meinem weiteren Leben und meinem Lebenssinn mitteilten. Ich fühlte mich willkommen geheißen, wie bei Freunden, die mir völlig ohne Argwohn und mit Liebe begegneten. Mit einer Liebe, die weder voll Sorge noch Mitgefühl ist, die nichts will und nichts verlangt, nichts fragt und nichts antwortet, die nichts gibt und nichts nimmt. Eine Liebe, die nur *ist*. Ewig ... nein, nicht ewig! In dieser Klarheit, die mich umgab, gab es keine Dimensionen, auch nicht jene der Zeit. In diesem *Sein* befand ich mich ... irgendwo.

Ein lautes Surren schwoll an, als liefe ein bereits abgelaufener Film rückwärts. Als ich wieder wahrnahm, dass ich mich im Mammy-Water-Tempel befand, erkannte ich, dass dieses Surren von Ajiras Rassel ausging. Neben meinem Kopf befand sich ein kleines Gefäß, aus dem kräftiger Rauch aufstieg, den eine der Frauen, die mich massiert hatten, mit einem Palmwedel in meine Richtung fächerte. Ich hustete, wollte den Rauch nicht einatmen, bekam aber andererseits auch nicht genug Luft, um mich ihm zu entziehen. Also atmete ich ein, eher gezwungenermaßen als freiwillig. Irgendwie fand ich auf meine Beine, stolperte nach draußen. Das Feuer loderte mit wilder Intensität, die Vibration der Trommeln peitschte die Luft, zwang meine Beine in einen Tanz, der immer schneller wurde. Ich tanzte weniger, als dass ich rannte. Immer im Kreis um das Feuer herum, gemeinsam mit den beiden anderen Frauen, die wie ich gerade aus dem hellen Licht zurückgekehrt waren. Mein Körper hätte geschwächt sein müssen; aber das Gegenteil war der Fall: Wir liefen, so schnell uns unsere Füße tragen konnten, um das Feuer herum, schienen den Boden nicht mehr zu berühren. Wir schwebten gleichsam einem neuen Teil unseres Lebens entgegen. Und die Flammen formten sich zu einem großen, runden, gelborange leuchtenden Ball, um den wir kreisten.

Als ich wieder aufwachte, lag ich mit verdrehten Gliedern auf dem Boden des Tanzplatzes. Die Sonne schien mir in die Augen. Und im ersten Augenblick dachte ich, es wäre das helle Licht, zu dem ich unterwegs gewesen und von dem ich gerade eben zurückgekehrt war. Ich war einigermaßen orientierungslos, wie ich hierher gekommen war, erkannte auch lediglich am Stand der Sonne, dass der Morgen bereits angebrochen war. Trotzdem war in mir ein befreites Gefühl der Ausgeglichenheit, jede Verspannung war von mir gewichen. Als ich von dem nackten, steinharten Lehmboden aufstand, unbekleidet und verschmutzt, war ich glücklich. Mein Kopf interpretierte nichts. Hunderte von Vögeln zwitscherten ihre Melodien, in weiter Entfernung stritten Affen irgendwo im Wald, Mädchenstimmen sangen.

Diese unbeschreibliche Heiterkeit, eine gelöste Grundstimmung, blieb mir erhalten, bis ich das Lager verließ. Egal was passierte, ich fand immer wieder in sie zurück, sobald ich das Licht der Sonne sah und die schwatzhafte Vielstimmigkeit der Natur hörte.

Der Sinn des Lebens

»Mein Gott! Bist du gestorben in diesem Tempel?!« Langsam kehrte ich zurück von meiner Reise der Erinnerung, tastete nach Janets Hand; sie saß dicht neben mir. Was hatte ich erlebt? Eine Vision, einen Traum – oder die Wahrheit? Wenn dem so war, stellt unser Leben nicht nur eine Reise von der Geburt bis zum Sterben dar, sondern ist lediglich Teil eines noch viel längeren Weges.

Ich antwortete meiner Tochter, dass ich eigentlich nur einen Anhaltspunkt für meine Reise ins Licht hatte: Odames Worte vom Verlassen und Zurückkehren, der ständigen Bewegung zwischen Kraftfeldern, die wir täglich erleben. Morgens geht das Kind, mittags kommt es heim; heute mache ich mich auf eine Reise, morgen kehre ich zurück. *Der gute Tod,* wie Odame es nannte, machte mir das bewusst. Man muss ihn sterben, um das Leben zu verstehen. Das hört sich theatralisch an! Doch diese Grenzerfahrung zwischen den beiden Existenzformen der jenseitigen Welt der Ahnen und jener der Lebenden ist der Sinn der Initiation. Oberflächlich betrachtet mag das *fathouse*-Ritual schrecklich und angstbesetzt sein. Aber die Einweihung macht nur einen Sinn, wenn die Initiandin tatsächlich *die andere Welt* sieht. Die Reise zum Licht der Ahnen gab mir eine Ahnung davon, dass unsere Existenz lediglich *eine* Form von *Sein* ist.

»Was, denkst du, ist der Zweck »dieser Reise«, unseres Lebens?«, fragte Janet interessiert.

»Zunächst einmal bin ich froh, dass ich um den Charakter unseres Lebens als Teil einer viel längeren Reise weiß«, sagte ich. »Den Sinn kann ich nur erahnen. Er mag wohl damit zusammenhängen, dass es um die Weitergabe von Wissen geht.«

»Und was kommt danach? Wieder eine Geburt? Und in welcher Form? Immer als Mensch?«

»Das *Sein* existiert ständig, davon bin ich überzeugt. Und nach dieser Logik werden wir mit neuen Aufgaben zurückkehren«, sagte ich. »In welcher Form das geschieht, hängt mit der gestellten Aufgabe zusammen. Auch ein Fötus im Mutterleib hat bereits eine Aufgabe, die die werdende Mutter vielleicht erst Jahre oder Jahrzehnte später versteht. Ähnliches gilt auch für die Unterscheidung zwischen den verschiedenen Formen, in denen sich Leben ausdrückt. Pflanze und Tier haben ebenso Botschaften zu überbringen. Alles ist miteinander verbunden. Oder, um es afrikanisch auszudrücken: Alles ist beseelt.«

Janets nächste Frage brachte mich wieder zum Ausgangspunkt zurück: »Aber bleiben wolltest du nicht in dieser Klarheit, wie du es nennst?«

»Ich weiß nicht, wie lange ich dort war. Fünf Sekunden, Minuten oder Stunden, keine Uhr konnte das messen. Ich glaube, ich wollte durchaus dort bleiben. Es ging aber irgendwie nicht. Die Hüterinnen der Wirklichkeit hatten aufgepasst, dass wir nicht den verlockenden Reizen der uns bis dahin unbekannten Dimension erlagen, die sie selbst kannten und sicherlich auch schätzten. Jede Person, die dieses Wissen um das strahlende Portal zu den Ahnen besitzt, muss sich auch darüber im Klaren sein, dass sie sich nicht einfach dorthin davonmachen darf. Denn in unserer Welt warten

Aufgaben, die zu erledigen sind. Die Initiation dient dazu, unserer Erinnerung an diese andere Dimension auf die Sprünge zu helfen. Eine Initiierte bewegt sich nach den bestandenen Aufgaben bewusster in diesem Kraftfeld aus materieller und geistiger Welt; das Wissen darum erleichtert ihr das oft harte Los ihres weltlichen Lebens. Denn sie weiß um ihre Aufgabe. Sich davonzumachen hieße, ihre Aufgabe nicht zu erfüllen. Sie müsste wiederkommen, um das Versäumte nachzuholen. Wenn man den Faden dieses Gedankens weiterspinnt, ergibt sich ein großes Netz von Verantwortung. Gegenüber der eigenen und jeder anderen Existenz, egal ob Mensch, Tier oder Pflanze, Freund oder Feind.« Ich hielt inne: »Schweife ich zu sehr ab?«, fragte ich meine Tochter, die gedankenverloren vor sich hin sah.

»Nein, nein, Mama«, murmelte Janet, »ist schon okay. Aber hast du seitdem immer danach gelebt?«

»Treffer«, gab ich zu. Nein, auch ich erlag immer wieder meinem Egoismus, denn unsere westliche Welt ist so ganz anders als die kleine, dörfliche Struktur, in der diese Philosophie geboren wurde. »Aber es wurde Zeit, dass ich mich daran erinnere«, sagte ich. Erst nach der Geburt meiner jüngsten Tochter fiel mir immer mehr von dem ein, was mir die Stimmen der Ahnen im Tempel der Wassergöttin gesagt hatten. Es war in den ruhigsten Jahren meines Lebens. Ich genoss sie mit meiner Familie in der Abgeschiedenheit unseres damaligen Einödhofs in Niederbayern. Die Leere der Landschaft füllte ich mit den ins Unbewusste abgedrängten Erinnerungen. Seit einigen Jahren bemerke ich immer stärker, dass die in Afrika vernommenen Stimmen eine tiefe Bedeutung für mein Leben haben. Inzwischen wundere ich mich nicht mehr über den »Aha-Effekt«, den bestimmte Situationen bei mir auslösen können, denn ich weiß, dass dies die Erinnerung an vergessenes Wissen ist.

[illegible]

[illegible] Und vielleicht die [illegible] angebu[illegible] [illegible] Häusch[illegible] [illegible] nicht mehr [illegible] Was wurde gesch[illegible]

Vom Geist der Luft

Auch das von Afuma gefertigte bunte Stück Holz, das ich im Baum über dem Wasser hängend gefunden hatte, musste ich am nächsten Tag an Ajira abliefern. Ich tat es mit wesentlich geringeren Verlustgefühlen als bei der Kette und der Schlangenhaut, zu denen ich eine engere Bindung gehabt hatte. Das Ritualholz war eher ein Stück Materie, das mich zwar an eine angsterfüllte Nacht erinnerte, und Lohn für den Sieg über die Dämonen in meinem Kopf. Seine Gestaltung hatte sich jedoch an Kriterien orientiert, die ich nicht verstand.

Ich begleitete Ajira und Ifeoma zum Geist der Luft, dessen Altarhütte seitlich vom großen Mammy-Water-Tempel lag. Ajiras Göttin wohnte in einer bescheidenen Hütte, die auf einer Seite geöffnet war und aus filigranem Flechtwerk bestand. Vom runden Dach hingen zahllose bunte Hölzer herab, wie ich eines mit mir führte, befestigt mit geflochtenen roten, weißen und blauen Bändern – ein bunter Himmel voller Leichtigkeit und Fröhlichkeit. Unter Absingen eines Gebets befestigte die Priesterin meine Gabe neben den anderen. Unzählige Frauen hatten – wie ich – hier ihr Holz verewigt, das sie an eine Nacht der Angst gemahnte. Und wie leicht diese manifestierte Angst plötzlich wirkte! Gleichzeitig angebunden, zum Bleiben verurteilt in diesem schlichten Häuschen, aus dem sie nicht mehr fortkonnte. Was würde geschehen, wenn man diese Hölzer befreite? Würde die Angst zurückkehren zu jeder Frau, die ihre Trophäe hier abgeliefert hatte? Oder waren die Ängste gebannt – für immer? Einer Gottheit geopfert, die das flüchtigste von allen Elementen repräsentierte, die Luft?

»Es ist der Wind, der die Pollen der Blüten vor sich hertreibt und für den Fortbestand der Natur sorgt«, übersetzte Ifeoma. »Der gleiche Wind schwillt zum Sturm, drückt die reife Ernte auf den Getreidehalmen platt und bringt die Menschen um ihre Nahrung, er bauscht die Meere auf, die das Land überschwemmen; es ist aber auch der Wind, der die reifen Früchte zu Boden fallen lässt, damit neue Keimlinge entstehen, die zu großen Bäumen werden können. Bäumen wie jenem, von dem dies Holz stammt. Es ist das große Rad von Werden, Vergehen und Neuerstehen, das durch die Luft angetrieben und gedreht wird. Du trägst die Luft in dir als den göttlichen Atem, ohne den du nicht weiterleben kannst. Deshalb sind die morgendlichen Atemübungen so wichtig. Sie stellen den direkten Zugang zum Element Luft her.«

Durch Ifeomas Mund erfuhr ich Ajiras Philosophie des alten afrikanischen Wissens, von der ich heute zehre: »Die Luft ist die Vergänglichkeit, sie sagt dir, dass auch deine Angst nicht ewig ist. Darum kannst du mit der Luft auch die Angst besiegen.« Ein Mittel, dessen der Körper sich bedienen kann, ist der Atem. Ein weiterer der Verstand – oder wie wir sagen würden: die Ratio. Sie untersteht dem Schutz des Luftgeistes, denn nicht zuletzt er ist es, der die Ängste entstehen lässt, sie aber auch vertreiben kann.

Meine Lehrerinnen, so abgeschieden sie auch leben mochten, befanden sich durchaus auf der Höhe der Zeit und bezogen in ihre Einsichten aktuelle Entwicklungen mit ein. Heute reden wir vom Zeitalter der Medien, einen Begriff, den Ajira nie kennen gelernt hatte. Aber sie kannte Radios und Telefone, auch wenn sie nicht über Steckdosen und Antennenkabel im Dorf der Frauen verfügten. Was auch im Gedankenkosmos der Dorffrauen völlig überflüssig gewesen wäre: Ajira hatte ein kleines, chromglänzendes japanisches Kofferradio, das wegen der Luftfeuchtigkeit mit leichtem Rost überzogen war, sowie ein altes schweres Telefon mit Wählscheibe auf ihrem Altar zu Ehren des Luftgeistes stehen. Ein Telefon freilich, das über keinen Anschluss verfügte. Es diente wie all die anderen Gegenstände als Symbol für die Einbeziehung einer sich rasant verändernden Welt.

Dieser Pragmatismus afrikanischer Religionen, mit dem beispielsweise technische Errungenschaften kurzerhand in den alten Glauben miteinbezogen wurden, fiel mir schon immer auf. Es ist wahrscheinlich der Grund für ihre Lebendigkeit – der stetige Wandel der Welt wird nicht ausgegrenzt, sondern genutzt. Ob es nun die sprechende Trommel ist, die mit anderen kommuniziert, oder Radio und Telefon, es geht um die Botschaft. Die alten Naturreligionen verehren den Kern der Dinge, die Essenz von allem. Der Altar einer afrikanischen Priesterin sieht oft aus wie ein kleiner Gemischtwarenladen, stellt ein schier unglaubliches Sammelsurium dar, eine scheinbar wahllose Zusammenwürfelung verschiedenster Kulturgüter. So befanden sich neben Ajiras Radio und Telefon Schnapsflaschen, Schreibstifte, ein Kopfhörer und ein offensichtlich zu einem anderen Zeitpunkt geopferter kleiner Kassettenrekorder auf ihrem Luftgeist-Altar. Wenn ich heute Handy und Computer anschleppte, Ajira würde sie dazustellen! Nach ihrer Überzeugung treibt der Geist des Windes all diese modernen Gerätschaften an.

Ifeoma, die mir Ajiras Ausführungen übersetzt hatte, kicherte: »Es gibt noch etwas, was die Luft in deinem Körper macht. Unterdrücke es nicht!« Ich lachte mit ihr, denn die Fastenzeit stellte in der Tat alle meine Leibesfunktionen auf eine harte Probe: Blähungen peinigten mich! Ajira übersetzte meine Qualen in ihre Worte: Es sei der Geist der Luft, der durch mich hindurchwehte und den Prozess meines inneren Wandels durch die unschönen Geräusche zum Ausdruck brächte. Ich hatte nicht nur Luft im Darm, auch Knurrgeräusche kamen aus meinem Magen. Mein Hunger quälte mich unglaublich, so dass ich gerne meine Fastenzeit beendet hätte. Doch auf meine Frage nach Nahrung erklärte mir Ifeoma: »Wenn ich nicht schwanger wäre, würde ich dich in die Schwitzhütte begleiten. Aber das ist nicht gut für eine Frau, die bald ein Kind bekommen wird.«

Während wir durch den *compound* liefen, machte mich Ifeoma auf eine kleine bunte Feder aufmerksam. »Du hast Afuma noch nicht für das Ritualholz gedankt. Sie sitzt da drüben. Willst du ihr nicht die Feder bringen? Sie freut sich bestimmt.« Ein glückliches Lächeln legte sich auf das Gesicht Afumas, als ich ihr die Feder übergab. Sie ließ sie in einem Fellsäckchen verschwinden. »Afuma wird zur Orakelpriesterin ausgebildet. Wenn sie mit ihrer Ausbildung fertig ist, darf sie den Leuten das Orakel werfen.«

»Mit Federn?!«

»Das steht einer Orakelpriesterin frei«, erklärte Ifeoma. »Die meisten verwenden Kaurischnecken.« Ein paar Tage später brachte ich Afuma die andere Feder, die ich gefunden hatte. Sie bedankte sich bei mir mit einem hübschen Stein, den sie poliert hatte. Sie küsste ihn und schenkte ihn mir als Talisman.

Neugeburt in der Schwitzhütte

Der kugelrunde Bau aus Lehm, der wie ein dicker rotbrauner Kloß auf der Erde klebte, befand sich am Rande des äußeren Dorfs, das den *compound* umschloss. Die Nähe zum Wald brachte mit sich, dass die Frauen in ihren Wandlungsphasen wenig mitbekamen von dem, was sich währenddessen im Dorf ereignete. Mir war überhaupt nicht klar, was ich mir unter einer Schwitzhütte vorstellen sollte, und dachte an eine moderne Sauna. Der winzige Bau schien allerdings viel zu klein, um Platz für meine beiden immer noch namenlosen Mitinitiandinnen und mich zu bieten. Ifeoma erklärte mir auch nicht, ob die Schwitzhütte der Reinigung diente oder wie lange ich darin bleiben sollte. Der »Eingang« bestand aus einem engen, länglichen Gang mit einem Loch, das durch ein Fell verdeckt wurde.

Ratlos sah ich Ifeoma an. Sie nickte mir aufmunternd zu. Ebenso wie die beiden anderen Frauen musste ich mein Wickeltuch ablegen und mich durch das Loch hineinzwängen. Innen war es stockfinster, eine enge Höhle, meiner Schätzung nach etwa vier Quadratmeter klein. Ließ mich das feuchte Klima draußen schon bei körperlicher Anstrengung schwitzen, so war ich in der Hütte selbst bald triefend nass. Bei meinem »Einkriechen« drückten Ajiras starke Hände meinen Kopf sogleich nach unten: Ich hatte mich wie ein Embryo zusammenzurollen. Stehen, gar aufrecht zu sitzen war nicht möglich. Für wenige Sekunden erkannte ich noch etwas von meiner Umgebung, die schemenhaften Umrisse der beiden anderen nackten Frauen, welche die Enge mit Ajira und mir teilten. Aus mehreren Löchern an den igluhaften Seiten der Hütte trat Dampf aus; auch in der Mitte der Hütte dampfte es.

Zunächst empfand ich die Mischung aus würzigen Düften, die mich in der Hütte empfing, als angenehm. Allerdings nahm sie mir sehr schnell die Luft zum Atmen. Zum übermäßigen Schwitzen gesellte sich rasch ein unbehagliches Gefühl des Eingesperrtseins, das durch die Enge und Dunkelheit der Höhle so sehr verstärkt wurde, dass ich mein Herz bis zum Hals schlagen fühlte. Woher Ajira das Wasser nahm, das sie gegen die aufgeheizten Lehmwände spritzte, kann ich nicht sagen. Für mich zählte, dass die aufsteigenden Dampfschwaden mein Gefühl der Beengung noch verstärkten. Immer wieder nebelte Ajira den Raum ein, immer weniger Sauerstoff schien zum Atmen zur Verfügung zu stehen. Ajira, rund und freundlich, schien diese Prozedur öfters mit ihren Schülerinnen zu durchstehen. Sie erfreute sich bester Gesundheit; lebensbedrohlich war die Schwitzhütte demnach nicht.

Ich begann, auf Ajiras Atem zu lauschen, der tief und gleichmäßig ging; mein eigener war flach und hechelnd. Beruhige dich, rief meine innere Stimme, das geht vorbei und ist sicherlich gesund. Mach's wie Ajira! Ich veränderte meine Atmung, glaubte in der Tat, dass sich mein Puls verlangsamte. Ich begann, meinen Atem bis in die Schultern zu ziehen, mein Körper wuchs ins Unendliche. Ich spürte ein wahnsinniges Kribbeln in meinen Gliedern und auf der Kopfhaut, begann zu hecheln und empfand gleichzeitig eine ungeheure Leichtigkeit, die mich kichern und lachen ließ, vollkommen unbeschwert, als hätte ich einen Joint geraucht. Die Anwesenheit der beiden anderen Frauen hatte ich längst vergessen. Es ging um mich, dies war mein Trip.

Ajira war glücklich über meine Reaktion. Sie goss mir langsam warmes Wasser über die Haut, das schnell trocknete, um danach noch stärkeres Schwitzen auszulösen. Wieder hatte sie zerkleinerte Kräuter hinzugefügt, ich spürte die kleinen Partikel auf meiner Haut kleben. Meine Wahrnehmungen begannen sich zu verschieben; ich konnte nicht mehr sagen, ob ich die Augen geschlossen oder geöffnet hatte. Mir schien, als sähe ich eine dunkle Wand aus geronnenem Blut, versuchte mich aber zu beruhigen. Angst hatte ich nicht, ich spürte meinen pulsierenden Kreislauf, sah hell blitzende Sterne. Der schwere Atem der mütterlichen Ajira gab mir den Takt vor. Wir atmeten die gleiche feuchte Luft ein, deren würziges Aroma ich schon längst nicht mehr wahrnahm. So seltsam es auch klingen mag, ich fühlte mich sicher. Fast so, als würde ich im warmen Schoß einer gütigen Mutter ruhen. Die vergangenen Tage hatten mich viel Kraft gekostet; erschöpft schwanden mir die Sinne. Ob es ein kurzer, traumloser Schlaf oder eine Ohnmacht gewesen ist, kann ich heute nicht mehr sagen. Ich hatte ja meine Angst bei der dafür zuständigen Gottheit abgegeben, als Hölzchen aufgehängt über ihrem Altar.

Ajira zog mich irgendwann an den Schultern aus der Hütte heraus; mit hilflosen Krabbelbewegungen meiner Beine half ich etwas nach. Frauen griffen nach mir und legten mich auf ein Bett aus Blättern. Sie begannen mich mit Zweigen zu massieren. Den anderen Schwitzhüttenteilnehmerinnen, die ich mehr unbewusst wieder wahrnahm, wurde die gleiche Behandlung zuteil. Ich spürte das Klatschen der Zweige auf meiner Haut kaum, ließ alles mit mir geschehen, regungslos, willenlos. Mit stärkerem Peitschen schien mein eingeschlafener Geist wieder zu erwachen. Aber er wurde noch nicht gebraucht: Ich durfte reichlich braunes, erdig schmeckendes Wasser trinken, das mir dennoch lecker und kostbar wie klares, kaltes Mineralwasser erschien. Anschließend musste ich halb krabbelnd, halb von der drinnen wartenden Ajira gezogen zurück in die Schwitzhütte. Um darin zu dösen, traumlos, apathisch, die Dampfschwaden kaum mehr wahrnehmend. Zweimal noch wiederholte sich das Schwitzritual, bis ich schließlich unfähig, mich noch weiter zu bewegen, wieder vor der Hütte auf den Boden gelegt wurde. Mit großen Palmwedeln wurde mir Luft zugefächert.

Urplötzlich spürte ich einen schweren Druck auf meinem Rücken, meine Arme wurden nach hinten gebogen, die Helferinnen zerrten an mir, dehnten und streckten mich. Das weiße Häufchen Mensch am Boden sollte ich sein? Ich glaubte, alle meine Glieder wären aus Gummi, dehnbar und belastbar, in alle Richtungen zu drehen und zu wenden. Ich war zu benommen, um der seltsamen Behandlung Einhalt zu gebieten. Doch soweit ich mitbekam, wurde mit den beiden anderen Mitschwitzerinnen in gleicher Weise verfahren: Eine der Helferinnen stellte sich bei dieser eigentümlichen Massage auf meinen Rücken, während vier andere meine Arme und Beine streckten, die durch die vorangegangene Hitzebehandlung offenkundig enorm belastbar geworden waren. Ich gab mich dieser Behandlung in einer mir bis dahin ungekannten Weise hin. Ich konnte nicht kontrollieren, was geschah, ließ wortlos zu, was sie mit mir machten, fragte nicht, wertete nicht.

War *der gute Tod* mein Abschiednehmen vom alten, sozusagen »unwissenden« Leben, so bedeutete das Schwitzhüttenritual meine spirituelle Neugeburt, den Beginn eines neuen Lebens als Eingeweihte. Niemand musste mich diese Erkenntnis lehren – sie war so offensichtlich: Das Lehmiglu symbolisierte den Uterus, der schmale Gang hinaus in die helle Welt den Geburtskanal. Ajira, die mich kopfüber unter meinen zaghaften Krabbelbewegungen herauszog, fungierte als meine Geburtshelferin. Tatsächlich fühlte ich mich wie ein Neugeborenes: Schwer damit beschäftigt, atmen zu lernen, spürte ich plötzlich meinen Körper, der nicht gerade sanft behandelt wurde. Afrikanische Geburtshelferinnen muten den Babys übrigens wirklich eine recht radikale Begrüßungsbehandlung zu. Die Winzlinge werden regelrecht geschüttelt und an Armen und Beinen gezogen, damit sie – so die Äußerung einer Hebamme in Lagos mir gegenüber – »stark fürs Leben« werden.

Meine Mitschwitzerinnen begannen, ihre malträtierten Knochen alleine zu bewegen, ich tat es ihnen nach. Zwei Schwarze und eine Weiße, alle drei braun durch die Erde, folgten Ajiras Anweisungen, zu atmen. Mein Verstand versuchte zu begreifen. Ich sollte die Luft wieder in mich hineinsaugen, die zuvor unter so viel Anstrengungen aus mir herausgetrampelt und -gezogen worden war. Die Atemübung spülte einen solchen Schwall Sauerstoff in meine nach frischer Luft lechzenden Lungen, dass mir schwindlig wurde. Ajira forderte uns auf, immer weiterzumachen, die Lungen aufzublähen, als hätten wir niemals mehr Gelegenheit dazu. Breitbeinig stand ich, nackt, dreckig, struppig. Immer wieder warf ich die Arme hoch, um die Luft einzusaugen, dann ließ ich sie fallen, um sie wieder von mir zu geben. Eine simple kleine Rassel, bespannt mit Fäden, auf denen kleine Perlen aufgereiht waren, gab den Takt vor. Ob Ajira das Tempo steigerte oder ich es nicht halten konnte, weiß ich nicht zu sagen, jedenfalls fand ich mich irgendwann während dieses Auf und Ab am Boden wieder, langsam und extrem atmend, wahrscheinlich immer noch verzweifelt dem Takt der Rassel folgend.

Meinen Mitatmerinnen erging es nicht anders, doch hielten sie wohl länger durch, bevor auch sie zu Boden sanken. So blieben wir liegen, bis ein tiefer, gleichmäßig wiederholter Ton uns gleichsam in die Höhe zog. Mit wackligen Beinen trabten wir zum *compound* zurück, direkt in das Ritualhaus von Mammy Water, die beruhigend blaue Höhle der Wassergottheit, und zu Odame, die uns wohl ihren priesterlichen Segen erteilte und ins neue Leben entließ. Ich war viel zu geschafft, um ihren Worten noch aufmerksam folgen zu können.

Ajira war mit unseren Reisen ins Reich von Licht und Luft zufrieden. Ihre »Belohnung« bestand aus einem ersten Essen – einem gestampften, grauen Brei, den ich heute wohl nicht mehr so hungrig in mich hineinessen würde wie damals. Wir drei Frauen aus der Schwitzhütte saßen einträchtig nebeneinander und löffelten. Jetzt wäre die Gelegenheit gewesen, sie auszufragen über ihr »Woher« und »Warum«, ihre Eindrükke. Wie unwichtig das jetzt war! Ich war neugeboren – darum ging es und um nichts anderes. Dies war ein Trip in die Tiefen des Ego. Ifeoma hatte Recht gehabt: Irgendwann kam der Punkt, an dem ich nicht mehr über meine Erlebnisse sprechen wollte. Jedes Wort, das ich zu diesem Zeitpunkt darüber verloren hätte, hätte mich – im Sinne von Odames einführenden Bemerkungen – geschwächt.

Trotz dieser schweren ersten Tagesaufgabe hatte Ajira zwei weitere, sehr unterschiedliche vorbereitet. Die erste konfrontierte mich mit einer vielen Menschen innewohnenden Urangst – jener vor großen Höhen. Ich stand vor einer Palme, deren rauer Stamm sich in einem sanften Bogen gen Himmel streckte. Ich erhielt einen dunkelschwarz glänzenden Ledergurt, einen Strick aus Raphiabast, sowie ein Buschmesser. Die zu bewältigende Aufgabe hing etwa zehn Meter über dem Boden, war so dunkelgelb wie das Licht der späten Sonne – und schien unerreichbar. Eines der jungen Mädchen machte uns drei Frauen vor, wie der Gurt den Po zu halten hat, kraxelte wie ein Äffchen das erste Stück freihändig hoch, schob immer wieder den Gurt voraus und kletterte nach. Oben angelangt, ließ sie mit einem Messerhieb eine Kokosnuss zu Boden plumpsen. Die beiden anderen Frauen taten es dem Mädchen nach, zwar wesentlich weniger gelenkig, aber scheinbar war es für sie keine große Herausforderung. Ich jedoch kam mit dem Gurt nicht zurecht, fühlte mich mit den durch Raphiabast zusammengebundenen Füßen gehandikapt und verlor das Messer schon nach wenigen Metern, die ich mich mühsam nach oben gearbeitet hatte. In dieser Höhe vergaß ich den Ledergurt völlig, hielt mich nur krampfhaft am Baum fest, der leicht geneigt stand. Ich hatte es bis etwa zur Hälfte der Baumhöhe geschafft. Das Messer war abermals verloren, der Gurt auch: Er segelte hinterher. Ich klammerte mich weiterhin an die Palme – und schnaufte erst einmal durch. Ich konnte es unmöglich schaffen!

Aber eigentlich war es mir gleichgültig. Zum ersten Mal genoss ich den Rundblick auf den *compound,* realisierte bewusst die Lage der Hütten zueinander und sah auf die Wartenden herab. Entspannt winkte ich ihnen – ein Äffchen, das sich nicht zum Affen machen ließ. Die leichte Brise dort oben tat gut; leider war die Palmenhaut nicht sonderlich anschmiegsam, so dass die Innenflächen meiner Oberschenkel hinterher eine ziemliche Rötung aufwiesen.

Ein seltsames Läuten, das mich im ersten Augenblick an eine sich nähernde Gruppe von Almkühen erinnerte, zog meine Aufmerksamkeit an: Eine Schar von Mädchen näherte sich dem *compound,* singend, schwatzend, fröhlich. Sie schienen noch recht jung zu sein, höchstens zwölf oder dreizehn. In blütenweiße Gewänder gehüllt, befanden sich an ihren Fußgelenken offenkundig kleine Glöckchen, deren Schall mich an die mir gewohnte Welt meiner Kindheit in

Bayern erinnerte. Einige erwachsene Frauen, festlich gekleidet wie die Mädchen, begleiteten sie.

Vorsichtig arbeitete ich mich am Stamm herab bodenwärts. »Es wird sich schon jemand finden, der auf den Baum steigt, wenn es nötig ist«, sagte ich mit einem verlegenen Lächeln zu Ajira. Sie verstand mich zwar nicht, aber in ihren Augen lag dennoch eine gewisse Zustimmung. Vielleicht, spekulierte ich, ging es nur in zweiter Linie ums Abschlagen der Nüsse und es war viel wichtiger, angstfrei auf die Palme zu klettern.

Eine andere Aufgabe vollzog sich ohne jede körperliche Anstrengung: Sie bestand darin, einen Baum anzusehen. Ich konnte frei wählen, vor welchem ich Platz nehmen wollte, ging aber entschlossen auf den mächtigen Irokobaum im *compound* zu. Ein Fehler, wie ich bald merkte, denn hier herrschte ein ständiges Kommen und Gehen, das mich immer wieder dazu verleitete, mit meinen Gedanken abzuschweifen. Doch ich sollte gewissermaßen mit dem Baum verschmelzen. Ich spürte die sengende Sonne, meinen Schweiß und als Antwort meines Körpers darauf den Durst. Ajira hatte es sich nicht weit entfernt von mir gemeinsam mit Ifeoma und einer anderen Frau im Schatten bequem gemacht, die beiden Gefährtinnen aus der Schwitzhütte waren außerhalb meiner Sichtweite verschwunden. Sie kamen bereits ins Dorf zurück, als ich noch immer den Baum anglotzte, hoffend, dass sich mir irgendeine Offenbarung enthüllen würde, der Baum mir vielleicht etwas mitteilte. Doch nichts dergleichen geschah. Ich schwitzte.

»Siehst du schon etwas?«, ließ Ajira gelegentlich Ifeoma fragen.

Mal zuckte ich mit den Schultern, mal gab ich ein gereiztes »Nichts« von mir. Der Baum, den ich so bewunderte, wollte keinen Kontakt zu mir aufnehmen. Natürlich, ich sah seine jahrhundertealte Rinde, aber die verschwamm immer wieder hinter dem Schleier aus Schweiß, der sich brennend über meine Augen legte. Man kann nicht meditieren, wenn alle möglichen Stimmen im Kopf zu einem sprechen, sie müssen schweigen, sonst ist der Zugang zu den tief verborgenen Welten versperrt. Das sagte ich mir, aber mein Rücken schmerzte. Auf die Palme war ich nicht hinaufgekommen, nun drohte ich erneut zu versagen. Ich versuchte den Baum zu er-riechen, zu er-hören, das Leben, das ihn in Form von Kriechtieren, fliegenden Insekten und Vögeln bevölkerte, zu er-leben. Das war schon etwas, wenn auch wohl nicht das, was Ajira sich von mir erhofft hatte. Ich aber versöhnte mich mit dem schweigenden Baum, umarmte ihn, als die Sonne unterging, und nahm mein Abendessen in seinen Wurzeln ein.

»Du bist Teil der Natur«, sagte Ajira durch Ifeomas Mund, »der Baum hat dir Ruhe gegeben, nun gib du dem Baum etwas.« Obwohl ich nicht satt war, aß ich mein Essen nicht auf, sondern ließ es stehen, damit sich die Vögel, die im Baum wohnten, bedienen konnten. Vor den gierig zupickenden Schnäbeln der Hühner war es sicher, denn die hatten außerhalb des *compounds* zu bleiben.

Die letzte Tagesarbeit war eine Nachtarbeit: Ifeoma übersetzte Ajiras Worte, die mich aus meinen Überlegungen rissen: »Versuche, dem Flug der Fledermaus zu folgen.« Ifeoma setzte ihren eigenen Rat hinzu: »Aber dazu musst du dich natürlich konzentrieren und deine Sinne und Intuition voll einsetzen, Ilona.«

Da war er wieder, ein winziger Lufthauch, blitzschnell vorbeigehuscht. Die Fledermäuse waren es also gewesen, die mich nach meiner Flucht in die schwarze Nacht umschwirrt hatten, mich glauben ließen, ein sanfter Luftzug wäre vorbeigeweht. Schweigend saßen wir nebeneinander, versuchten zu erahnen, wann das fast lautlose Wispern der Flügel heranflatterte und in welche Richtung es entschwand. Immer bemerkte ich sie erst, wenn sie schon längst vorbei waren. Denn ich verließ mich auf meine Ohren, meine Augen und meine Haut, die meine Sinneseindrücke ans Gehirn weitermeldeten. Welch unzureichende Mittel für diese Aufgabe! Intuitiv hatte ich den Flug der Fledermaus zu erahnen.

Nachdem ich wohl eine Ewigkeit vergeblich herauszufinden versuchte hatte, aus welcher Richtung die nächste Schattengestalt herangesaust käme, schloss ich schließlich die Augen. Ich roch den warmen Boden, erspürte die stillstehende Luft. In gewisser Weise kehrte ich zu der Erfahrung jener Nacht in völliger Dunkelheit zurück. Diesmal verstellte mir jedoch nicht die Angst den Zugang zu den flüchtigen Nachtgestalten. Plötzlich erahnte ich intuitiv, wann eine Fledermaus sich näherte, und zwar einen Herzschlag *bevor* sie an mir vorbeihuschte. Zum ersten Mal bekam ich eine Ahnung von den unendlichen Möglichkeiten, die wir Menschen haben: Wir können mit geschlossenen Augen sehen, durch Übung alle unsere Sinne schärfen, um instinktiv das Richtige zu erfassen. Dafür müssen wir aber unseren Verstand ausschalten und aus dem Bauch leben, wie es viele Afrikanerinnen noch immer können.

Mutter Erde

Todmüde war ich nach diesem anstrengenden Tag schon sehr früh ins Bett gefallen.

»Ich gehe rüber zum *compound.* Schlaf du dich aus. Die Priesterinnen wollen ohnehin nicht, dass nicht initiierte Frauen beim Fest für die neuen Mädchen dabei sind.«

»Feier schön«, sagte ich matt.

»Es wird laut«, meinte Ifeoma noch. »Am Abend vor der Beschneidung müssen die, die heute angekommen sind, sich in Trance tanzen.« Sie kicherte. »Die Trommel wird dich gut träumen lassen!«

Ich hatte noch nie eine Beschneidung erlebt, war lediglich zusammen mit meiner Freundin Yemi Zeugin der entsetzlichen Folgen geworden: Von unkundigen Händen behandelt, litt die zarte Selia unsägliche Fieberqualen; wir waren damals rechtzeitig zu Hilfe gerufen worden, um Selias Leben mit der Medizin des weißen Mannes zu retten – mit Antibiotikum. Selia lebte mehrere Hundert Kilometer entfernt von jenem Ort, an dem ich mich gerade befand. Auf welche Weise die Beschneidung hier – im Delta des Niger – geschehen würde, wusste ich noch nicht.

Die Nacht war vom Klang der Trommeln erfüllt. Die Frauen sangen laut. Ich nahm den Ton der kleinen Glöckchen an den zarten Mädchenfüßen wahr, hell blitzte er wie ein zartes

Licht unter dem dunklen Klang der alten Trommeln hervor, jubilierte manchmal kurz auf, wenn die tiefen Töne pausierten. Es war, als spräche die übermütige Jugend mit dem weisen Alter, als wisse sie nicht genau, wann sie zu schweigen hatte, um den Ermahnungen der Erwachsenen zu lauschen. Die Mädchen mit den Glöckchen an den Füßen, die ich von der Palme aus hatte kommen sehen, tanzten dem Ende ihrer Kindheit entgegen. Fröhlich, ausgelassen, hoffnungsfroh. Ich hörte den bedrohlichen Unterton der wissenden Trommel, die davon sprach, dass das Kommende zunächst Schmerzen bedeutete – und Verlust. Die Trennung von der Unbeschwertheit, den schmerzhaften Eintritt in den langen zweiten Abschnitt des Lebens.

Während ich mich in meinem quietschenden Bett wälzte, drang der Klang der kleinen Glöckchen immer lauter in meine Ohren, verwandelte sich allmählich in ein Flehen, hoch, hell, vielstimmig. Ich musste mich zur Ordnung rufen, dass das Einbildung war, dass die Tänzerinnen drüben im Gehöft glücklich waren. Endlich stand der große Tag bevor, an dem sie zur Frau werden durften. Aber immer wieder sah ich Oke vor mir, wie sie im Mammy-Water-Tempel saß, vornübergebeugt, die großen, schweren Hände zupackend auf den Knien. Bald würden diese Hände zugreifen.

Die Müdigkeit schmerzte in meinen Gliedern, trotzdem hätte ich gerne mit Ifeoma gesprochen. Sie durfte als Eingeweihte teilnehmen – im Gegensatz zu mir galt sie als »erwachsene Frau«, obwohl doch so viel jünger. In meiner Hütte herrschte dies schreckliche Schweigen, das ich beim Wälzen im unbequemen Bett mit hässlichem Quietschen durchbrach.

Ich fasste einen Entschluss, den ich unverzüglich in die Tat umsetzte: Obwohl es in der Hütte stockfinster war, zog ich die Matratze ins Freie und begann anschließend, das schwere

Eisengestell des Bettes aus der Hütte zu zerren. Nur mühsam bewegte sich das Monstrum auf den Ausgang der Hütte zu, musste gekippt, gezogen und gestemmt werden. Nach einer Ewigkeit stand das Metallgestell endlich draußen in der vom Feuerschein erhellten Nacht. Schweißüberströmt setzte ich mich auf die Kante des Quietschbetts. Ich lauschte den tanzenden Glöckchen und den stampfenden Trommeln, diesem so offenkundigen Gegensatz, der dennoch zu einer Einheit verschmolz. Vom Schein des Feuers erblickte ich nur die goldene Krone, die den nachtschwarzen, mit unzähligen Sternen betupften Himmel beleuchtete. Das Feuer schien aus diesem Himmel herabgestürzt zu sein auf die Erde, ein Abbild der Sonne, ihr Stellvertreter bei Nacht. Fledermäuse rasten in ihrem atemberaubend schnellen Flug vorbei; die ultraschallschnellen Schwingungen ihrer kurzen Rufe zirpten in meinen Ohren. Wie konnte ich in meiner ersten Nacht im dunklen Wald diese zarten Töne nur überhört haben, die ich jetzt trotz des Trommelklangs vernahm! Ein Lärm musste um mich herum gewesen sein, den ich nicht wahrnehmen konnte.

Ich hielt es auf meinem Lauschposten als Fledermaus-Forscherin nicht länger aus. Ich musste hinüber zum *compound*. Sicher fand ich irgendwo eine Lücke im Zaun, durch die ich einen Blick auf das Geschehen erhaschen konnte. Als ich sie endlich gefunden hatte, erkannte ich, dass fast alle Frauen tanzten. Eine wesentlich größere Menge von Menschen hatte sich versammelt, als ich sie auf dem Tanzplatz jemals gesehen hatte. Und alle waren festlich gekleidet, Kinder wie Erwachsene. Die zarten Gestalten der Mädchen zuckten unkontrolliert. Plötzlich schien der Klang ihrer Glöckchen in meinen Ohren zu schmerzen, ich hielt sie zu, wandte mich ab, trippelte auf Zehenspitzen zurück in meine dunkle Hütte.

Ich legte mich auf eine Raphiabastmatte, die ich vorher

mit frischen Blättern bestreute. Ifeoma hatte sie während des Tages gesammelt, um ihre Matte zum Schlafen weicher zu machen. So war der Boden nicht mehr bretthart und ungemütlich, sondern strömte den verführerischen Geruch frischen Laubs aus. Meine Gedanken plagten mich, wanderten zu meinem Baum, diesem Riesen, der die Kultstätte beschützt. Ich spürte in mir seine Ruhe, fühlte die breiten, hohen Wurzeln, die ihn hielten. Ich stellte mir vor, zwischen diesen Wurzeln zu liegen, von ihnen gehalten zu werden. Die Blätter über mir wiegten sich im Rhythmus der alten Trommeln. Sie klangen plötzlich weicher und sanfter, als ich es bislang vernommen hatte.

Was sich draußen – als ich schwitzend versagte, vor dem Baum zu meditieren – nicht ereignet hatte, geschah nun, mit Verzögerung, in meinem Traum: Der alte Riese begann mit mir zu reden. Die Stimme, die ich hörte, klang wie die einer Frau. Sie war warm, brüchig und rau, sie sprach langsam, benutzte keineswegs eine der mir geläufigen Sprachen. Und dennoch erschloss sich mir der Sinn, da ich ihr nicht mit den Ohren lauschte, sondern mit dem Herzen.

Sie sprach von der ewigen Reise, auf der sich alles befindet, von der stetigen Unrast, die die Menschen deshalb belastet. Sie ermahnte mich, die Ruhe in mir selbst zu suchen, da das Tor zu diesem Ort der Ruhe auch in mir selbst liege. Ich könne jedoch das Tor nur finden, wenn ich mit der Natur verschmelze, deren Teil ich bin. Mutter Erde, sagte die gestaltlose Baumriesin, würde mich bei der Suche nach diesem in mir selbst verborgenen Ort schützen, da nur sie die Kraft dazu habe. Sobald mein Körper sich wieder mit der Erde vereine, damit meine Seele sich auf die unendliche Reise zwischen Himmel und Erde, Erde und Himmel machen könne, sei meine Suche nach diesem Ort der Ruhe beendet. Ich solle nicht mutlos werden, wenn ich von Unruhe getrieben den Ort der

Ruhe wieder verlassen habe. Der Mensch sei wie ein Blatt, mit dem der Wind spielt. Es fiele vom Baum, lande jedoch wieder an dessen Wurzeln, wo es im Leib von Mutter Erde vergehe und so dem Baum neue Kraft gebe. Unsere Wurzeln wären unsere Füße und Beine. Indem wir sie auf die Erde stellen, würde ihre Kraft in uns hineinfließen. Ich spürte den Boden unter mir und ruhte in der Kraft, die von ihm ausging.

Vom *compound* tönte noch immer der Klang der Trommeln zu mir herüber. Ich lag wach, dachte über die so einfache Lebensphilosophie meines Baums nach. So wie ein Schlüssel ins Schloss passte, so fügte sich der Traum von Mutter Erde in den Glauben an die Ahnen, an den Lebenszyklus, von dem mir Odame erzählt hatte.

Als ich erneut fortdämmerte, sah ich mich selbst als Baum, befand mich in einer saftigen grünen Umgebung. Meine Zweige hingen allerdings – wie die einer alten Weide – tief und schwer ins Wasser, das nach ihnen griff und sie nicht loslassen wollte. Ich ließ mich ziehen und eine seltsame Verwandlung ging mit mir vonstatten: Ich wurde zu jenem dunkel genetzten Leopard, den ich nach meiner ersten Nacht am Fluss beobachtet hatte, wie er durstig das Wasser trank. Diesmal musste ich nicht zurückbleiben und zusehen, wie das majestätische Tier hinter den dichten Ranken des Grüns verschwand. Einerseits war ich dieser Leopard selbst, andererseits sah ich ihm zu, wie er anmutig über alle Hindernisse hinwegsprang. Die Raubkatze war beschäftigt, sie suchte. Weit oben auf einem Ast lag ein zweiter Leopard, schwarz und gelb getupft, reglos. Als er mich sah, öffnete er kurz das Maul mit der rosafarbenen Zunge, zeigte mir seine weißen, großen Zähne. Mit einem entschlossenen Satz sprang er zu mir herab.

Urplötzlich wechselte ich die Perspektive und sah dem

Geschehen zu: Die beiden etwa gleich großen Tiere strichen umeinander, zeigten sich gegenseitig ihre Zähne, stießen Töne aus, die wie das Knurren zorniger Hunde klangen.

Wieder änderte sich mein Blickwinkel, doch sah ich diesmal nicht in die bernsteinfarbenen Augen des gelb-schwarzen Leopards, sondern in die sanften braunen Augen von Victor. Ganz dicht war sein Gesicht vor meinem, er schien zu lachen, ich sah seine makellosen Zähne blitzen. Dann zog er mich an sich, etwas abrupt, gar nicht zärtlich, wie ich ihn kannte. Sein Kuss war nicht weich und lockend, sondern hart, als würde er mich beißen. Er warf mich auf den Boden. Erstaunt über seine kühne Wildheit, drehte ich mich zu ihm um.

Doch in diesem Moment verlor ich wieder das Bild von Victor, sah stattdessen die beiden Leoparden, die zu kopulieren begonnen hatten. Der gelb-schwarze Leopard war auf den genetzt dunklen – ich musste mir eingestehen, dass es wohl eine Leopardenfrau war – aufgeritten. Ihrer fein gemaserten Brust entrang sich ein wütender Ton, sie sprang auf, holte mit ihrer krallenbewehrten Tatze aus und zog sie dem gelb-schwarzen Leopard durchs Gesicht. Der zuckte zurück, lautlos, stürzte mit einem dumpfen Aufprall zu Boden.

Jetzt war wieder ich es, die zu ihm hinrannte und Victor am Boden liegen sah. Entsetzt über meine schreckliche Tat, kniete ich mich neben ihn nieder, wollte seinen Kopf tröstend in die Arme nehmen. Aber er lächelte mich nur an, war mir in keiner Weise böse. Seine sinnlichen Lippen formten einen Satz, den ich nicht verstand. Dann sackte sein Körper kraftlos hintenüber. Immer wieder rief ich seinen Namen, doch er antwortete nicht mehr. Ich presste meinen Kopf auf seine Brust, um sein Herz schlagen zu hören. Aber da war kein Körper, auf den ich meinen Kopf betten konnte. Mein Kopf lag im Laub des Waldes.

Wie ein fernes Echo aus einer anderen Welt wiederholte Victor den zuvor gesprochenen Satz: »Jetzt weißt du es.«

»Was weiß ich, Victor?«, rief ich voller Panik.

Doch als ich mich umsah, war niemand da, um meine Frage zu beantworten. Ich saß in meiner Hütte, durch die geöffnete Tür fiel seidig matt das erste Sonnenlicht auf den rötlich schimmernden Boden. Mein Körper war so nass, als hätte ich ein Bad im Fluss hinter mir.

Ganz offensichtlich war ein neuer Morgen angebrochen. Noch immer ging drüben im *compound* die Trommel, ekstatischer als in der Nacht. Wo nahmen diese Frauen ihre unendliche Energie her? Wer konnte so lange tanzen? Da war ein Gesang von unglaublicher Intensität, ein Durcheinander, alles andere als harmonisch, abgehackt, schrill, bis in höchste Höhen hinaufträllernd, um wieder in ein sattes, tiefes Gurgeln hinabzusinken. Gleich darauf schraubte sich die trällernde Stimme wieder in die Höhe, andere fielen in diesen grellen Ton ein, ließen ihn noch weiter anschwellen. Der Gesang war alles andere als schön, drückte meinem Empfinden nach eher die Qual einer gepeinigten Seele aus. Klatschen, das ich zunächst für eine Art Trommel gehalten hatte, gab den Rhythmus vor.

Ich taumelte hinaus in die klare Morgenluft, die würzig nach Erde, Tau und brennendem Feuerholz duftete, voller Energie zu sein schien. Ich huschte wieder hinüber zu meinem Guckloch im Zaun, konnte jedoch nichts erkennen. Das große Tor zum *compound* war wie immer geschlossen, damit keine hungrigen Tiere eindrangen. Voller Neugier schob ich es zur Seite. Mein Körper zitterte in der Morgenkühle leicht vor Aufregung, denn die Töne, die jetzt nicht mehr weit von mir ihren Ursprung hatten, klangen immer unmenschlicher. Ich zögerte noch einen Augenblick, ob ich näher treten dürfe oder solle, als ein Schrei den Teppich der übrigen Töne zerriss. Grell, wie ein explodierender, weiß-gelber Blitz, schnitt er durch die Luft. Ich stieß das Bambusrohrtor zur Seite, stand jetzt am Rande des Gehöfts.

Der Tanzplatz zu meiner Linken war leer. Getrommel und Gesang kamen von wesentlich weiter rechts, aus jenem Bereich, in dem sich die Altäre für die Geister der Erde und der Luft befanden. Der Platz davor, der mir als mindestens so groß wie der eigentliche Tanzplatz in Erinnerung war, quoll über von Frauen, die alle in Festgewänder gehüllt waren, ihre Köpfe schmückten verzierte und kunstvoll gebundene Tücher. Die Frauen bildeten eine farbenprächtige, aber blickdichte Wand. Eine zusammengepresste, undurchdringliche Gemeinschaft vor Anspannung schwitzender Frauenkörper.

Sie riefen sich lauthals Kommentare zu dem Geschehen zu, das ich nicht verfolgen konnte. Hinter dieser menschlichen Wand entstand der vielstimmige, disharmonische Lärm, der mich hierher gelockt hatte. Fast nackt, wie ich war, konnte ich mich unmöglich hineindrängen. Meine Neugier brannte wie Feuer, ich rannte zurück zu meiner Hütte, griff mir ein halbwegs reinlich wirkendes Tuch in Brauntönen, das ich um meinen nackten Körper wickelte, und eilte zurück.

Wieder schien die Zeremonie einem Höhepunkt entgegenzustreben. Ich umrundete den Kreis vor den Altären, fand eine Lücke, durch die ich hindurchpasste. Und prallte fast zurück. Direkt vor mir, auf dem Boden, saß ein prächtig herausgeputztes, blutjunges Mädchen, ein Kind fast noch, auf einem flachen Hocker. Den Oberkörper weit zurückgelehnt, die Hände auf den Boden gestemmt, die Beine breit gespreizt. Sie starrte in den fahlen Morgenhimmel hinauf, die dunklen Augen zu Schlitzen verengt. Zwischen ihren Beinen hockte Oke auf dem Boden, ebenfalls im Festgewand, in ihrer Hand eine blutige Rasierklinge. Ich befand mich direkt hinter Oke, peinlich berührt, meinen Blick auf den intimsten Bereich des

Kindes gerichtet zu haben. Schneeweiß schimmerte die Klitoris des Mädchens, kaum noch als solche erkennbar, von einem dünnen Band abgeschnürt und unnatürlich groß und blutleer. Okes Helferin schleuderte immer wieder ein Büschel Kräuter gegen den Intimbereich der Kleinen, unglaublich schnell waren die Bewegungen, die dem Tempo der immer rasender werdenden Trommel folgten. Unablässig murmelte Oke vor sich hin. Ich aber sah nur diese Hände, die groben Hände mit der blutigen Klinge.

Den Anblick ertrug ich nicht. Meine Augen wichen aus, schweiften in die Menge der umstehenden Frauen, kreuzten den Blick einer sehr jungen, ausgesprochen hübschen Frau. Laya! Das Mädchen, das mich im Haus von Großmutter Fara geschmückt hatte. Sie sah mich erstaunlich offen an. In ihrem Blick lag unverkennbar Stolz, gleichzeitig schien sie mich abzuschätzen. Das alles dauerte Bruchteile von Sekunden, dann senkte Laya den Blick.

Verwirrt suchten meine Augen den breiten Rücken Okes, der sich nun weit nach vorn beugte. Die Hand mit dem blutigen Werkzeug fuhr in eine bereitgestellte Kalebasse, die freie Hand reinigte das Gerät mit einem großen grünen Blatt. In diesem Augenblick setzte der markdurchdringende hohe Gesang wieder ein, angestimmt von einer Frau neben Oke, sofort folgten andere Frauenstimmen in dieser unnatürlich hohen Lage. Und dann begannen die Frauen zu klatschen. Die Töne wurden rasend, einpeitschend.

Mit einer Schnelligkeit, die ich Oke nicht zugetraut hatte und die dem Vorhaben unangemessen schien, bewegte sich die Klinge auf den Intimbereich der Kleinen zu. Gesang und Klatschen schwollen in einem Maße an, dass sie nicht nur das Mädchen betäubten, sondern auch mich. Sie schienen den Schrei zu ersetzen, den ich ausstoßen wollte. Aber ich blieb stumm. Wie das Kind vor mir, das seine Augen unverwandt auf den Himmel richtete. Als ginge ihr Geist in diesem Moment in der unendlichen Klarheit des Nichts spazieren.

Oke erhob sich. Die Frauen traten zur Seite. Oke ging die wenigen Schritte hinüber zum Altar des Erdgeistes, offenbar murmelte sie die ganze Zeit über Gebete. Sie platzierte die Klitoris auf einen spitzen Stock, der in den Boden vor dem Altar gerammt war. Hier hingen schon einige andere, kaum blutige kleine Klümpchen an Stöcken zum Trocknen. Oke verbeugte sich laut in der Stammessprache betend vor dem Altar und schritt würdevoll zurück zu dem Mädchen.

Mitten in ihrer Bewegung hielt Oke inne. Sie sah mich an, ganz offen und direkt, mit einem Blick, der mir einen eisigen Schauer über den Rücken jagte und mich gleichzeitig schwitzen ließ. Sie sagte nichts, verzog keine Miene, hob nur ein wenig den Kopf und zog die Mundwinkel herunter, ganz leicht nur. Jedes Wort des Hasses und der Verachtung hätte nicht schlimmer auf meiner Seele brennen können als dieser Blick.

Dann fuhr sie fort, ihre Arbeit zu beenden. Ich war erstaunt: Die entstandene Wunde blutete so gut wie gar nicht. Mit geschickten Händen vollführte Oke rasch ein paar letzte Untersuchungen, dann halfen die anderen Frauen dem Mädchen, sich zu erheben. Sie wankte hinüber an den Rand des Platzes, zu fünf anderen. Sie alle trugen große Glocken an den Füßen, starrten in sich gekehrt vor sich hin. Das Mädchen legte ein neues Festgewand an, wobei ihm Frauen – offenbar ihre Verwandten – halfen. Dann schnallten die Frauen dem Mädchen, dessen Kindheit soeben beendet worden war, ebenfalls große Glocken um die Fußknöchel. Es war mir unvorstellbar, wie ein junges Mädchen nach der durchlittenen Tortur zu all dem fähig sein konnte. Die Art, wie die Kleine sich bewegte, gab mir die Antwort – offenkundig befand sie sich in Trance. Der nächtelange Tanz hatte ihr

Bewusstsein in andere Sphären gehoben. Irgendwann würde sie wieder zurückkehren.

Die nächste Initiandin wurde in die Mitte des Platzes geführt, doch wirkte sie im Gegensatz zu der zuvor Beschnittenen fahrig, unkonzentriert. Ihre Angst konnte ich förmlich spüren. Laya, die mir eben noch so offen in die Augen geblickt hatte, und eine ältere Frau – ich nehme an, ihre Mutter – begleiteten sie. Die Haare des Mädchens waren zu langen Zöpfchen geflochten und stachen wie Antennen in die Höhe. Das magere Ding von 12, höchstens 13 Jahren zitterte wie Espenlaub. Okes Helferin nahm mit einem speziellen Handschuh ein frisches Bündel Kräuter von einem großen Haufen, der gleich neben dem Beschneidungsplatz aufgeschichtet war. Es waren, wie ich jetzt deutlich erkennen konnte, Brennnesseln. Wieder vollzog sich alles wie zuvor. Mit dem Unterschied, dass dieses Kind sich nicht zu beruhigen schien. Hatte die Trance nicht gewirkt, wie bei den anderen?

Ich sah das Zittern jetzt überdeutlich, es begann an ihren Unterschenkeln, kroch die Beine hinauf, ließ ihren Unterleib regelrecht schlackern. Oke gab einen tiefen, grunzenden Laut von sich, woraufhin die Frau, die dem Kind am nächsten saß, beherzt zupackte und die Beine der Kleinen auseinander drückte. Die Umstehenden quittierten das mit abfälligem Schnalzen. Laya hielt die Schultern des Mädchens – ihre Schwester?, ihre Freundin? –, während Oke die Klinge reinigte und der grelle Gesang noch viel lauter erscholl. Eine zweite Frau musste helfen, die Beine des Mädchens auseinander zu drücken. Ich sah den Missmut in Okes Gesicht, die steile Falte zwischen ihren Augen, die vollen Lippen, die sich an den Mundwinkeln bedrohlich nach unten richteten.

Dann schnitt sie.

Den Schrei werde ich nie vergessen. Er entrang sich der

aufbäumenden Brust des Kindes, noch bevor Oke ihren Körper berührte, ließ die Frauen unmerklich zurückzucken. Dann gab das Mädchen keinen Laut mehr von sich. Laya und ihre mutmaßliche Mutter hielten den Oberkörper der Kleinen, der nun schlaff nach hinten hing. Das Blut färbte in Sekundenschnelle den Boden rot: Die abrupte Bewegung des Kindes hatte Okes Klinge abrutschen lassen. Sie hatte hinter der blutleeren und abgebundenen Klitoris geschnitten. Die Helferinnen befingerten die Wunde, alle streckten gleichzeitig ihre Köpfe über den intimen Bereich des Kindes. Die sorgsam arrangierte, obwohl mir chaotisch erscheinende Ordnung des Rituals war urplötzlich aus den Fugen geraten. Oke wurde eine Kalebasse gereicht. Mit ungewaschenen Fingern fuhr sie in die Kalebasse und schmierte auf die blutende Wunde eine schwärzlich schimmernde Paste. Eine kräftige Frau in einem bodenlangen, weiß-blau bestickten Wickelkleid schob sich durch die Menge, packte das Mädchen und trug sie aus dem sich öffnenden Kreis. Ein vielstimmiges Gemurmel lag in der Luft, offenbar wurde das Geschehene aufgeregt diskutiert. Nichtsdestotrotz wurde ein neues Mädchen von ihren weiblichen Angehörigen auf den Platz geführt, wo Oke ungerührt wartete. Ich hatte genug gesehen in diesen wenigen Minuten, die mir wie Stunden erschienen. Schockiert verließ ich die Kultstätte.

Die runden Hütten lagen friedlich vor dem *compound*, in ihrer Mitte mein einsames Metallbett, irgendwie beziehungs- und sinnlos. Niemand brauchte oder wollte es. Tagelang stand das Ding dort. Je öfter ich daran vorbeikam, desto mehr erschien es mir wie ein Mahnmal fremder Kultur, das hier nicht hingehörte. Nur die Hühner fanden es bequem. Und eines Morgens fand ich ein Ei auf der Matratze.

Die Prüfung

Während meiner Erzählung war eine Veränderung mit Janet vor sich gegangen. Immer enger hatte sie die Beine an den Körper gezogen, umklammerte sie schließlich fest vor der Brust. Ich rutschte zu ihr hin, um die entstandene Distanz zwischen uns zu überbrücken, aber sie wollte meine Berührung nicht. Sie brauchte Abstand: »Lass uns einen Tee machen.« Erst als sie den Honig in der Tasse umrührte, war sie bereit, über meine Erlebnisse zu sprechen: »Ich finde schon, dass man eine fremde Kultur so akzeptieren muss, wie sie ist, und versuchen, die Menschen im Umfeld ihrer eigenen Tradition zu verstehen. Schließlich können auch wir nicht von anderen verlangen, dass sie sich unseren Sitten anpassen, denn sie haben sicherlich oft eine andere Meinung über uns.«

Ich war richtig stolz, dass meine Tochter so liberal dachte. Allerdings spürte ich, dass es Janet so ging wie mir damals, als ich die Beschneidung erlebte: »Es ist schon etwas anderes, ob man sich das theoretisch überlegt oder tatsächlich sieht, wie andere Menschen ihre Traditionen leben«, sagte ich, »da merkt man ziemlich schnell, dass tief in einem verborgene Vorurteile schlummern, über die man sich nicht ohne weiteres hinwegsetzen kann.«

»Deshalb bist du einfach weggelaufen, anstatt nach Ifeoma

zu suchen und sie zu fragen, was es mit dem Mädchen auf sich hatte? Du hast das nicht verkraftet.«

»Ich hatte damals gerade angefangen, an der Initiation Gefallen zu finden. Was ich erlebte, bereicherte mich. Vor allem das Schicksal des zweiten Mädchens aber machte mir bewusst, dass ich bei aller inneren Annäherung Afrika immer vor dem Hintergrund meiner westlichen Erziehung beurteilen würde. Darum stahl ich mich wie eine Diebin aus dem *compound*. Meine Neugier hatte ein Geheimnis entwendet, das die Priesterinnen mir nicht ohne weiteres anvertrauen wollten. Das las ich jedenfalls aus Okes strafendem Blick, obwohl ich dazu objektiv keinen Grund haben musste. Ich war ja zu den Frauen geschickt worden, um in ihre Geheimnisse eingeweiht zu werden. Gleichwohl konnte ich mir das nicht gleichmütig ansehen. Doch was sollte ich tun? Mich einmischen? Dann hätte ich mich als besserwisserische Weiße entlarvt, die zu initiieren sinnlos war.«

»Und Ifeoma – deine Vertraute? Sie war selbst beschnitten ... also wolltest du mit ihr nicht darüber reden.«

»Wir wurden noch am selben Morgen zur Yamsernte auf die Felder geschickt. Ifeoma lief lange schweigend neben mir her. Und ich neben ihr. Gedankenverloren sah ich die geschnitzten und geschmiedeten Mythenfiguren, die mich regelrecht hochmütig zu mustern schienen. Da sagte Ifeoma einen Satz, an dem ich lange zu kauen hatte: Wissen, das auf den Boden des Nichtverstehens fällt, ist verlorenes Wissen. Ich fragte, woher sie diesen Satz habe, und sie antwortete: Von Odame.«

»Wie hat sie das gemeint?«

»Afrikaner sagen dir selten offen ihre Meinung. Wenn sie es doch tun, dann verklausuliert. Denn sie wollen die Gefühle ihres Gegenübers nicht verletzen. Ihren weisen Satz bezog ich also auf mein unerwünschtes Auftauchen bei der Beschneidung. Ich fragte Ifeoma vorsichtig, warum das zweite Mädchen so ganz anders auf die Beschneidung reagierte als das erste. Und warum die Zuschauerinnen so unverhohlen ihre Missbilligung zum Ausdruck brachten.«

»Und wie hat Ifeoma deine Fragen beantwortet?«

»Sie sagte, dass die Beschneidung auch eine Prüfung ist.«

»Eine Prüfung? Etwa eine Prüfung ihres Glaubens?«

»Das Mädchen, von dem wir sprechen, heißt Bami. Sie war die Enkelin der Beschneiderin Oke.«

»Dann erscheint das natürlich alles in einem ganz anderen Licht. Dann wusste die kleine Bami, was sie erwartete. Darum ihre Angst. Aber weil ihre Oma solch eine Autorität im Kult ist, konnte sie sich der Beschneidung nicht entziehen.«

»Kinder, die wie Bami aufwachsen, stellen die Autorität ihrer Großmutter grundsätzlich nicht in Frage. Das Wort der Großmutter ist ein Gesetz, über das nicht diskutiert wird. Dass sie trotzdem Angst hatte, bewies nur eins – ihre Schutzgeister standen ihr nicht bei. Etwas Schlimmeres konnte es nicht geben.«

»Stimmt: Ihre Großmutter hatte ja direkten Draht zu Mutter Erde. Die arme Bami! Was ist mit ihr passiert?«

»Ifeoma hat mir erzählt, dass ein anderes Mädchen während ihrer Initiation ebenso versagt hatte wie Bami. Nach ein paar Tagen wurde sie außerhalb des heiligen Waldes gebracht, wo sie starb. Denn das war der Wille der Ahnen, die mit den Schutzgeistern verbunden sind.«

Janet sah mich entsetzt an: »Das ist krass! Und Bami? Haben die Ahnen sie auch verstoßen? Oder wie sagt man da?«

»Ihre Großmutter Oke ist Priesterin. Das heißt, sie steht durch das Befragen des Orakels in ständigem Kontakt mit ihren Göttern, die den Lauf der irdischen Dinge kennen. Das Orakel ist eine Art Wegweiser. Wer seinen Spruch kennt, kann sein Verhalten danach ausrichten.«

»Dann hat Oke gewusst, dass die Beschneidung schief geht«, empörte sich Janet.

»Oke war schwer zu durchschauen. Und ich habe mich wirklich gefragt, was sie mit ihrer Enkelin machen würde.«

Die Leopardenfrau

Wir, eine kleine Gruppe von Frauen und einige junge Mädchen, waren unterwegs zu den weit entfernten Feldern. Unter Aufsicht von Okes Helferinnen sollten wir an diesem Morgen Yams ernten. Die dicke, dunkelbraune, stammähnliche Wurzel kann nur unter großer Anstrengung aus der Erde ausgegraben werden, ganz archaisch mit Hand und Hacke. Die Sonne knallte auf meinen Rücken, meine weiße Haut verfärbte sich an den ungeschützten Stellen immer mehr ins Rot. Ifeoma bestrich sie mit Aloe, die aus dem aufgebrochenen Blatt geleeartig und klebrig heraustrat. Wie alle Afrikanerinnen trug ich zu den Feldarbeiten ein Kopftuch und sah endlich ein, dass es in der brennenden Sonne ein echter Schutz vor einem Sonnenstich darstellte. Die Feldarbeit interessierte mich wenig, die aufgestauten Fragen und die nicht verstandenen Träume harrten auf Antwort. Ich berichtete Ifeoma, aber sie fuhr in ihrer Arbeit konzentriert fort. »Die Träume deiner Initiationszeit gehören den Geistern des Waldes, nur die Priesterin kann sie dir übersetzen«, sagte Ifeoma. Ich schwieg, hackte und schwitzte.

War schon die Yamsernte mühselig, die Zubereitung der vitaminreichen Grundnahrung am Kochplatz außerhalb des *compounds* war nicht leichter. In meinen Händen hielt ich ein schweres Stück Yams, armdick, fast einen Meter lang und voller rostroter Erde. Ungeschickt versuchte ich mit einem *cutlass,* einer Art Hackmesser, die grobe Schale zu entfernen, um sie anschließend kochen zu können. Die Hausarbeit lenkte mich nicht ab. Immer noch quälten mich meine Fragen.

»Die Priesterin wird dir sagen, was du wissen musst«, entgegnete Ifeoma. Ich nahm an, sie meinte Odame, aber irrte: Ausgerechnet Oke, dieser so unsensibel wirkenden, männlichen Frau, sollte ich meine Geheimnisse anvertrauen. Ich verstummte. Ein Schatten fiel auf mich und ich spürte, wie mich jemand beobachtete. Nicht mich, meine Hände. Das Messer rutschte im selben Augenblick ab, traf das Fleisch des Daumens an einer gut durchbluteten Stelle. Automatisch steckte ich den verletzten Daumen in den Mund, um die Blutung zu stillen, und hob den Kopf, um zu sehen, wer da gekommen war. Es war Oke. Gegen die Sonne konnte ich ihr Gesicht nicht erkennen, sah nur den schwarzen Schattenriss ihres Kopfes. Ich wiederum wirkte sicherlich auf die Priesterin der Mutter Erde wie ein hilfloses, auf dem Boden hockendes, daumenlutschendes Baby.

Sie winkte mich die paar Schritte zu sich heran. Ich stand auf. In der Hand hielt Oke einen hässlichen Fellbeutel, in den sie jetzt hineingriff. Das trockene braune Pulver streute sie auf die Stelle, aus der das Blut dick heraustropfte. Es bewirkte Wunder. Kaum auf der Haut, brachte es den Blutstrom zum Versiegen. Tage später erkannte ich, dass es ein recht tiefer Einschnitt gewesen war. Er verheilte jedoch schnell und ohne Komplikationen.

Oke verschwand ohne weiteren Kommentar. Verdutzt, wie ein kleines Kind, setzte ich mich wieder an meinen Platz neben Ifeoma. Was sollte das? Ich war überzeugt, dass ich mich nicht geschnitten hätte, wenn Oke nicht aufgetaucht wäre. Hatte sie mir auf ihre Art zeigen wollen, welche Macht sie über mich besaß? Dieser Frau sollte ich meine Träume anvertrauen? »Ich glaube, die Priesterin mag mich nicht«, sagte ich leise zu Ifeoma. Ifeomas Antwort hätte ich ahnen können. Sie schwieg natürlich, nahm mir die schwere Wurzel aus der Hand und zeigte mir, wie ich sie zu schälen hatte.

Ich verbrachte einen Tag als afrikanische Hausfrau. Singend und lachend, zumindest soweit es mir gelang, mit jenem fröhlichen Geträller meiner Mitfrauen mitzuhalten, das das Stampfen und Kochen, das Waschen, Fegen, Putzen und alle anderen Handgriffe des täglichen Lebens begleitete. Zu meiner Überraschung zeigte sich Oke in diesen Stunden gelöst, lachte mit uns und erzählte Geschichten in ihrer Stammessprache. Irgendwann war wohl auch diese nun so herbe Frau einmal liebenswert und weich gewesen, vielleicht sogar verführerisch. Schließlich musste doch irgendwo eine Verbindung bestehen zwischen dem Urmütterlichen, dem sie diente, und ihrem wahren Ich. Aber woran lag es nur, dass ich das nicht sehen konnte, was für die anderen offenbar war? Denn die übrigen Mädchen und Frauen freuten sich zusammen mit Oke, lachten und kicherten ständig.

Eine lustige Bezeichnung, mit der ich an diesem Tag erstmals belegt wurde, blieb mir in Erinnerung: Die anderen nannten mich *my wife, meine Mitfrau.* Anfangs maß ich dem keine tiefere Bedeutung bei. Das kam erst später, als Odame uns wieder ins Versammlungshaus, den Mammy-Water-Tempel, gerufen hatte. Ausführlich sprach sie vom Zusammenhalt der Frauen, die allein nichts, gemeinsam aber alles wären. Das Ideal ihrer Gesellschaft war jene Frau, die sich auf ihre Mitfrauen verlassen konnte.

»Nur die Frau ist wirklich reich«, sagte Odame und Ifeoma übersetzte, »die sich auf die Hilfe ihrer Mitfrauen verlassen kann.«

Das, was letzten Endes die Beziehung zu meinem nigerianischen Ehemann John zum Scheitern gebracht hatte, propagierte Odame: die Polygamie; die Mehrfachehe nicht zum Vergnügen des Mannes, sondern als Erleichterung des Frauenlebens. »Ein guter Mann sorgt für jede seiner Frauen gleichermaßen. Dann gibt es keine Eifersucht zwischen seinen Frauen. Nur eine starke Familie macht jeden Einzelnen stark«, ermahnte Odame.

Mein Exmann John, das wurde mir langsam klar, gehörte zu jener Mehrzahl der Nigerianer, die sich aus den Traditionen nur jenen Teil herauspickte, der ihnen angenehm erschien. Bei Victor lag die Sache anders: Er konnte mit den alten Traditionen rein gar nichts anfangen. Er erlas sich die Theorien und spürte nie den Wunsch, das alte Erbe in sein modernes Leben zu integrieren. Die Traditionen wurden von ihm analysiert, katalogisiert und für den Alltagsgebrauch seines Stammes untersucht.

»Wenn ich ein gerechter König sein will, muss ich mich mit den Traditionen meines Clans vertraut machen«, hatte Victor gesagt. »Ich werde später am Gerichtshof meines Stammes Recht sprechen müssen. Ich kann nur verantwortungsvoll urteilen, wenn ich so viel wie möglich über meine Leute weiß«, sagte Victor. Sein Vater trug die Verantwortung für fast 100 000 Menschen.

Die verhältnismäßige Ruhe dieses Tages hatte mir gut getan. Aus dem traumlosen Schlaf schreckte ich auf, als es noch fast dunkel war. Jemand war in unsere Hütte getreten. Der Duft zarter Blüten hing in der Luft. Als ich mich umsah, entdeckte ich eine in goldbraunes Tuch gewickelte Frau, die leise mit Ifeoma sprach.

»Was ist passiert?«, fragte ich noch im Halbschlaf.

»Guten Morgen, Mitfrau Ilona. Es tut mir Leid, dich zu wecken.« Diese Stimme und die höfliche Art zu sprechen – schlagartig war ich hellwach. Ich setzte mich auf und erkannte die junge Frau in unserer Hütte: Es war Laya!

»Was ist passiert?«

»Es ist wegen Bami, sie braucht Medizin. Oke schickt uns in den Wald. Die Pflanzen müssen vor Sonnenaufgang geerntet sein«, antwortete die Besucherin.

Oke überließ wie alle Priesterinnen und Heilerinnen Hilfstätigkeiten anderen Personen. Deshalb wurden Laya und Ifeoma ausgeschickt. Mit schnellen Schritten eilten sie durch den fast noch dunklen Wald, offenkundig einem ihnen bekannten Platz entgegen. Bami war nicht nur die Enkelin Okes, sondern auch die 13-jährige Schwester Layas, wie ich jetzt erfuhr. Deshalb war Laya bei ihrer Beschneidung zugegen gewesen. 24 Stunden waren seither vergangen. Bami litt seitdem an einer Infektion und Fieberkrämpfen, beides wahrscheinlich verursacht durch Verunreinigung der Wunde.

»Es ist ernst. Bami geht es schlecht«, sagte Laya. Sie gab sich immer diesen Anschein äußerer Beherrschtheit, der Unterton echter Besorgnis war trotzdem nicht zu überhören.

Unser Weg führte uns vorbei an der Menstruationshütte am Rande des Labyrinths: »Die ›unreinen‹ Frauen müssen hier die Tage ihrer Blutungen verbringen«, klärte Ifeoma mich auf. Abseits lag ein verwilderter Friedhof, der im Grau des frühen Morgendunstes kaum zu erkennen war. Eilig gingen wir vorbei: »Hier liegen die, die aus der Gemeinschaft verstoßen wurden«, beschied Laya knapp mein Interesse. Zum Beispiel jenes Mädchen, das seine Beschneidung während Ifeomas Einweihungszeit nicht überlebt hatte.

Nach längerem Marsch erreichten wir einen Ort, den ich für am wenigsten geeignet gehalten hatte bei der Suche nach Medizin – die Müllkippe! Sie lag außerhalb des Waldlabyrinths, auf einer Seite, die ich noch nicht gut kannte. Hatte man mir nicht gesagt, dass auf den Müllplätzen die Hexen ihr Unwesen trieben? Wir waren zu dritt. Vielleicht trafen wir deshalb dort keine Hexen.

Am Rand des stinkenden Abfallbergs wuchsen knapp fünfzig Zentimeter große Stauden, deren Aussehen der Hässlichkeit des Ortes entsprachen: Die rötlich braunen Blätter waren mit feinen langen Härchen überzogen, in rundlichen, behaarten Kapseln ruhten die Früchte. Mitsamt der Wurzel rupften wir die Pflanzen aus. Ihr Name schien in so gar keinem Zusammenhang mit der ihr zugedachten Verwendung zu stehen: Sie hieß Asthmakraut. Laya hatte keine Zeit für Erklärungen, die aufgehende Sonne diktierte das Tempo.

»Wenn du eine Pflanze zur falschen Tageszeit erntest oder falsch zubereitest, ist sie wirkungslos.« Das war alles, was Laya sagte. Wir mussten zurück. Ein kurzes Aufstöhnen Ifeomas ließ uns innehalten. Die junge Frau hielt sich mit schmerzverzerrtem Gesicht Rücken und Bauch. Diesmal war ich, die zweifache Mutter, schlauer: Bei Ifeoma hatten die Wehen eingesetzt. Bei dem furchtbaren Tempo, mit dem wir hierher gehetzt waren, eigentlich kein Wunder. Ich hatte mich überhaupt öfters gefragt, ob sich Ifeoma nicht zu viel zumutete.

»Lauf mit deinen Pflanzen voraus«, sagte ich zu Laya, »wir kommen langsamer nach.« Doch Laya wollte nicht ohne ihre Freundin zurück. Es war eine seltsame Situation, die mich an Dracula-Filme erinnerte. Laya schien regelrecht Angst vor der bald höher stehenden Sonne zu haben. Trotzdem wollte sie bei der stöhnenden Ifeoma bleiben, gepeinigt von innerer Unruhe. Wir nahmen die Schwangere in unsere Mitte, warteten, bis die Wehe vorüberging.

»Es ist zu früh«, stöhnte Ifeoma. »Das Baby darf noch nicht kommen, denn es liegt falsch herum.« Sie schien in Panik zu sein, während Laya immer wieder zum Himmel sah. Mühsam arbeiteten wir uns vorwärts, endlos schien der Weg, immer wieder stoppten wir.

»Was passiert, wenn du die Asthmakräuter zu spät bringst?«, fragte ich.

»Das ist schlecht«, sagte Laya.

»Ohne Medizin überlebt Bami diesen Tag nicht«, keuchte Ifeoma wegen einer starken Wehe. Obwohl in Eile, schlichen wir förmlich durch den Regenwald. Immer öfter kamen die Wehen, in immer kürzeren Abständen. Wir mussten einfach auf Ifeoma Rücksicht nehmen.

Unsere Situation war derart grotesk, dass ich den Vorschlag machte: »Ich laufe voraus und bringe die Kräuter zu Oke.«

»Nein!« Laya sah mich mit entsetzt geweiteten Augen an.

»Warum? Das ist das Beste. Ich verlaufe mich schon nicht.«

»Du musst bleiben, Mitfrau Ilona.« Vielleicht irrte ich mich, aber das klang nach einem Flehen. Also schleppten wir uns mühsam dahin – und trafen durch unsere Unentschlossenheit bereits eine Entscheidung: gegen das bedrohte Leben von Layas kleiner Schwester Bami. Die Kräuter, die ich ebenso wie Laya als dicken Strauß in der Hand trug, sahen noch recht frisch aus. Aber wie lange? Wieder krochen wir ein paar Schritte, hielten inne.

Laya blickte die ganze Zeit angestrengt um sich, dann blieb sie wie angewurzelt stehen. »Da ist er.« In diesem kurzen Satz schwang kein Erstaunen. Es war eine Feststellung.

»Wer?«, fragte ich reflexartig.

Sie war wirklich eine Meisterin der Tarnung. Nach meinem Traum ging ich davon aus, dass es eine Leopardendame war, die uns mit ihren grünen Augen hypnotisierend anblickte. Es war hell genug, um das kunstvolle, die Blattstruktur nachahmende Fell zu erkennen. Die Leopardenfrau riss ihr

Maul auf, fauchte dezent, als wollte sie uns darauf aufmerksam machen, dass dies ihr Territorium war.

Seltsam, diesmal verspürte ich keine Angst. Die Leopardendame kam mir vertraut vor wie eine entfernte Verwandte, die ich bereits einige Male getroffen hatte, deren Eigenarten ich kannte, nicht besonders liebte, aber die ich durchaus anrufen würde, wenn ich ihre Hilfe gebrauchen konnte.

»Geh. Wir haben es eilig«, sagte ich in meiner Muttersprache. Die Raubkatze senkte den Kopf und sprang in ihrer anmutigen Art zur Seite, unseren Blicken entzogen. Wortlos schlichen wir davon, als hätten wir gemeinsam meinen Traum der vorvergangenen Nacht weitergeträumt.

Endlich räusperte sich Laya: »Es stimmt also.«

»Was?«

»Im *compound* nennen sie dich die Leopardenfrau«, stöhnte Ifeoma an Stelle von Laya. Ich sagte nichts, denn meine Gedanken schlugen Purzelbaum. Wie konnten sie um meine Verbindung zu der gefleckten Leopardendame wissen? Wo ich doch nicht einmal selbst verstand, was mein Traum zu bedeuten hatte! Mochte mir diese mystische Komponente auch vollkommen unklar sein, so dämmerte mir doch, weshalb ich mitgehen durfte, um die Asthmakräuter zu holen. Layas Ausruf *Da ist er* war die Erklärung: Oke oder sonst jemand hatte die Begegnung vorausgesehen oder zumindest erahnt. Oder Ajira – war sie mir in der ersten Nacht gefolgt?

Ich schwieg weiterhin, die Sonne wurde immer wärmer. »Gib mir deine Kräuter. Ich bringe sie Oke. Sonst war alles umsonst«, sagte ich und nahm Laya ihren Strauß aus der Hand. Ich sah die Angst in Layas Blick. Erhob meine Stimme und rief theatralisch laut in den Wald hinein: »Wage es ja nicht, die beiden anzufallen!« Dann sah ich Laya an: »Ich sage Bescheid, dass euch jemand holen kommt.«

Die Hände voller Asthmakraut, rannte ich los, innerlich lachend. Es war wohl das erste Mal, dass deutschen Worten im Urwald eine magische Bedeutung zugeschrieben wurde. Ein kleines Gefühl des Triumphs überkam mich, als ich durch die grüne Pracht eilte: Ich hatte gelernt, mich in dieser fremden Umgebung zu behaupten.

Die frisch beschnittenen Mädchen hatten sie auf der unreinen Seite des Dorfs untergebracht, so wie mich, denn bevor die Initiation nicht abgeschlossen war, galten die Mädchen und Frauen als spirituell unrein, durften nur zum »Unterricht«, zu Tänzen und zum Beten in den heiligen Bereich. Oke trat gebückt aus einer der runden Lehmhütten, richtete sich zu ihrer beeindruckenden Gestalt auf, als sie mich mit meiner Morgengabe herbeieilen sah. Sie fragte nicht einmal, wo die beiden anderen geblieben waren. Ihr Gesicht verriet keine Gemütsregung, war starr wie eine hölzerne Maske.

»Ifeomas Wehen haben eingesetzt«, sagte ich scheu und vergaß in meinem Eingeschüchtertsein darauf hinzuweisen, dass ich versprochen hatte, Hilfe zu organisieren. Oke nahm meine Worte schweigend zur Kenntnis. Ich fühlte mich unverstanden; verdiente ich für meinen Einsatz nicht zumindest die Spur einer Anerkennung? Oder hatte ich ganz im Gegenteil sogar etwas falsch gemacht, wieder einmal gegen eines der vielen Tabus verstoßen? Durfte ich als »spirituell Unreine« am Ende gar nicht die bedeutenden Kräuter überbringen? Wenigstens hatte ich es noch rechtzeitig geschafft: Die kraftvollen Strahlen der Sonne erfassten bereits den *compound.* Oke verschwand hinter dem Bambustor des Gehöfts.

Das Stöhnen der kleinen Bami in meinem Rücken, das kläglich aus der Hütte drang, brachte mich in die Realität zurück. Der winzige Raum war angefüllt mit Frauen, die meisten noch in der festlichen Kleidung des Vortags. Alles scharte sich um das verschwitzte Bündel Mensch am Boden. Die Luft war stickig, schien kaum noch Sauerstoff zu enthalten. Bei meinem Eintreten verstummten die Afrikanerinnen schlagartig. Als sich meine Augen an die Dunkelheit gewöhnt hatten, sah ich, dass sie zusammengerückt waren, um mich an Bami heranzulassen. Das zarte Mädchen glühte, ihre Hand war dennoch eiskalt. Als ich sie nahm, drehte die Kleine ihren Kopf in meine Richtung. Ihre großen Augen rollten, ich sah das rötlich verfärbte Weiße ihres Augapfels.

»Wir haben die Medizin geholt. Es wird alles gut«, sagte ich beruhigend auf Englisch. Ich hatte keine Ahnung, ob sie mich verstand, aber Bami schloss die Augen. Jetzt erst fiel mir der Zustand Ifeomas ein. Langsam, so deutlich sprechend, wie ich konnte, versuchte ich, den Frauen zu erklären, was sich im Busch ereignet hatte. Den Leopard unterschlug ich natürlich. Die Wirkung war enorm: Nach wenigen Sekunden des Schweigens eilten fast alle aus Bamis Krankenhütte. Ich blieb mit einer Frau zurück, jener, die ich schon bei der Initiation an Layas Seite gesehen hatte. Sie war tatsächlich Bamis Mutter.

Lange Zeit saßen wir schweigend neben dem immer wieder aufstöhnenden Mädchen. In mir stritten zwei Stimmen: Mein Verstand suchte, das Ritual vor seinem traditionellen Hintergrund einzuordnen. Mein Gefühl aber lehnte es ab, sah ein gesundes Kind, das seinen intakten Körper einem archaisch anmutenden Ritual opferte. In mir brannten Fragen, die ich Bamis Mutter stellen wollte. Doch diese Fragen würden die Tabus einer einfachen Frau, die nur diese eine Welt kannte, sicherlich verletzen. »Sie hat sich gewehrt«, sagte ich endlich, nachdem ich lange nach einer möglichst wertfreien Formulierung gesucht hatte.

Bamis Mutter schwieg. Ich wusste nicht, ob sie meine Worte oder deren Bedeutung verstanden hatte. Mit einer harten, tiefen Stimme antwortete Bamis Mutter schließlich in ihrer eigenen Sprache. Es hatte keinen Sinn; ich stand direkt vor der Aufklärung eines großen Widerspruchs, bekam in diesem Augenblick vielleicht sogar die Antwort. Und verstand nichts. Mein Verstand raste, meine Gefühle überschlugen sich. Ich sah das fiebernde Kind, dachte an meine Neugier und nicht an das Mitgefühl, das mich zu der Beschneidung gezogen hatte. Und kam mir jämmerlich vor, klein und unbedeutend. Wie viel Unverständnis für diese Kultur doch in meinem Verhalten lag und ich war mir dessen nicht einmal bewusst gewesen.

Das, was ich als Asthmakraut hastig durch den Dschungel getragen hatte, befand sich wenig später in einer Kalebasse mit dampfendem Inhalt. Oke verabreichte es der hochfiebrigen Bami: Sie klemmte dem Mädchen ein Holzröhrchen zwischen die Zähne und flößte es ihr auf diese Weise in den Mund, während Bamis Mutter ihr Kind halb aufrecht hielt. Noch immer hatte Oke nichts zu mir gesagt, was ich in diesem Moment der Anspannung zuschrieb, in der sie sich vermutlich befand.

»Ich komme später wieder«, sagte ich zu Bamis Mutter, erhob mich und ging hinaus in die Sonnenhitze.

Auf einer Trage aus Rohr und Blättern wurde Ifeoma ins Dorf gebracht. Es war ein geradezu feierlicher Anblick! Die von mir aus Bamis Hütte aufgescheuchten Frauen waren alle in ihrem Festtagsaufzug, wie in einer Prozession trugen sie die stöhnende Ifeoma. Sie schien sehr ängstlich. Wenn sie ihr Kind verlieren würde, hätte dies in ihrer Kultur eine geradezu schicksalhafte Auswirkung, denn es bedeutete, einen Ahnen an der Rückkehr auf die Erde zu hindern. Eine Frau, die entsprechend »versagte«, bekam wirkliche Probleme mit ihrer Familie. Voll Mitgefühl beugte ich mich zu Ifeoma.

»Es tut mir so Leid«, sagte ich. »Ich hätte dich davon abhalten sollen, mit uns das Asthmakraut zu holen. Das war zu viel. Du bist mir eine so liebe Freundin geworden.«

Ifeoma schien mit ihren Gedanken woanders zu sein: »Du hast mit dem Leopard gesprochen«, murmelte sie ehrfurchtsvoll. Dass sie in diesem Augenblick daran dachte!

»Lautes Rufen verjagt sie«, sagte ich mehr nebenbei.

»Sie?«, fragte Laya, die neben Ifeomas Kopf kniete und mich erstaunt ansah. Ich bemerkte, dass ich auf dem besten Weg war, meinen Ruf als »Leopardenfrau« zu bestätigen.

In diesem Augenblick erschienen die mütterliche Kome und die unnahbare Oke. Kome streichelte liebevoll Ifeomas Wangen. Selbst auf dem Gesicht der herben Oke glaubte ich einen Ausdruck des Mitgefühls zu erkennen.

»Wo bringt ihr sie hin?«, rief ich der kleinen Prozession nach. Aber ich bekam keine Antwort. Sie alle verschwanden hinter dem hohen Zaun des *compounds*.

Ich brauchte nicht lange zu warten. Dann kam Laya zurück zu meiner Hütte, wo ich einigermaßen ungeschickt begonnen hatte, einen Korb aus Raphiafasern zu flechten. Laya setzte sich zu mir auf den Boden: »Oke hat uns einen Auftrag gegeben, Mitfrau Ilona«, begann sie in ihrer förmlichen Art. »Sie möchte, dass du mich dabei begleitest. Wir sollen eine Medizin holen, die Ifeoma helfen kann.« Sie hieß »das Holz, das Fliegen tötet«. Ich hatte keine Ahnung, was das sein sollte!

Das *Holz, das Fliegen tötet* gedieh an einem moddrigen Seitenarm des Flusses, inmitten einer unübersichtlichen Fülle anderer Pflanzen. Und war obendrein sehr unscheinbar: ein niedriger Strauch mit kleinen grünen, bräunlich behaarten Blättern. Auffallend waren seine schreiend roten Früchte. Doch die sollten wir nicht pflücken; es ging um die Wurzel. Folglich hatten wir mühselig zu graben. Die komplette Pflanze enthielt die Wirkstoffe einer kleinen Hausapotheke.

»Achte auf die Früchte. Sie sind sehr giftig. Der Rest der Pflanze ist ungefährlich«, erläuterte Laya. »Oke macht aus ihr Medizin gegen Magenschmerzen, Kopfweh, Unfruchtbarkeit und viele andere Krankheiten. Sie dient aber auch der Zahn- und Hautpflege. Denn in jedem Teil der Pflanze steckt eine andere Kraft. Oke kennt diese Kraft und weckt sie«, sagte Laya. Mal durch Auskochen, Trocknen, Zerreiben oder Auspressen – Blätter, Früchte, Blüten, Stamm und Wurzel wurden dazu ganz unterschiedlich behandelt. Überdies kann die entstandene Medizin getrunken, gegessen, aufgetragen, inhaliert oder als Klistier und Vaginalzäpfchen verwendet werden.

»Das hört sich an wie eine Geheimwissenschaft. Kennst du dich denn mit so etwas aus?«, fragte ich Laya interessiert.

»Wenn ich älter bin, lerne ich das richtig.« Laya meinte damit die Zeit nach der Menopause, wenn in Afrika jene Jahre einer Frau beginnen, in denen sie ein neues Leben als selbstbestimmte Frau anfängt. »Aber heute kenne ich mich damit noch nicht richtig aus«, sagte Laya, »ich bin froh, dass ich diesen Strauch überhaupt gefunden habe.« Laya erklärte mir, dass der ausgekochte Wurzelsaft vom *Holz, das Fliegen tötet* beruhigend auf die Gebärmutter wirkt; die Wehen lassen nach. Ifeomas Baby lag quer und durfte deshalb noch nicht auf die Welt kommen.

In solch einem Fall greifen unsere Ärzte zum Skalpell und machen einen Kaiserschnitt, da eine Drehung des Kindes meist sehr kompliziert ist. Oke verabreichte zunächst das *Holz, das Fliegen tötet,* um die Gebärmutter zu beruhigen, so dass die Kontraktionen der Wehen aussetzen, und gab sodann die Asthmakräuter, die am Müllplatz wuchsen, der Schwangeren als Getränk. Beides zusammen hatte eine besänftigende Wirkung, die jede Operation überflüssig machte: Das Baby dreht sich im Mutterleib und findet den Ausgang von allein.

In Ifeomas Fall mit Erfolg: Am Tag nach Okes Behandlung stand sie wieder vom Krankenlager auf – einer Hütte im *compound,* die ich allerdings nie in Augenschein nehmen konnte. Sie wollte sofort mit Cousine Laya und zwei älteren Frauen, die öfters zwischen dem *compound* und Williams Dorf pendelten, aufbrechen. Der Abschied von der jungen Frau, die mir als Dienerin zugeteilt worden und zu meiner engsten Vertrauten geworden war, fiel mir schwer. »Wenn du zu deinem Mann Victor zurückkehrst, wird mein Sohn schon geboren sein«, prophezeite Ifeoma mir. Sie behielt Recht: Ifeomas Kind kam einige Tage später, zum richtigen Zeitpunkt und ohne Komplikationen, kerngesund zur Welt. Als ich nach der Einweihung zurück in den Palast kam, besuchte ich Ifeoma und ihr noch helles, neugeborenes Kind. Es war, wie sie es gefühlt hatte, ein Sohn, der stolz herumgereicht wurde. Ifeoma ging zwar langsam zum Palast zurück, aber sie ging selbst. Was für eine tapfere Frau! Aufmunternd winkte sie mir zu. Dann verschlang das dichte Grün des Waldes ihre Umrisse und jene der drei Frauen, die sie begleiteten.

Mit Ifeoma verlor ich nicht nur meine Vertraute, sondern auch meine Übersetzerin. »Großmutter Fara hat entschieden, dass ich den Platz von Ifeoma als deine Übersetzerin einnehme«, hatte Laya vor ihrem Abschied versprochen. Sie hatte nicht gesagt *Dienerin.* In der Tat wäre dieses Wort für Laya auch denkbar unpassend gewesen. Die junge Frau strahlte trotz ihrer Jugend die Aura besonderer Würde aus. Bereits am folgenden Tag wollte Laya wieder zurück sein, um mich zu unterstützen.

Meine Tochter Janet

Victor – aus Liebe
zu ihm unterzog
ich mich dem
afrikanischen
Einweihungsritus.

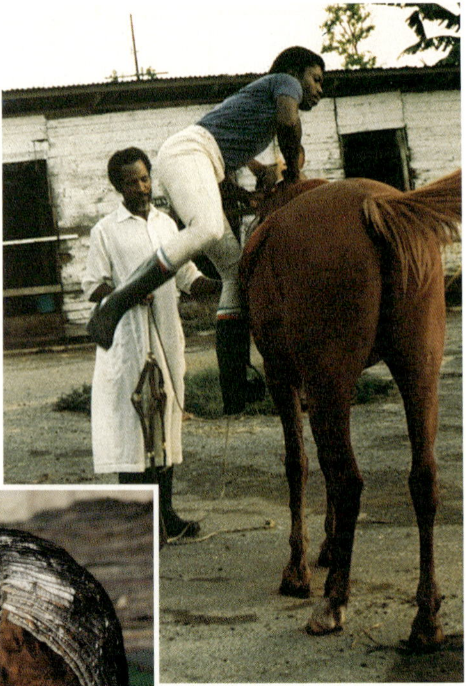

Die Büste von Victors
Urgroßmutter Jelema.
Sie sollte ihn stets an
seine Wurzeln erinnern.

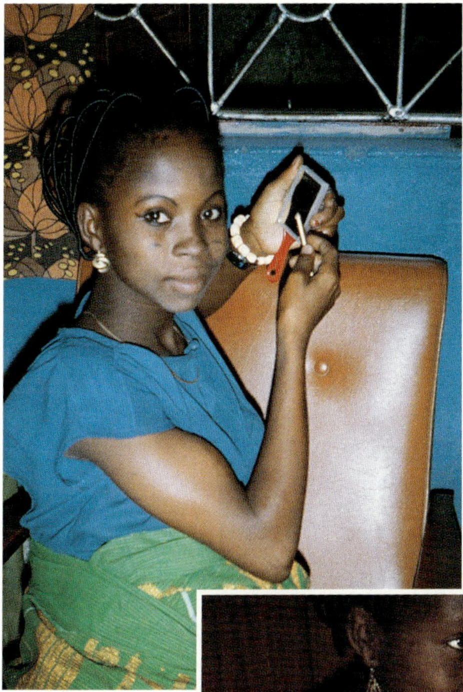

Ifeoma – meine Dienerin, Übersetzerin und Freundin. Sie schenkte mir während meiner Einweihung viel Kraft.

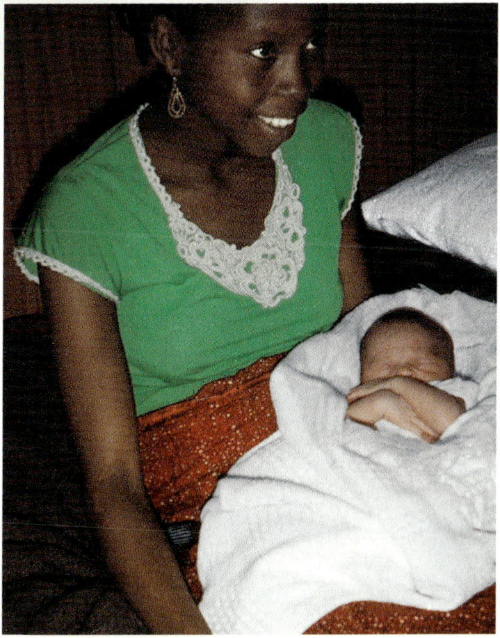

Ifeoma mit ihrem kleinen Sohn Victor

Ifeomas Mann Francis mit seinen ersten beiden Frauen

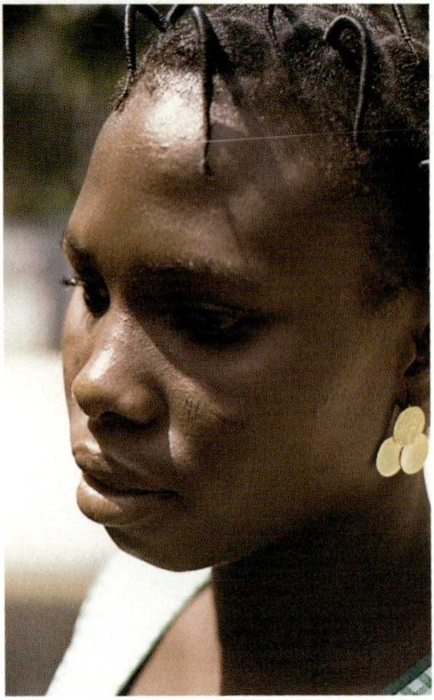

Layas Cousine Naona – sie hatte sich entschieden, in Großmutter Faras Haus als Dienerin zu leben.

Während eines mehrstündigen Schönheitsrituals wurde aus mir eine afrikanische Initiandin eines Frauenkults.

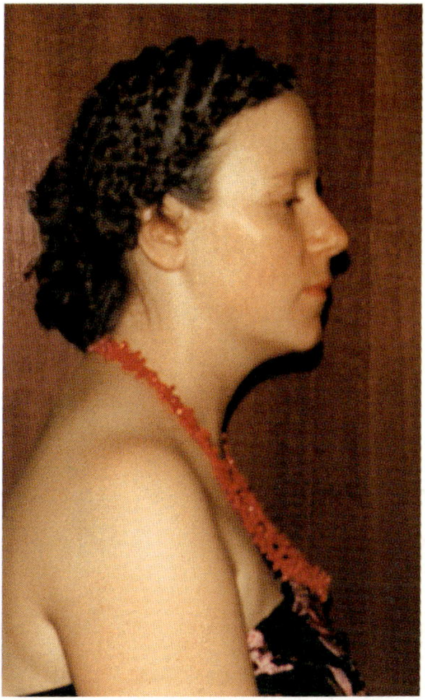

Tief durch den Urwald führte uns der Weg zur verborgenen Welt der Frauen.

Meine Mitfrau Laya – sie wurde mir zur engen Vertrauten.

Schlichte runde Lehmhütten außerhalb des compounds *dienten den Frauen zum Schlafen.*

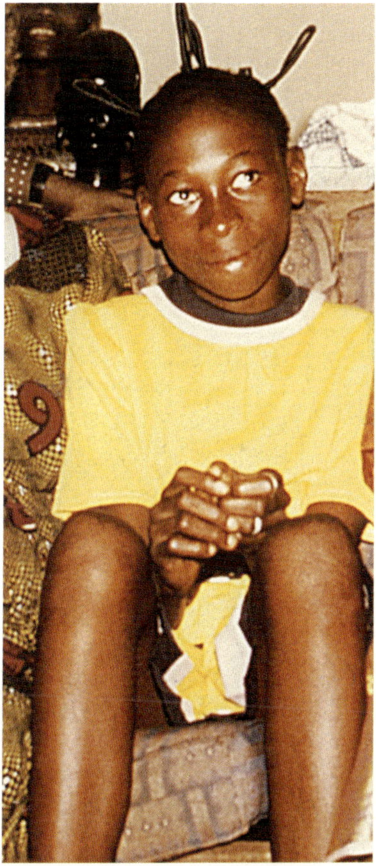

*Layas jüngere Schwester Bami –
während eines Rituals half ich,
ihr Leben zu retten.*

Halb Mensch, halb Eule – solch maskenhafte Gebilde waren die geheiligten Beschützer des Frauenbundes.

Der heilige Fluss in der Nähe des Kultgeländes

Hinter der Maske

Das Schicksal von Bami und Ifeoma hatte mir einen kurzen Blick auf die kaum wahrnehmbare Schwelle zwischen Leben und Tod, zwischen Hoffen und Verzweifeln ermöglicht. Wie schnell diese Schwelle überschritten werden konnte! Doch ich sollte lernen, dass man an diesem gefürchteten Übergang lange verweilen und sich durchaus für eine von beiden Seiten entscheiden konnte. Alles begann mit ein paar Dingen, die ich im labyrinthischen Wald der weisen Frauen zusammenzusuchen hatte.

»Es muss etwas sein, was deinen Bauch in Schwingung versetzt«, hatte Adah gesagt. Adah war eine von Okes Hilfspriesterinnen, eine stille alte Frau, die nur ein paar Brocken Pidgin beherrschte. Bis Laya wieder zurückkam, war sie gelegentlich zur Stelle, um zu übersetzen, was ich nicht verstand.

Ich war recht unentschlossen, strich durch den Urwald und klaubte seltsam geformte Holzstücke auf, immer von der Frage bewegt, nach was ich eigentlich suchen sollte. Ich geriet immer weiter weg von der Kultstätte, fand mich in der Nähe eines der zahllosen Seitenarme des Flusses wieder. Ich sah wundervoll blühende Ranken, die ich mich aber nicht zu pflücken traute, da ich ihre Giftigkeit nicht einschätzen konnte. Schließlich entdeckte ich ein verwachsenes Stück

Holz, das Ende des riesigen, abgefaulten Astes eines mächtigen, knorrigen Baumes. Obwohl es ziemlich schwer war und ich es nur mit Mühe wuchten konnte, entschloss ich mich, das Ding mitzuschleppen. Ich musste es schultern.

Als ich endlich die Hütten vor dem Gehöft erreichte, hatten Oke und ihre Helferin Adah die beiden mir aus der Schwitzhütte bekannten Frauen sowie einige wesentlich jüngere Mädchen um sich versammelt. Sie saßen in der Sonnenglut neben einem Berg von Utensilien und waren sehr beschäftigt. Einige hantierten mit nassem Lehm, andere kerbten mit einem Messer Holz. Oke sah kurz zu mir hoch, bedeutete mir, mich zu setzen. Ich wuchtete mein Holzgewicht von der Schulter, Oke besah es sich, ihren schweren Kopf von einer auf die andere Seite wiegend. Sie schätzte ab, was mit dem Ding wohl anzustellen sei. Aber sie sagte nichts, nahm stattdessen etwas von dem Lehm und drückte ihn mir in die Hand. Ich tat, was die anderen taten: Ich klatschte ihn auf mein Holzstück, das immer größer wurde, dicker und unförmiger. Ab und an bedachte Oke mich mit einem abschätzigen Blick. Schließlich stellte sie sich hinter mich, nahm ein Tuch und verband damit meine Augen. Jetzt war ich allein auf meine Hände angewiesen, die den Lehm auf dem Holzstück formten. Sobald meine Unsicherheit der seltsamen Situation gegenüber gewichen war, spürte ich, dass ich alles falsch gemacht hatte. Den größten Teil des Lehms schob ich wieder fort, begann von vorn.

Das feuchte, warme Material glitschte durch meine Finger, immer mehr davon ließ ich auf den Boden fallen. Bis ich das Holz darunter wieder ertasten konnte: Da waren Rundungen und Vertiefungen, denen ich sanft nachspürte, die ich versuchte hervorzuheben. Die schwatzenden Stimmen der »Mitfrauen« verloren ihre irritierende Bedeutung, ich konzentrierte mich auf meine Arbeit, deren Sinn ich immer noch nicht erfasste. Ich hörte auf, mich zu fragen, wohin dieses Experiment führen würde. Und irgendwann legte ich das schwere Holz ganz hin, band das Tuch ab. Verwirrt sah ich um mich. Auch die anderen waren fertig; interessiert begutachtete ich das Ergebnis ihres Schaffens. Oke und Adah hatten begonnen, die Ränder der Lehmgebilde mit kurzen, starken Halmen zu spicken. Jedes der kleinen Kunstwerke erinnerte dadurch an eine kleine Sonne. Bei einigen waren Augen- und Nasenöffnungen zu erkennen. Wie dumm ich gewesen war. Plötzlich war klar, dass es Masken sein sollten.

Interessiert sah ich meine Maske an. Was hatte ich da geschaffen? Ich war ratlos. Das Ganze sah aus wie »Matsch mit Knubbelnase«. Wie konnte ich mein Werk retten, um nicht als Versagerin dazustehen? Ich begann vorsichtig, hier etwas wegzunehmen und dort etwas zu drücken, wo ich meinte, dass Augen hineinpassen würden.

Oke schob meine Hände unsanft zur Seite, steckte wie bei den anderen Masken Halme in die Ränder. Aber meine Maske wollte nicht strahlen wie die der anderen. Mit seinen piksigen Stacheln in der Knubbelnase erinnerte das Ding an ein Monster.

Während die Masken in der Sonne trockneten, wurden wir ausgeschickt, Hausarbeiten zu machen. Einige pressten rotes Palmöl, andere stampften Hirse. Ich hatte den *compound* zu fegen. Wieder so eine scheinbar unsinnige Tätigkeit, bei der ich mehr Sand aufwirbelte, als ich beiseite schaffte. Erst am Nachmittag durften wir zu unseren Masken zurückkehren, der Lehm war jetzt hart. Okes Helferinnen trennten Lehm und Holz und zogen die Halme heraus. Ich hatte gehofft, dass meine Maske während meiner Abwesenheit eine Verwandlung durchmachen würde. Doch das geschah erst, als wir Farben bekamen, mit denen wir den ockerfarbenen

Lehm bestreichen sollten. Ich empfand mein Gebilde nach wie vor als ziemlich hässlich und griff zu schwarzer Farbe, mit der ich es bedeckte. Vielleicht wollte ich es dadurch unsichtbar machen. Die Farbe wurde vom Lehm regelrecht aufgesogen. Was ich da geschaffen hatte, erinnerte mehr an einen kleinen Fleckenteppich denn an eine Maske. An einigen Stellen blieben helle Linien zurück, die die Oberfläche überzogen.

Ich spürte einen Schatten über mir, drehte mich um und sah in das freundliche Gesicht der alten Adah: »Oh, der Leopard«, sagte sie überrascht. In diesem Moment kreuzten sich Okes und mein Blick. Nur für Sekunden. In denen mein Herz auszusetzen schien.

Reflexartig schob ich die Maske von mir fort. Dann betrachtete ich meine Schöpfung, als sähe ich sie zum ersten Mal. Gleichzeitig hatte ich das Gefühl, alle anderen würden mich anstarren. Sie hatten helle, freundliche Wesen geschaffen, die ihre Besitzerinnen geradezu anzustrahlen schienen. Ich erkannte einen Hasen, ein Schwein, eine Antilope, einen Fisch und – mit etwas Mühe – einen Otter. Oder war es eine Ratte? Ich saß da mit meiner schwarz gefleckten, unförmigen Leopardin. Als wollte ich das Gegenstück zu ihren Masken erschaffen.

Eine Helferin schleppte einen Sack herbei, stellte ihn zwischen uns. Die anderen drängten hinzu, kicherten fröhlich und griffen eifrig in den Sack hinein. Als ich endlich an der Reihe war, zog ich aus dem Sack ein schwarzes Stoffstück heraus. Jemand stieß mich an und der Stoff fiel in den noch am Boden liegenden feuchten, rotbraunen Ton. Ich versuchte, ihn zu entfernen, verwischte ihn jedoch noch mehr und dreckte den Stoff zusätzlich ein. Missmutig hielt ich ihn in der Hand, sah die anderen sich mit dunkelroten, braunen und sonnengelben Stoffen schmücken, während mir der mit braunen Tonflecken verdreckte blieb. Seltsamerweise ähnelte er der Farbtönung der Maske.

»Jeder Mensch hat ein Tier, das ihm entspricht. Bei dir ist es der Leopard. Die Maske hat dir das gezeigt.« Die alte Hilfspriesterin Adah sagte das eher nebenbei, bevor sie mich zum abendlichen Holzsammeln schickte.

Ein Tier, das mir entspricht – was sollte das heißen? Adahs Worte gingen mir nicht mehr aus dem Kopf. Das Ergebnis meiner Bastelei war doch reiner Zufall.

Der reizvollste Teil allerdings fehlte in diesem Leopardengesicht – die Augen. Dieses klare, kraftvolle und dennoch kühle und distanziert grüne Leuchten. Eigentlich war es ein schwarzer Knubbel, auf dem sich die helleren Linien abhoben. Linien, die auf meiner Maske eher wie Narben wirkten und nichts von der chamäleonhaften Anpassungsfähigkeit seines angeblichen Vorbilds hatten.

Wir kamen mit unseren Holzbündeln, die wir auf dem Kopf balancierten – was mir Ifeoma noch mit viel Geduld beigebracht hatte –, zurück in den *compound*. Die Priesterinnen hatten die Masken inzwischen auf lange Stecken gesetzt und die von uns ausgewählten Tücher darum drapiert. Die Köpfe hatten Körper bekommen, die sich im Wind bewegten. Sie standen dort und warteten wie Geister, die jemand zum Nichtstun verurteilt hatte: die zarte Antilope, das dicke Schwein, das hasenartige Tier, die runde helle Ratte, der dicklippige Fisch, der fremde Leopard. Ich glotzte die schweigende Versammlung im Schatten des großen Baums verblüfft an. Was war geschehen, stellte das einen abgründigen Schabernack dar?

Urika opferte wie jeden Abend ihrem Feuergeist ein paar Spritzer Blut und dunklen Schnaps. Die Sonne gab ihre Kraft an das Feuer ab, sobald das schwarze Tuch der Nacht sich über dem Himmel entfaltet hatte. Würden die Maskentiere von ihrem sicheren Beobachterposten zuschauen, stumme Zeugen bleiben? Okes Helferinnen führten uns zu den Masken, halfen uns, die jeweils eigene Maske anzulegen. Die von den Halmen gebohrten Löcher dienten als Befestigungsösen für Lederbänder, die Maske und Gewand hielten. Zunächst war ich erstaunt über das Gewicht des Leopardenkopfs, der mein Gesicht umklammerte wie ein irdener Handschuh. Ich roch den von der Sonne gebrannten Lehm, der kaum Luft zum Atmen durchließ. Die beiden Öffnungen für meine Nasenlöcher saßen viel zu weit unten. Die Schlitze für die Augen befanden sich etwas unterhalb meiner eigenen Augen. Nichts sah ich mehr von meiner Umgebung, nur noch Schwärze. Ich schob die Maske hin und her, bis ich endlich sehen konnte. Doch was ich sah, war nicht der *compound*, in dem ich mich befand, sondern ein Bild dieses Gehöfts, ein Ausschnitt, geformt durch die Sehschlitze. Ich war durch meine Leopardenmaske von der Welt getrennt, in der ich mich gleichzeitig befand, denn meine nackten Füße berührten ja den harten Boden, signalisierten mir, dass ich mich neben dem Baum mit seinen Wurzeln befand. Und dennoch war ich abgeschieden. Die Schwere des fremden Gesichts und die harten Lederbänder behinderten die natürlichen Bewegungen, die mein Kopf ausführen wollte.

Oke bedeutete uns, ihr zu folgen. Ein Gänsemarsch von Masken bewegte sich steif hinter der dicken Priesterin her – quer durch das gesamte Gehöft, bis wir uns vor dem Altar von Mutter Erde wieder fanden. Oke wurde ein schwarzes Huhn gebracht, das aufgeregt mit den Flügeln schlug. Sie schwenkte das zappelnde Tier über dem Erden-Altar, schrie Worte aus, die einen Gesang darstellen sollten. Mit einem Ruck ohne jede Eleganz, ruppig, mit eckigen, ausufernden, abschreckenden Bewegungen packte sie den Vogel, dunkle Tropfen spritzten über den geweihten Platz. Auf irgendeine

Weise fühlte ich mich durch die Maske auch geschützt vor Okes brutaler Körperlichkeit.

Die Trommlerinnen hatten unsere kleine Prozession begleitet. Vor dem Altar begannen sie und Oke einen dunklen, summenden Gesang, den ein Aufklatschen und Ausstreichen des Tons auf der Trommel untermalte. Es war ein – sollte ich eine Farbe als Beschreibung wählen – dunkelbrauner Ton, der in meinen Ohren schwang. Der Gesang bestand aus Worten, die ich nicht verstand, welche meine Lippen aber nachahmten. Was dabei entstand, war eine noch dumpfere Schwingung, die sich innerhalb der Lehmhaut der Maske brach und sich zu meinen Ohren fortsetzte. So hörte ich die unverständlichen Worte, die ich von mir gab, doppelt, innerhalb und außerhalb meines Kopfes. Dieses doppelte Geräusch, das schon bald jenes von außerhalb der Maske herrührende verdrängte, ließ mich schwindlig werden.

Urplötzlich traf mich ein Strahl klebriger, warmer Flüssigkeit, tropfte über die Ränder der Maskenaugen ab wie dicke Tränen. Erschrocken taumelte ich zurück, glaubte im ersten Augenblick, es wäre das Blut des Huhns. Doch dann gewahrte ich, dass Oke eine Flasche Palmwein in der Hand hielt, aus der sie trank, um das Zeug sodann gegen die wilden Tiere zu spucken, die wir geworden waren. Der Altar der Erdenmutter und die anderen Masken drehten sich um mich. Tänzelnd gelangten wir zum Feuer zurück, immer noch diesen eigentümlichen, mir unverständlichen Brummgesang von uns gebend.

Das nachlässige Schleifen des Trommelklangs verebbte, fand in einen stimulierenden Rhythmus. Das Gefühl der Beengung steigerte sich, Schweiß brach mir aus, der weniger von der körperlichen Anstrengung des Tanzes in der immer noch stickig warmen Luft des frühen Abends herrührte. Ich fühlte mich eingeschnürt, der Druck auf meinen Kopf umklammerte meinen ganzen Körper. Das Gefühl des Eingesperrtseins schlug um in eine Art Wut und Verzweiflung.

Mich um meine eigene Achse drehend, starrte ich auf die fremden Tiere, die mich anglotzten mit ihren starren Gesichtern. Vor allem die schlanke, hochmütige Antilope ärgerte mich regelrecht. Sie senkte immer wieder den Kopf und bewegte sich auf mich zu. Ich wich zurück und prallte gegen einen anderen Körper, zuckte zurück. In der folgenden Drehung glotzte das dicke Schwein mich an, hob drohend seinen feisten Kopf. Wieder schrak ich zurück, prallte gegen den viel zu großen Hasen, der mit seinen kräftigen Hinterbeinen nach mir treten wollte. Vor Schreck über diesen unerwarteten Angriff stolperte ich und lag unvermittelt auf dem Boden. Eine Weile blieb ich so, während das Trommeln in meinem Kopf dröhnte und meine Wut in mir brodelte, aber keinen Weg fand, sich Luft zu machen. Die anderen Tiere umtanzten mich. Ich hatte das Gefühl, sie würden mich verhöhnen, weil ich zu schwach war. Selbst die Ratte und der friedliche Fisch lachten mich aus.

Die vielen Menschen, die uns zusahen, lachten, klatschten in die Hände und sangen. Sie feierten die anmutige Antilope, den tapferen Hasen und das starke Schwein, die mich in die Knie gezwungen hatten. Sie bewegten sich alle auf mich zu, in kleinen tanzenden Schritten, sie hatten mich besiegt. Ich wollte fliehen, aber es gab keinen Ausweg. Immer enger wurde der Kreis, der mich umschloss. Ich spürte meine Schultern, rollte sie vor und zurück, meine Hände scharrten über den harten Boden, während ich gleichzeitig die Muskeln in meinen Beinen anspannte. Ich senkte den Kopf und hob ihn wieder von ganz weit unten, um die Menge, die mich gefangen hielt, anzufauchen.

Zuerst wich die dunkle Masse zurück, schaffte einen größeren Raum. Dann, als ich mein Fauchen wiederholte, sprang der ängstliche Hase davon, versteckte sich in der Menge, schließlich entfernte sich das Schwein mit einem hellen Quieken. Nur Antilope, Ratte und Fisch blieben mit mir in dem Kreis, wobei die Antilope sich zwischen die beiden anderen und mich stellte. Die Sprünge, die ich ausführte, folgten dem Takt meines rasenden Herzens. Trotzdem gelang es mir nicht, Ratte und Fisch zu packen.

In der Brust spürte ich einen brennenden Schmerz, hustend und keuchend hielt ich inne, fühlte mich dieser Verfolgungsjagd nicht mehr gewachsen. Als ich die klaffende Lücke in der Menschenmenge sah, stürzte ich darauf zu. Schreiend nahmen die anderen Reißaus. Ich hastete an ihnen vorbei, hinaus aus dem *compound.*

Das Licht im Boden

Das Fieber der Raserei legte sich so schnell, wie es über mich gekommen war. Ich erreichte das auf absurde Weise fremd wirkende Bett, das immer noch vor meiner Hütte stand, ließ mich erschöpft auf die Kante sinken und atmete langsam und schwer. Ungeschickt versuchte ich, die beengende Maske von meinem Gesicht zu zerren. Die Lederriemen saßen fest, wie angeleimt. Bleischwere Müdigkeit senkte sich auf mich. Nichts als schlafen wollte ich, aber zuvor musste ich die Maske loswerden. Ich irrte umher auf der Suche nach jemandem, der mir helfen konnte, traf aber niemanden. Gehetzt rannte ich zurück hinter den Zaun des *compounds,* wo die anderen Tiere inzwischen zu einem fröhlichen Tanz gefunden hatten.

Als sie mich sahen, lachten und klatschten sie, eilten auf mich zu, nahmen mich in ihre Mitte, wo ich zwischen Antilope, Hase, Schwein, Ratte und Fisch tanzte. Wir sprangen gelöst wie Kinder im Schein des Feuers umher. Ich war richtig glücklich, mein Abenteuer überstanden zu haben. Zwar fauchte ich noch einige Male, aber lachte dabei, dass ich das helle Echo in meinem Kopf vibrieren hörte. Aus dem Tanz war das Spiel übermütiger Kinder geworden.

Zuerst nahmen wir den Hasen hoch. Beileibe kein leichtes Unterfangen, aber alle Frauen gemeinsam schafften es. Wir hievten ihn auf unsere Arme und trugen ihn durch den *compound.* Mehrere Male warfen wir ihn in die Luft und fingen ihn gemeinsam wieder auf. Plötzlich packten sie mich und hoben mich hoch, drehten sich immer schneller mit mir im Kreis. Dann flog ich hoch. Ich hatte fast den Eindruck, durch die vielen Menschen hindurchzufliegen, die sich versammelt hatten. Es war ein überwältigender, fröhlicher Augenblick voller Vertrauen in die Gemeinschaft der Frauen, der all die Schwere von mir fallen ließ, die mich in der Zeit davor umfangen gehalten hatte. Ich fühlte mich geborgen und gut behütet in dieser großen Runde meiner Mitfrauen.

Nur eine schien unsere Ausgelassenheit nicht teilen zu wollen. Oke saß völlig reglos und schwerfällig neben dem Feuer. Ihre großen Hände ruhten wieder auf den runden Knien.

»Darf ich die Maske jetzt abnehmen?«, fragte ich völlig außer Atem. Oke nickte. Sie bedeutete mir, mich vor ihr hinzuknien und meinen Kopf über ihren Schoß zu halten. Ich fühlte mich, als ob ich vor einem Scharfrichter knien sollte, kurz vor der Hinrichtung. Nahm einen scharfen, stechenden Geruch wahr, der aus der Felltasche in ihrem Schoß aufstieg. Mir wurde schwindlig.

Oke bereitete es keine Mühe, die Maske von meinem schweißnassen Kopf zu nehmen. Unsanft zog sie die leicht klebende Maske von Gesicht und Haaren, wobei sie mir ein kleines Büschel ausriss. Warum behandelte sie mich so hasserfüllt? Selbst der wunderschöne Augenblick des Getragenwerdens verlor sich durch Okes düstere Art.

Jetzt war ich nur noch müde und wollte schlafen. Ich hängte meine Maske vor die Hütte auf den Stab und drapierte den Stoff rundherum, ließ mich kraftlos auf die Schlafmatte am Boden sinken. Mein Körper lechzte nach Schlaf und Entspannung, gleichzeitig war ich zu aufgewühlt, um mich entspannen zu können. Mein Verstand machte Sprünge, mein

Herz pochte, im ganzen Körper spürte ich das Pulsieren meines Blutes. Niemand war in der Nähe, mit dem ich mich hätte austauschen können. Ob Laya noch in dieser Nacht zurückkam?

Ich fiel in unruhigen Schlaf, träumte wirr. In einem dieser Träume lag ich in finsterer Nacht auf dem Waldboden. Plötzlich begann die Erde, die mich getragen hatte, zu leuchten. So, als würde die Wärme meines Körpers in den Boden eindringen. Ganz allmählich breitete sich das Licht unter mir aus, veränderte dabei seine Intensität. Fasziniert sah ich diesem Schauspiel zu, bewegte mich nicht, eine Starre hatte sich über mich gelegt. Aber da war keine Angst oder Panik, sondern Neugier, was wohl passieren würde. Die Gefahr erkannte ich erst, als das hervortretende Licht seine Dimension veränderte. Es war mein Licht, es ging von mir aus – und jetzt schien es mich in den Boden hineinzuziehen. Jeden Augenblick drohte ich in die Tiefe abzustürzen, die sich unter mir auftat. Um mich an den Lehmrändern festzuhalten, die die klaffende Wunde in der Erde einrahmten, ruderte ich verzweifelt mit Armen und Beinen. Meine Finger krallten sich in den Boden, meine ausgestreckten Zehenspitzen kratzten an dem Schlund aus Licht entlang, bis sie endlich Halt fanden.

Endlos dauerte dieser Kampf gegen den Sturz in das helle Licht, in das ich währenddessen hinabblickte. Seine Farbe war so ganz anders als das transparente Nichts, in das ich im Tempel von Mammy Water aufgestiegen war. Unter dem weißlich gelben Licht, das mich blendete, tobte ein roter Funkenregen wie von einem Vulkan, dessen herausgespiene Partikel das Licht durchdrangen. Ich erschrak, meine Zehenspitzen, die sich kaum in der Erde einkrallen konnten, rutschten ab, mein Körper sackte nach unten. Ich spürte die zerstörerische Hitze an den Fußsohlen, strampelte wie wild, um mich am Rand der Spalte wieder nach oben zu hangeln.

Ich wollte die Augenlider zusammenpressen, um nicht mehr hineinsehen zu müssen. Aber da war etwas, das mir sagte, ich sollte sehen. Also riss ich die Augen weit auf, voller Angst und zugleich voller Neugier. Es war der Ball der Sonne, die ihre Feuer aus der unergründlichen Tiefe unter mir hochschleuderte. Horizontal versetzt, gleichsam neben dieser Eruption, flackerte ein blaues und grünes Licht, klar und strahlend wie ein Regenbogen. Dehnte sich hinter diesem Regenbogen – weit entfernt – nicht ein grünes, hügeliges, ganz und gar liebliches Land, in das ich aufbrechen sollte? Jetzt und sofort? Wie konnte es möglich sein, dass die Welt unter mir nicht nur eine Dimension hatte? Sich nicht nur in die Tiefe, sondern auch in die Breite dehnte? Und war das wirklich ein durch unsere Dimensionen definierter Raum? Oder lagen die Ebenen nicht vielmehr in- und übereinander? Meine Wahrnehmung, mein Verstand schien bereits in diese verschobenen Ebenen zu reisen, wurde aber zurückgehalten von meinem Körper, der sich wie ein Netz darüber spannte. Eine eigenartige Situation: Mein Körper war oberhalb meines Bewusstseins und hielt es dennoch fest. Dieses Zerren an den beiden Teilen meines Ichs schmerzte, während ich Arme und Füße nicht mehr spürte, die der von unten einwirkenden Schwerkraft Widerstand leisteten.

Das Licht des Landes im Regenbogen zog mich mit Macht an; ich suchte nach einem Ausweg, dem Funkenregen des Vulkans zu entgehen. Ich sah nur eine Möglichkeit: meinen Körper in den Funkenschauer zu entlassen, während ich selbst dem Regenbogenland entgegenschwebte. Ich löste meinen Blick von der lockenden klaren Weite, sah noch einmal nach unten, bevor ich mich auf den Weg machen wollte. Jetzt spürte ich wieder die verzehrende Hitze; es erschien mir keineswegs mehr sicher, das Regenbogenland erreichen zu können.

Ich presste meine Augenlider zusammen, um nicht den Anblick der gierigen Funken ertragen zu müssen. Schlagartig schloss sich die Spalte, auf der ich lag. Mit einem Ruck fühlte ich die harte Erde unter mir, als schlüge ich aus größerer Höhe darauf auf. Ich konnte wieder atmen. Erleichtert schlug ich die Augen auf.

Neben mir kniete Laya, sah mich mit angstgeweiteten Augen an. »Mitfrau Ilona, hörst du mich?«, fragte sie besorgt.

Ich brauchte einen Augenblick, um zu verstehen, wo ich war: in meiner Hütte, auf der Matte. Die kräftigen Strahlen der bereits über den Hütten stehenden Sonne fielen durch die niedrige Tür. Ich hätte längst aufgestanden sein sollen, um mich an die Tagesarbeit zu machen!

»Was ist passiert?«, fragte ich.

»Du hattest die Maske auf dem Gesicht. Ich habe sie dir abgenommen.«

Ich erinnerte mich deutlich, die Maske vor der Hütte an den Stecken gehängt zu haben. War ich schlafwandelnd aufgestanden und hatte sie mir wieder über den Kopf gestülpt? Ich setzte mich auf. Neben meiner Schilfmatte lag die Leopardenmaske. Sie wirkte fremdartig verändert. Zögernd griff ich nach ihr. Die Augen, eigentlich leere Höhlen, waren mit feuchten grünen Blättern verschlossen worden. In den Nasenöffnungen steckten Haare. Sie waren rotblond – meine eigenen Haare! Ratlos starrte ich das Ding an.

»Jemand hat sie dir aufgesetzt, damit du nicht zurückkehrst«, sagte Laya. Sie wirkte betroffen, verunsichert.

»Was hat das zu bedeuten?«, fragte ich.

»Wenn du träumst, geht deine Seele auf Reisen. Danach kehrt sie wieder zurück. Liegt die verschlossene Maske auf deinem Gesicht, kann die Seele nicht wieder in deinen Körper.« Laya sprach leise, fast kaum verständlich.

Layas Worten zufolge hatte ich meinen seelischen Fast-Tod

erlebt. Mein Körper begann auszudrücken, was mein Verstand nicht zu artikulieren vermochte: Ich zitterte. Laya nahm mich in die Arme, bis ich mich beruhigt hatte.

»Du solltest niemandem erzählen, was geschehen ist.« Mehrmals wiederholte sie den gleichen Satz. Mit mir selbst viel zu beschäftigt, registrierte ich erst jetzt, dass die junge Frau selbst zitterte. Ich schien weniger von ihr tröstend im Arm gehalten zu werden als vielmehr sie beruhigen zu müssen.

»War jemand hier?«, fragte ich schließlich. Laya hob ratlos die Schultern. Ich roch den Duft nach frischer Luft und Wald, der in ihren Haaren hing. »Wo kommst du überhaupt her? Seit wann bist du zurück? Wie geht es Ifeoma?« Die Fragen sprudelten aus mir heraus.

»Ifeoma ist gesund, die Hebamme sagt, ihrem Kind geht es gut. Darum bin ich heute in der Dämmerung losgegangen. Ich wollte hier sein, bevor die Hitze zu stark wird. Ich kam an und hörte dich in der Hütte. Du stöhntest und röcheltest. Und dann habe ich dich hier gefunden.«

»Laya, du scheinst mir das Leben gerettet zu haben. Aber ich verstehe es nicht! Wie konnte das mit mir geschehen?«

»Die Maske auf deinem Gesicht ist eine Botschaft, die dir die Ahnen geschickt haben«, sagte Laya langsam, als koste sie jede Silbe eine unglaubliche Überwindung. Wir hielten uns immer noch in den Armen, einander gegenseitig stützend. Sie sprach so leise, dass ich ihren Atem dicht an meinem Ohr spüren konnte.

»Aber was hat das zu bedeuten?«, fragte ich, ohne mich zu bewegen, in ihre zurückgekämmten, dichten schwarzen Haare hinein. Laya schob mich sanft zurück, blickte auf die Matte, auf der wir kauerten: »Ich weiß es nicht, Mitfrau Ilona. Nur die Priesterinnen können es dir sagen. Sie verstehen Zeichen und Symbole, die wir nicht verstehen.«

Auf der harten Matte knieten wir einander gegenüber. Wir spürten wohl beide, dass uns etwas verband. Und im gleichen Augenblick auch trennte. So, als ob zwei verschiedene Kräfte auf uns einwirkten und dadurch gleichzeitig lähmten.

»Willst du Victor heiraten?«, fragte Laya unvermittelt. Sie hielt den Blick auf die Matte gesenkt.

Ich hatte Layas Frage im ersten Augenblick nicht verstanden. Sie kam zu überraschend. »Wie meinst du das?«, fragte ich verblüfft zurück. »Ist irgendetwas im Palast passiert? Hast du etwas Neues von Victor gehört? Weißt du, ob es ihm gut geht?« Ich suchte in dem schönen Gesicht der in diesem Augenblick fast kindlichen Frau nach einer Antwort. Aber sie schwieg.

»Es ist nichts«, sagte sie schließlich, »ich habe nichts von ihm gehört. Es wird ihm sicher gut gehen.« Laya stand auf: »Ich muss mich bei Odame melden, ihr sagen, dass ich zurück bin.« Sie ging zur Tür.

»Danke, dass du mir geholfen hast«, sagte ich. Und hatte das Gefühl, als umklammere ein eiserner Handschuh mein Herz.

Die Sonne lag an diesem Morgen hinter einem dichten Teppich aus milchig weißen Wolken, es herrschte eine drückende Schwüle. Das flirrende Licht schien die verwirrende Intensität jener Vision zu haben, die ich im Mammy-Water-Tempel hatte. Meine Augen gewöhnten sich gerade an diese Helligkeit, als ich sah, dass Laya wenige Schritte von meiner Hütte entfernt vor einer großen Frauengestalt, die ich im Gegenlicht nicht erkennen konnte, in die Knie ging und ihr die Hand küsste. Eine Weile verharrten die beiden so, dann stand Laya auf und beide umarmten sich lange. Laya lief hinüber in den *compound,* wo sie verschwand.

Ich konnte mich nicht mehr aufrecht halten. Vor Schmerzen ließ ich mich auf den Boden vor der Hütte fallen. Die dunkle Gestalt kam zu mir; ihr Gesicht konnte ich gegen die Helligkeit nicht erkennen, es schien dunkel wie eine schlafende Maske zu sein. Ich sah zu der Person, die Laya so ehrfurchtsvoll begrüßt hatte, empor wie ein Baby, das auf seine Mutter sieht.

Ich versuchte, meinen *wrapper* fester um mich zu schlingen. Meine Fingerkuppen waren voll rotbrauner Erde, meine Nägel darunter abgebrochen. Meine Fußsohlen schmerzten, als wäre ich barfuß über weite Entfernungen gelaufen. Reflexartig blickte ich hinunter; meine Sohlen sahen aus, als ob sie verbrannt wären. All diese Eindrücke wurden zusätzlich von dem schweren Blick belastet, der auf mir ruhte.

Oke drückte mich in eine Liegeposition, packte beherzt meinen Knöchel und drehte meine Fußsohlen so, dass sie sie untersuchen konnte. Ihre Mundwinkel zeigten bedrohlich abwärts. Okes Hand hielt mein Fußgelenk eisern fest. Wie hatte ich, ausgestreckt auf einer Schlafmatte liegend, mir die Laufflächen meiner Füße verbrennen können? Und wie konnte es sein, dass Oke bereits auf eine Behandlung vorbereitet war?

Diesmal förderte sie aus einem speckigen Stoffbeutel feucht-grüne, rund geformte Blätter zu Tage, die etwa die Größe von Feigenblättern hatten. Sie drückte die Blätter gegen meine Fußsohlen, was zunächst den Schmerz verstärkte, gleich darauf aber kühlend wirkte. Routiniert behandelte sie so beide Fußsohlen, verwehrte mir aber einen Blick darauf. Etwas später ließ sie die Blätter wieder in ihrem Beutel verschwinden, rieb eine Paste in meine Füße ein, stand auf und ging, ohne ein Wort zu mir gesprochen zu haben.

Ratlos untersuchte ich meine Füße: Die Sohlen waren zwar stark gerötet, doch weit davon entfernt, verbrannt auszusehen. Sie wirkten eher stark durchblutet. Die Paste färbte meine Füße zusätzlich rot, fast wie mit Henna bemalt. Ein leichter Wind kam auf und die bunten kleinen Vögel in den Bäumen zwitscherten laut. Eine kleine bunte Feder fiel in meinen Schoß. Wunderbare Ruhe überkam mich. Ich streckte mich auf dem warmen Boden aus, bedeckt von dem Schatten eines großen Baumes, auf dessen Wurzeln mein Kopf ruhte, und nickte ein. Die Stimme Layas weckte mich: »Ich muss zurück zum Palast«, sagte sie. »Oke bittet mich, einen Botengang für sie zu machen. Aber du wirst auch ohne meine Hilfe zurechtkommen. In den nächsten vier Tagen wirst du bei Urika lernen. Sie spricht sehr gut Englisch.«

»Kommst du denn nicht zurück?«

»Noch brauchst du mich nicht«, antwortete Laya vielsagend.

Das Herz Afrikas

Für mich hatte die Zeit begonnen, in der ich mich nach Luft und Erde mit dem männlichsten aller Elemente befasste – dem Feuer. Urika war die Priesterin des Feuergeistes, jenes Gottes, dessen Altar für alle unübersehbar in der Mitte des *compounds* stand. Sein Instrument ist die Trommel. Nicht viele Frauenbünde weisen wie Odames Kult Frauen in den Gebrauch der Trommel ein. Deren Frauen pflegen eine Tradition, in der Frauen ebenso wie Männer alle Elemente verehren dürfen. Meine Mitschülerinnen lauschten wohl deshalb umso begieriger Urikas Unterweisung, galt es doch, hier fremdes männliches Terrain zu erobern. Wir hatten uns dazu am Rande der Lehmhütten außerhalb des *compounds* niedergelassen, damit unser Getrommel den anderen Frauen nicht zu sehr auf die Nerven ging. Ich fand es einen spannenden Gegensatz, dass ausgerechnet die große, hagere, vielleicht sogar ein bisschen verbittert wirkende Urika uns im Trommeln unterrichten sollte. So etwas hätte ich eher der drahtigeren Ajira oder der fröhlichen Kome zugetraut.

Urika ging den Unterricht pädagogisch geschickt an. Sie fragte: »Du kannst doch ein bisschen Yoruba. Weißt du, was in dieser Sprache *Vater* heißt?«

»Baba«, gab ich als Antwort. Und schon lachte Urika! Ich blickte sie irritiert an. Was war denn daran falsch?

Urika nahm ihre fellbespannte Trommel, in deren Mitte sich zwei dicke Wachskleckse befanden und deren Korpus aus einem nicht zu dicken Kürbis bestand. Mit ihren beiden schwieligen Händen klopfte sie auf die Wachsflecken: ba-ba. Beide Male war das »a« ein tiefer Ton, der sehr väterlich klang. Nun schlug sie noch einmal, diesmal jedoch beim zweiten »ba« auf den Rand der Trommel, was ein helles »ba« ergab. Gerade so, wie ich es ausgesprochen hatte. Nun erklärte sie mir den Unterschied: Das letzte hieß *klein.* Was das Gelächter erklärte. Um meine Verwirrung komplett zu machen, schlug sie anschließend neben die Wachskleckse und dann darauf: mittel/dunkel. Das hieß *groß.* Eine vierte Ba-ba-Kombination hieß *Getreide.* Ein achtsilbiges Ge-ba-ba hieß *großer kleiner Vater Korn.* Ich schnaufte tief durch: Wie sollte ich so etwas erlernen?

Urika verfügte über ein ihrem Stand entsprechend umfangreiches Arsenal an Trommeln. Die runde, die ich kennen gelernt hatte, war nicht die berühmte »sprechende Trommel«. Die trägt nämlich oben und unten ein Fell, dazwischen einen sanduhrförmigen Korpus, der mit längs gespannten Schnüren umrahmt ist. Diese Trommelart klemmt man unter die Achselhöhle. Wird mit einem gebogenen Schlägel gegen eine Fellseite geklopft, so werden gleichzeitig die Schwingungen und Töne durch das Drücken des Arms gegen die von Fellseite zu Fellseite gespannten Schnüre verändert. So entsteht eine wesentlich kompliziertere Klangfolge. Die Wissenden verstehen diese Sprache und können sich auch über große Entfernungen Botschaften senden.

Ich hatte die Trommel vor allem für ein Rhythmusinstrument gehalten. Doch sie ist weit mehr, wie Urika mir zeigte: Die Trommel kann sprechen. Dabei erreicht sie nicht nur das Hirn, sondern auch das Herz, sogar den ganzen Körper! »Die Trommel ist ein Bote zwischen Körper und Seele«, erklärte Urika, »du kannst sie wie Medizin benutzen. Sie entspannt dich. Sie kann dir aber auch helfen, dich zu konzentrieren. Nimm dir einfach einmal eine Trommel, setz dich irgendwohin, wo du niemanden störst. Du wirst merken, dass die Trommel dich gesund machen kann, wenn es dir schlecht geht!«

Mit den beiden Frauen, mit denen ich schon in der Schwitzhütte ganze Bäche von Schweiß verloren hatte, sowie zwei jüngeren Frauen, die ich in Urikas »Trommelkurs« zum ersten Mal sah, saß ich in der brütenden Sonne. Urika hatte uns große, sanduhrförmige Trommeln anschleppen lassen. »Du wirst es jetzt selbst versuchen«, ermunterte sie mich in Englisch, nachdem sie es den anderen Frauen in der Stammessprache gesagt hatte, »aber es geht nur, wenn du auf dein Herz hörst. Es gibt dir den Rhythmus vor. Und vergiss, was die anderen neben dir tun.«

Anfangs fiel es mir nicht leicht, mich auf die Trommel einzulassen. Durch die ungewohnte Körperhaltung – ich saß vornübergebeugt, das dickbauchige Instrument klemmte zwischen meinen Beinen – verspannte ich mich. Mein Wunsch, alles »richtig« zu machen, um eine Afrikanerin zu werden, entfernte mich zunächst innerlich von ihr. Meine Hände patschten hilflos, orientierten sich am Rhythmus der anderen, die Handflächen schmerzten. Meine Augen suchten Urikas Beistand, aber sie war längst mit ihrer Trommel verschmolzen. Wie machte sie das nur?

Es gab keine Pause. Die Mittrommlerinnen saßen mit Hingabe versunken. Und ich suchte meinen Rhythmus. Nicht aufgeben, rief meine innere Stimme. Meine Handflächen flogen auf das Fell, meine nackten Beine spürten die harte Schale des getrockneten Kürbisses, die Schwingungen erreichten mich. Endlich schloss ich die Augen, sah die zylindrischen Stämme des Baobab, des Affenbrotbaums, der so unbeweglich den Zeiten trotzt. Die Gluthitze, die der Himmel auf die Erde schickt, ließ die Luft kaum merklich vibrieren, versetzte den Boden, auf dem ich saß, gleichzeitig in Schwingungen. Ich glaubte, das Blut in meinem Körper zu sehen, hatte das Gefühl, den Herzschlag von Erde und Sonne in mir zu spüren. Längst hatte ich vergessen, was ich tat, was mein Körper dazu sagte; ich war nur noch Gefühl. Stunden muss ich mich in diesem Zustand befunden haben.

Nicht Urikas Trommel holte mich aus meiner Entrückung zurück, sondern eine Art von Wind, der meine schweißnasse Haut umschmeichelte. Erst nach einiger Zeit begriff ich, dass es beständiges Rasseln war. Es ging aus von einem *sere* genannten Instrument, einem kleinen, getrockneten Kürbis, in dessen hohlem Inneren die Kerne gegen die Außenhaut schlugen. Das leichte, lockernde Geräusch befreite mich von der schweren Schwingung der Trommel, entspannte mich.

Wir lernten auch, die Rassel leicht und spielerisch zwischen Daumen und Zeigefinger zu halten. Wie die Trommel folgt sie nicht einem vorgegebenen Rhythmus. »Lausche auf die Gefühle, die aus deinem Körper herausfließen«, sagte Urika. Denn erst dann tritt das Zusammenspiel zwischen Geist und Körper ein. »Wenn du es richtig machst, trennst du die beiden voneinander. Damit der Geist frei und unbeschwert auf Reisen gehen kann«, versprach Urika. Und sie meinte damit jenes wundervolle Erlebnis im Tempel, als ich das Licht der Klarheit sah und die Stimmen hörte. Während die Trommel mit ihren dynamischen Schwingungen in jenem Körperbereich wirkt, der unterhalb des Kopfes liegt, kam es mir immer so vor, als wirbelten die Kürbiskerne der *sere* in meinem Kopf, machten ihn leicht, öffneten mich in gewisser Weise »nach oben«, wohingegen die Trommel die Verbindung »nach unten« darstellte. Diese gegensätzliche Paarung hebt Wirkungen auf – oder leitet sie ein.

Ich versuchte mich an diesem Abend noch einmal an der Trommel. Als das Feuer neben dem Tanzplatz bereits brannte, setzte ich mich hinter die Trommel. Wieder war für mich der Anfang das Schwerste, aber ich ignorierte meine Hemmungen, indem ich mir sagte: »Ich will keine Show für die anderen abziehen. Ich tue es für mich selbst. Mir ist jetzt einfach danach.« Mein erstes zögerndes Bam-bam-bum-bum lockte die Rundliche der beiden Mitschwitzerinnen, wie ich sie insgeheim immer nannte, an. Sie setzte sich neben mich, begann genauso zögerlich wie ich. Unser Blick kreuzte sich. Sie lachte mich an. Erstaunlich! Nach Tagen suchte sie wortlosen Kontakt zu mir. Über die gemeinsame Stimmung, die uns verband! Ich lächelte zurück. Und dann fingen wir an.

Die Dritte aus der Hütte, Trommel-Neuling wie wir beide, gesellte sich zu uns. Erst der fragende Blick. Dann hatten wir drei eine Schwingung. Was sollte das ganze Reden! Es ging ums Fühlen. Wir trommelten einfach drauflos. Keine Ahnung, wie lange. Wieder einmal schwitzten wir ganz schrecklich, aber es machte Spaß. Irgendwann kamen andere Mädchen mit Trommeln, die ich schon öfters in diesen Tagen hatte tanzen, aber noch nie trommeln sehen, und verstärkten unseren Kreis. So abschreckend kann unser Sound nicht gewesen sein. Denn immerhin nahm ich irgendwann wahr, dass sogar einige der Mädchen und auch ältere Frauen, die als Helferinnen der Priesterinnen immer anwesend waren, sich zu unserem Getrommel anmutig auf dem Tanzplatz bewegten.

»So schlägt das Herz Afrikas«, dachte ich, »im Takt der Trommel.« Es ist kein Instrument für die Kunst, es ist eines für das Herz. Die Trommel baute wortlos Brücken zwischen den vielen Frauen, die ich alle niemals namentlich kennen lernen konnte, und mir. Gemeinsam fühlten wir uns wohl, weil der gleiche Rhythmus in uns pulsierte. Irgendwann verließ ich völlig außer Atem meinen Platz hinter der Trommel, suchte mir einen am Rande der Tanzfläche, wo ich ausgepowert, aber glücklich schnaufend durchatmete.

Inzwischen tobten und tanzten an die vierzig Mädchen und Frauen im Schein des Feuers. Die Jüngeren, die über eine bessere Kondition als ich verfügten, wechselten von der Trommel auf den Tanzplatz – und umgekehrt. Ein harmonischer Wechsel, als flössen die Energien der Frauen regelrecht ineinander. War das nicht Odame, die da tanzte? Natürlich. Die alte Mammy-Water-Priesterin bewegte sich mit leicht schlurfenden Schritten hin und her, die Arme anmutig angewinkelt, die Augen fast geschlossen, versunken in sich selbst. Auch viele der anderen Alten ließen sich von der an diesem Abend entspannenden Musik lockern, während junge Mädchen zu der gleichen Musik schneller und ausgelassener tanzten – ein angenehmes, leichtes Miteinander.

Am Vortag hatten einige der ganz jungen Mädchen, die nun noch hinzukamen, gemeinsam mit Urika kleine Bändchen mit Glasperlen gestaltet, die sie um ihre Fußfesseln trugen. Kleine Glöckchen saßen zwischen dem bunten Schmuck, die eine helle, willkürliche Melodie anstimmten. Eine Melodie, die nicht nur meine Ohren erfreute, sondern auch die jungen Männer anregen würde, welche die Mädchen eines Tages verführen würden. Die Tänze, in denen sie sich an diesem Abend übten, nahmen das Spiel mit dem anderen Geschlecht vorweg, begleitet von gelöstem Teenager-Gekicher.

Die Formationen, die sich bildeten und lösten, ergaben nach und nach einen Sinn für mich: Während einige einen Kreis formten, tanzten andere in der Mitte. Die äußeren Tänzerinnen drehten sich seitlich zu den inneren, schoben ihre Bäuche nach vorn und ließen kreisen, was ihnen an Körperrundungen bereits von Mutter Natur gegeben war. Sie rückten immer näher zusammen, die Schenkel berührten sich,

Bäuche und Brüste schmiegten sich aneinander, um sich wieder voneinander zu entfernen. Die Trommel begleitete die lasziven Bewegungen mit einem ähnlichen Seufzen und Stöhnen, wie es sich aus den Mündern der Tänzerinnen erhob. Schließlich mündete die gemeinsame Bewegung unter den nun wilden Schlägen der Trommel, die zu empfinden schien, was die Tänzerinnen fühlten, in eine große Umarmung, ein harmonisches Einswerden, das von Summen und Singen begleitet wurde. Die Mädchen weiteten den Kreis, klatschten und lachten.

Körperlichkeit wurde erprobt, völlig frei, denn junge Männer hatten hier keinen Zutritt. In einem anderen Rahmen, zu einer anderen Zeit würde dieser Tanz gewiss sein Ziel erreichen. Es war die Probe für den großen Auftritt. Sexualität ist auch in Afrika mit Tabus besetzt und wird nicht offen gezeigt, drückt sich aber im Tanz aus. Sehr direkt und sinnlich. Andererseits führte mir dieser erotische Tanz vor, was ich selbst kurz zuvor hinter der Trommel gespürt hatte: Wenn sie den Takt vorgibt, beginnt das Herz Afrikas zu schlagen, damit das enge Miteinander der Frauen entstehen kann. Das verborgene Herz Afrikas liegt im Gefühl der Frauen zueinander. Ganz deutlich hörte ich das in ihrem befreiten Lachen, das tief aus ihrem Bauch aufstieg, alle Sinne erfasste und öffnete.

Obwohl der Tanz in Urikas Zuständigkeit fiel, genoss sie in dieser Nacht das Zusehen. Ihr Blick folgte gelegentlich dem unbeschwerten Tanz der Glühwürmchen, während sie gedankenschwer an ihrer Pfeife zog. Der starke, süßlich aromatische afrikanische Pfeifentabak entfaltete ein angenehmes Aroma, das mich zu der alten Priesterin hinzog. Urika benutzte ein extrem langes schwarzes Pfeifenrohr, dessen Kopf auf dem Boden ruhte. Bis zu diesem Abend hatte ich wenig mit ihr gesprochen, hielt sie für ziemlich verschlossen.

Auf dem Gesicht der 60-Jährigen, auf dem sich nie der Widerschein ihrer Emotionen abzeichnete, spiegelte sich lebendig der Schein der Flammen, deren heißem Element sie diente. Obwohl die schwere Frau so reglos dem Tanz der anderen zusah, schien sie innerlich daran Anteil zu haben.

»Ich habe dich beobachtet«, sagte Urika zu mir, ihrer Schülerin. »Die Trommel hat dich befreit von einem großen Druck, der auf dir lag.« Ich sah meine Lehrmeisterin überrascht an. Es war das erste Mal, dass eine der älteren Frauen so offen mit mir sprach!

»Das hat gut getan«, antwortete ich ehrlich.

»Du hast lange gebraucht, um die Stimme der Trommel zu hören«, sagte sie und ihr großer Kopf nickte bedächtig.

»Ich habe das vorher noch nie gemacht. Ich hatte befürchtet, dass die anderen sich über mich amüsieren würden.«

Urika lächelte weise: »Viele Menschen leben zu sehr mit dem Kopf«, sagte sie. Sie hatte zwar nicht gesagt: *weiße* Menschen. Ich jedoch bezog ihre Worte eindeutig auf mich.

»Das ist mein großes Problem«, gab ich zu, »denn in der weißen Kultur, aus der ich stamme, haben es Menschen, die sich von ihrem Gefühl leiten lassen, oft schwer. Darum unterdrücken sie ihre Emotionen.« Gerade für mich als Managerin waren sie geradezu verpönt, hätte ich hinzufügen mögen.

»Oh, das ist nicht nur in deiner Kultur so!« Urika verdrehte die Augen. »Ich habe nicht immer hier gelebt. Eine Zeit habe ich in den Städten verbracht. Glaube mir, ich weiß, wovon du sprichst.« Sie zog an ihrer Pfeife und blickte dem Rauch sinnierend nach: »Ich würde dort nicht wieder leben wollen. Es macht die Menschen krank, wenn sie nur noch ihrem Kopf folgen und nicht mehr auf ihren Bauch hören.«

Odame hatte uns zwar bereits in ihrer Lektion im blauen

Tempel von Mammy Water nahe gebracht, dass das Leben einer Afrikanerin traditionell in drei Schritten abläuft. Und der letzte, nach den Wechseljahren, eigentlich der interessanteste ist. Das jedoch sagte nichts aus über das Leben der Priesterinnen *vor* ihrer Zeit im Kult. »Kommst du denn nicht aus Williams Dorf?«, fragte ich Urika vorsichtig.

»Oh nein, ich komme aus einer ganz anderen Gegend. Viele hundert Kilometer von hier. Meine Familie stammt aus Benin.« Urika machte eine kleine Pause, dann holte sie tief Luft, bevor sie sagte: »Die Zukunft liegt nun einmal in der Vergangenheit, also musst du deine Vergangenheit kennen, um deine Zukunft glücklich gestalten zu können. Aber mir ging es wie vielen Menschen in der Großstadt. Sie kennen ihre Vergangenheit nicht. Sie leben einfach vor sich hin. Sie stellen sich auch nicht die Frage, warum sie unglücklich sind. Würden sie anfangen, darüber wirklich nachzudenken, dann würden sie irgendwann beginnen, sich über ihre Vergangenheit Gedanken zu machen.« Wieder folgten ihre Augen dem Tanz der Glühwürmchen: »Ich stamme aus einer katholischen Familie, meine Eltern wanderten mit meinen Geschwistern nach Nigeria aus. Mein Vater glaubte, dort mehr Geld verdienen zu können.« Doch das Gelobte Land im Osten des damaligen Dahomey zeigte sich den Neuankömmlingen gegenüber spröde; Armut, der sie zu entkommen gehofft hatten, umgab sie. »Mein Vater hatte nicht mal das Geld, um mich in die Schule zu schicken«, sagte Urika. »Wir lebten in Ibadan, gemeinsam mit Millionen von anderen Menschen, die keine Hoffnung hatten. Wir wohnten im Slum. Aber ich wusste, nein, ich fühlte, dass das nicht richtig war, obwohl ich nichts anderes kannte.« Sie sah mich kurz an: »Und weißt du, wieso ich es fühlte? Weil ich von meiner Großmutter träumte. Sie erschien mir immer wieder. Ich fragte meine Mutter. Und sie erzählte mir von ihr. Die ersten

Jahre meines Lebens hatte ich bei ihr verbracht. Aber ich hatte das alles vergessen! Es war zu lange her.«

»Du hast daran gelitten, dass du deine eigenen Wurzeln verloren hattest«, sagte ich.

»Ich sehe, du hast gelernt«, sagte Urika und lächelte mich an. »Ich kenne wenige Weiße, die zu uns kommen, um von uns zu lernen. Sie wollen immer, dass wir von ihnen lernen. Du kannst zuhören. Weiße reden sonst sehr viel. Das ist gut, dass du zuhören kannst.«

»Danke«, sagte ich.

Urika schüttelte den Kopf: »Ich bin eine alte Frau. Ich mache einer jungen keine Komplimente. Ich möchte dir etwas von meinem Leben erzählen. Nicht um dir zu sagen, wie gut oder wie schlecht ich es hatte. Sondern damit du es weißt. Du hast noch viel vor mit deinem Leben. Und darum ist es gut, wenn du etwas von meinem Leben weißt.« Noch einmal schenkte sie mir einen kurzen, offenen Blick, bevor sie wieder die Glühwürmchen studierte: »Was weißt du von deinen Großmüttern?«

Ich schluckte. In meinem Kopf war eine große Leere. Wie weit Deutschland entfernt war! Ich dachte einen Moment nach: »Nicht viel«, sagte ich, »die Mutter meiner Mutter war eine liebe Frau, die viele Kinder hatte und hart arbeitete. Aber ich habe sie nur selten gesehen. Vaters Mutter zog meinen Vater allein groß; sie hatte ein hartes Leben, das sie hart gemacht hat.«

»Sie lebte ohne ihre Familie, sagst du? Einsamkeit ist nur für die gut, die ohnehin schon stark sind. Aber die anderen werden nur durch die Gemeinschaft stark. Darum leben wir Frauen zusammen mit anderen Frauen. So wie die Männer zusammen mit Männern leben.« Sie sah hinüber zu den jungen Mädchen. Jedes weitere Wort wurde durch diesen Anblick überflüssig. »Wenn ich dir also von meinem Leben erzähle, dann höre die Worte einer alten Frau, als wären es die Worte, die deine Großmutter zu dir sagt.«

Eine eigentümliche Atmosphäre von Anspannung und liebevollem Aufgenommenwerden lag in der warmen Luft dieses späten Abends.

Eine traurige Liebesgeschichte

Urikas Pfeife war erloschen; sie machte keine Anstalten, sich eine neue zu stopfen. »Übermutig greifen die Hände des Feuers in die Nacht hinein. Es verliert seine Kraft und vergeht an sich selbst. So ist die Jugend. So sind wir alle. Und wir wissen es. Aber es ist nicht zu ändern. Sonst gäbe es kein Feuer und keine Jugend. Das Feuer erlischt, die Sonne entzündet ein neues.«

»Hat das Feuer deiner Jugend hell gebrannt?«

»Hast du einmal gesehen, was passiert, wenn sich zwei Feuer sehr nahe kommen?«, fragte mich Urika. »Für einen Moment stoßen sie sich ab, dann werden sie zu einem noch viel stärkeren Feuer«, gab sie sich selbst die Antwort. »Alles, was zwischen ihnen war, verbrennt. Es bleibt nur Asche.«

Mir lief ein Schauer über den Rücken. Was meinte sie mit diesem Bild der Zerstörung? Etwa eine eigene, längst vergangene Liebe, von der nur ein Haufen Asche übrig geblieben war? Kam daher dieser Ausdruck der Verbitterung, den ich manchmal in ihrem Gesicht zu sehen meinte? Ich traute mich nicht, noch etwas zu sagen. Urika fuhr nach einer Weile fort: »Auch aus Asche entsteht neues Leben. Nur dauert es lange. Geduld ist die Stärke der wenigsten Menschen. Sie sehen Asche und wissen nicht, dass sie bereits den Neubeginn in sich trägt.« Wieder schwieg Urika, sah ihren Schülerinnen zu, die aufs Neue in einen ausgelassenen, sinnlichen Freudentanz gefunden hatten.

»Hat das Feuer deine Liebe verbrannt?«, fragte ich, dachte aber an ein tatsächliches Feuer, nicht jenes der Leidenschaft.

»Du willst also eine traurige Geschichte hören?« Ich nickte zaghaft und ahnte nicht, dass ich im Begriff war, an ein Familiengeheimnis zu rühren, das mich nicht nur direkt betraf, sondern mein weiteres Leben beeinflussen würde. Urika erzählte mir zunächst, dass ihr Vater als Arbeiter geholfen hatte, die Universität von Ibadan mit aufzubauen. Das war 1948 und Urika für eine unverheiratete Frau »sehr alt« – über zwanzig. Sie verkaufte gemeinsam mit den Geschwistern auf dem entstehenden Campus Speisen, die die Mutter gekocht hatte. 15 Jahre nachdem die Familie die Heimat verlassen hatte, begann sich ein Reichtum einzustellen, der sich danach bemaß, dass alle satt wurden. Die ersten schwarzen Studenten wurden bestaunt wie Exoten. Bis dahin hatte die Oberschicht ihre Söhne nach England geschickt. Einer dieser Söhne war Charles.

»Er kam jeden Tag, um sich bei mir etwas zu essen zu kaufen. Als ich seinen Geschmack kannte, kochte ich schon frühmorgens Speisen eigens für ihn, die er sich dann bei mir holte.« Sie lächelte. »Ja, so machte ich ihn auf mich aufmerksam.« Urika verließ ihre Familie. Von den ersten 23 Jahren ihres Lebens hatte sie 18 in Ibadan verbracht. »Ich mochte diese große Stadt nie. Als Charles mich fragte, ob ich seine Frau werden wollte, war ich glücklich. Denn er eröffnete mir, dass ich mit ihm und seiner ersten Frau hier leben durfte, wo es Bäume und Wasser gibt.«

»Er war bereits verheiratet?«, fragte ich.

»Oh, Charles stellte mich seiner ersten Frau vor. So wie es die ungeschriebenen Gesetze unseres Stammes verlangen.

Sally, so hieß Charles' erste Frau, und ich, wir mochten uns sehr.« Keinerlei Eifersucht klang aus Urikas Worten. Ganz im Gegenteil: Dass Charles verheiratet war, war eine Selbstverständlichkeit. »Alle potenten Männer haben mehrere Ehefrauen. Das muss so sein«, fügte Urika ausdrücklich hinzu. Erst nach der Geburt des ersten Kindes wurde Urika formell in die Gemeinschaft der Stammesfrauen aufgenommen – genau ein Jahr nach ihrer Heirat.

»Charles war ein guter Mann, er sorgte für mich und unser Kind«, sagte Urika. Urika und Sally, die sogar noch etwas jünger als Urika war, zogen die insgesamt drei Kinder gemeinsam groß. Urika hatte in einen großen Clan hineingeheiratet und verstand allmählich, welche Rolle ihrem Charles zufiel: »Er sollte als ältester Sohn Nachfolger seines Vaters werden. Als König.«

Ich stutzte: Wie viele dieser Könige mochte es geben? Wer war dieser Charles? Ich hielt an mich und lauschte Urikas Worten.

»Charles reiste viel, war wochenlang unterwegs, sein Studium war auch noch nicht beendet. So ließ er seine Frauen viel alleine. Die Stammessprache lernte ich schnell. Und ich mochte die Rituale und Traditionen.« Lernen fiel Urika nie schwer, denn von Kindesbeinen an musste sie sich – neben der Stammessprache ihrer Eltern – mit drei ihr fremden Sprachen vertraut machen: dem offiziellen Französisch ihres Heimatlandes Benin, der Yoruba-Sprache der Gegend um Ibadan und dem Englischen, der Amtssprache Nigerias. In der neuen Umgebung kam Charles' Stammessprache hinzu. Dass seine erste Frau Sally die Rolle der künftigen Königin mit all den damit verbundenen Verpflichtungen übernehmen würde, war Urika klar. Als zweite Frau hatte jedoch auch sie eine bedeutende Aufgabe – die Pflege der Traditionen. Doch die galt es zunächst zu lernen.

»Ich kam hierher so wie du. Als Initiandin in die alten Bräuche von Charles' Familie.« Allmählich ging mir der tiefere Sinn unseres nächtlichen Gesprächs auf. Urika wollte mich auf eine Parallele zwischen ihrem und meinem Leben aufmerksam machen.

Im Clan freundete sie sich mit Kalla an, deren Mann William sich noch seltener im Palast blicken ließ als Charles: William war Charles' ein Jahr jüngerer Bruder und studierte in England. William? Meine Aufmerksamkeit wuchs. Urika bezeichnete Kalla als Schönheit. Sie hatte sehr helle Haut und war wesentlich jünger als Urika. Während William noch in England war, begann eine Liebschaft zwischen Urikas Mann Charles und ihrer Schwägerin Kalla.

»Charles hatte sich mit der ›Krankheit der Weißen‹ infiziert. Aber wir anderen wussten es nicht.« Es war Hepatitis; Charles steckte zuerst Kalla damit an. Kalla übertrug den Virus auf ihre eigenen Kinder, die wiederum Urikas kleinen Sohn ansteckten. Zuerst raffte der Virus die Kinder dahin, dann Kalla und Charles' erste Frau Sally, schließlich starb Charles selbst. Nur Urika blieb übrig. Eine Fremde, zur damaligen Zeit Tagesreisen entfernt von der Heimat.

»Die Ahnen unseres Stamms verlangen, dass der nachgeborene Sohn einer Familie die Witwe seines älteren Bruders zur Frau nimmt.« Urika sprach emotionslos. Eigentlich hätte alles zusammengepasst, wenn es nach dem Willen der Ahnen gegangen wäre: William und Urika, beide verwitwet, beide betrogen, sollten die Familie weiterführen und wurden folglich verheiratet. Doch so einfach geht das auch in Afrika nicht.

»William hatte in England eine weiße Frau gefunden, die er heiratete. Ich galt zwar als seine erste Frau, aber er hat mich nie als seine Frau angesehen. Er kam selten zu uns in den Palast. Einmal brachte er seinen Sohn mit, um ihn den

Ältesten vorzustellen. Der Junge war fast weiß. Er trug Windeln und einen Anzug, wie ihn die erwachsenen Männer in der Stadt anhaben. Dann reiste William wieder mit ihm ins Land der Weißen. William kam erst zurück, als sein Vater gestorben war und seine weiße Frau sich von ihm scheiden ließ. Da war das Feuer meiner Jugend bereits erloschen.«

Was Urika mir erzählte, betraf mich tatsächlich. Es war die Geschichte von William. Das kleine Kind in Anzug und Windeln war niemand anders als mein Prinz, mein Victor. Ausgerechnet von dieser um ihr Leben betrogenen Frau wurde ich in die Sitten und Gebräuche seines Stammes eingeweiht: von Williams rechtmäßiger Frau, von Victors Stiefmutter. So musste man Urika nach unseren Maßstäben wohl nennen. Betroffen und beschämt über die Taktlosigkeit, mit der Williams Clan mit Urikas Gefühlen umsprang, schwieg ich.

Nach einer Weile begann Urika, wieder zu sprechen: »Ich habe mein Schicksal angenommen. Ich schloss mich Odame an. Was meine Großmutter mir in meiner frühen Kindheit beigebracht hatte, erlernte ich wieder. Stück für Stück kehrte meine Erinnerung zurück. Wir roden unsere Felder oft mit dem Feuer; sobald der Regen auf die Asche fällt, sprießt neues Leben. Ich musste erst sehen, wie das Feuer des Lebens alles zerstörte, um daraus neue Kraft zu schöpfen. Vielleicht hätte ich sonst nie zu Odame gefunden, könnte nicht dem Geist des Feuers dienen. Ich habe meine Bestimmung gefunden und kann dir meine Geschichte erzählen, während wir hier am Feuer zusammensitzen.«

»Weiß Victor all das?«, fragte ich.

»Wasser zweier Quellen tragen Victor. Die eine entspringt in den Bergen und führt klares, junges Wasser mit sich. Die andere Quelle entspringt weit hinten im Land. Ihr Wasser ist rot gefärbt vom Blut unserer Mutter Erde. Victor vereint diese beiden Wasser in sich.« Urika seufzte schwer, bevor sie fortfuhr: »Victor glaubt an den Gott der Weißen. Er benennt ihn mit einem anderen Namen und ehrt seine Kraft auf andere Weise als wir. Ich weiß, dass es derselbe Gott ist, der uns liebt. Möge er Victor die Zeit geben, dass das junge Wasser der Berge, das ihn zu uns zurückbrachte, sich mit dem alten Wasser der Heimat, das die Farbe unserer Erde hat, zu einem mächtigen Strom mischt, der Victor und dich trägt.«

Diese Antwort Urikas werde ich nie vergessen; sie war wie ein Orakel. Ich dachte zu jener Zeit öfters an einen Spruch, den mir meine *Beraterin* Mila aus Lagos mit auf den Weg gegeben hatte. Mila verstand sich auf schwarze und weiße Magie, die gute und die schlechte Seite des magischen Handwerks einer Hexe. Nachdem sie das Orakel geworfen hatte, las sie darin zunächst etwas Gutes: »Du wirst einen Mann treffen. Er ist anders als alle anderen.« Dann aber vertiefte sie sich erneut in die Lage der kleinen weißen Kaurischnecken und gab ihren typischen hässlichen Schnalzlaut von sich, der ihr Missfallen zum Ausdruck brachte: »Du musst auf euer Glück aufpassen. Da ist etwas, das gegen eure Liebe arbeitet. Es kann sein, dass es diese Liebe zerstört.«

Die zwei Quellen, deren Wasser Victor trugen – Urika meinte Europa und Afrika. Und ich wusste nur zu gut, dass es Victor bislang keineswegs gelungen war, diese beiden Energien in sich zu vereinen. Im Gegenteil – er litt darunter, war ein Zerrissener. Konnte die Zeit einer Initiation reichen, um die beiden Wasser seiner Herkunft zu einen? »Ich bete für Victor«, sagte Urika. »Denn es gibt in seiner Familie einige, die sich große Sorge um die Zukunft des Clans machen.« Deutlicher wurde sie nicht. Aber ich hatte verstanden. Nur wenn Victor die Zerrissenheit seiner Herkunft überwand, hatte er die Stärke, die seine Familie brauchte. Niemals hätte die alte Frau offen ausgesprochen, dass sie ihren Stiefsohn für einen untauglichen Nachfolger seines Vaters hielt. Oder, was noch undenkbarer gewesen wäre, dass sie die Pläne ihres Mannes William für falsch hielt. So weise eine Frau auch war, es stand ihr nicht zu, ihren Mann zu kritisieren.

Ich schickte einen vorsichtigen Blick zu meiner weisen Lehrmeisterin: »Und wenn Victor es nicht schafft? Wenn er immer spürt, dass ihn zwei Wasser tragen?«

Urika hob das Kinn, sah hinüber aufs Feuer. »Das wird der Rat der Ältesten herausfinden.« Dann schwieg sie. Und ich wusste, dass sie selbst diesem Rat angehörte, denn Urika hatte ihren festen Platz neben Odame, der Ältesten. So also sah sie aus, die Macht des Geheimbundes der Frauen: Offene Kritik an den Männern wurde nicht geübt. Keine Konfrontation, sondern Abstimmung der Frauen untereinander, auch und gerade über das Schicksal der mächtigsten Männer im Clan. So beklemmend diese Erkenntnis auch war, ich suchte gleichzeitig einen Trost in diesen zahlreichen Querverbindungen: Zumindest Urika hatte angefangen, mich zu respektieren.

Die Augen weiterhin auf das lebendig lodernde Feuer gerichtet, sagte Urika: »Die wahre Stärke eines Mannes sind seine Frauen. Die Ahnen haben dafür gesorgt, dass Victor zwei Frauen hat, die so wie die beiden Quellen sind, deren Wasser ihn tragen. Und sie sind beide sehr stark.«

Ich wäre fast aufgesprungen. Urika wusste demnach, wer die andere Frau war, dieses 15-jährige Kind, von dem Victor gesprochen hatte, das er aber selbst nicht kannte. »Wer ist sie?«, fragte ich mühsam beherrscht.

»Du kennst sie bereits.«

»Wirklich? Darf ich ihren Namen nicht wissen?«

»Du wirst erfahren, wer sie ist, wenn die Ahnen glauben, dass der Zeitpunkt der richtige ist.« Sie sah mich mit einem Lächeln an: »Und jetzt geh tanzen. Dein Kopf ist schwer von den vielen Worten einer alten Frau.«

Ich stand auf, mühsam, als lägen schwere Lasten auf mir. Ich überlegte, wie ich dieser würdevollen Frau für ihre Offenheit danken konnte. Immerhin nahm sie im komplizierten Stammesgeflecht den Platz meiner zukünftigen Schwiegermutter ein. Trotzdem konnte ich ihr nicht einfach einen Kuss auf die Wange geben. Ich machte zwei Schritte zu Urika, kniete mich vor ihr hin, nahm ihre schwielige Hand und küsste sie. Ich hatte diese Geste Laya abgeschaut. So hatte sie Oke begrüßt an dem Morgen meines Todestraums unter der Maske.

»Möge Gott dich beschützen, Mitfrau Ilona«, hörte ich Urika sagen.

Mitfrau Laya

Am folgenden Morgen verließ ich meine Hütte noch vor Sonnenaufgang. Ich hatte kein Ziel, lief ruhelos im erwachenden Urwald umher, lauschte den kreischenden Affen, den singenden und streitenden Vögeln. Ihr übermütiges Zwitschern hellte meine Melancholie auf. Als die Sonne ihre glutvolle Scheibe rasch über das Blätterdach schob, hatte ich bereits eine Weile am Wasser gesessen. Ich hob die Hände gen Osten, ließ die Sonne in mich hineinströmen und übte lange das bewusste Atmen, das Ajira mich gelehrt hatte.

Natürlich hatte ich während meines Umherwanderns auch ernsthaft überlegt, ob ich nicht in den Palast zurückkehren sollte, um Victor eine Botschaft senden zu lassen. Er musste erfahren, welche Bedeutung seine eigene Einweihung hatte. Das hatte mir das Gespräch mit Urika bewusst gemacht. Ich verwarf meine Gedanken. Denn dies war die mir damals unlösbar erscheinende Widersprüchlichkeit aller Prophezeiungen, wenn man sie in dem Augenblick verwerten will, in dem man lebt: Das Orakel wies mir die Gefahren, ich suchte nach einem Weg, mit diesem Wissen umzugehen, und fürchtete, dass genau dieses Wissen die beschworenen Gefahren hervorrufen würde: Hätte ich das Dorf der Frauen verlassen, hätte ich versagt. Versagte ich, war das der Beweis, dass ich die falsche Frau für Victor war. Blieb ich andererseits, so konnte ich Victor nicht erreichen. Folglich gab es nur eine Möglichkeit: mich dem Lauf der Dinge anzuvertrauen – und darauf zu bauen, dass auch Victor Menschen träfe, die ihm die Augen öffneten und dadurch den richtigen Weg weisen würden.

An dieser Stelle hatte mich am ersten Morgen der genetzte Leopard am Wasser begrüßt. Sosehr ich mir auch wünschte, die Leopardenfrau wieder zu sehen – sie zeigte sich nicht. Nach langem Warten machte ich mich hungrig auf den Weg zurück zum *compound*, in Gedanken versunken. Meine Sinne waren derart sensibilisiert, dass ich glaubte, eine rufende Stimme wahrzunehmen, gleichzeitig aber dachte, sie käme aus mir selbst. Auf dem schmalen Grat, von dem ich jederzeit stürzen konnte, hieß ich die Stimme zu schweigen. So dauerte es eine Weile, bis ich mir eingestand, dass tatsächlich jemand rief. Ich blieb stehen und lauschte, aus welcher Richtung die Stimme wohl kommen möge. Dann rannte ich los, dem verzweifelten, doch unbestimmten Ruf entgegen. Das Geräusch meiner nackten Füße war auf dem weichen Boden der Fluss-Senkung kaum zu hören. Wohl aber mein keuchender Atem. Plötzlich sah ich: Zwischen dem üppig wuchernden Grün stand blökend eine Ziege, einen dicken Strick um den Hals. Sie stand da vollkommen paralysiert. Wo kam sie her? Wer hatte sie dorthin geführt? Warum war das Tier allein? Langsam ging ich auf die Ziege zu, ruhig auf das Tier einredend.

»Ilona, hier bin ich! Schick sie weg! Bitte!«

Ich schrak zusammen. Die Situation war völlig irreal: Hatte die Ziege mit mir gesprochen? Doch die Stimme, die zur Ziege zu gehören schien, kam aus einer anderen Richtung. Langsam drehte ich mich um meine eigene Achse. An einen Baum gepresst stand Laya, zitternd wie Espenlaub. Etwas oberhalb von ihr, in den Ästen, lag die dunkel genetzte

Leopardin, *meine* Leopardendame, die Hinterläufe angezogen, sprungbereit. Keine von uns dreien rührte sich.

»Bist du verletzt?«, fragte ich reflexartig, starrte dabei aber gleichzeitig gebannt und fasziniert die Leopardin an.

»Sie soll weggehen«, jammerte Laya.

»Willst du die Ziege in den *compound* bringen?«, fragte ich. Laya antwortete nicht. In diesem Augenblick fiel mir Bami, ihre Schwester, ein. Alles machte plötzlich einen Sinn: Laya hatte die Ziege aus dem Dorf mitgebracht, damit das Tier für Bamis Genesung geopfert werden konnte. Würde die Raubkatze die Ziege reißen, hätte das sicherlich irgendeine rituelle Bedeutung – welche auch immer. Mein Blick war gebannt auf die gefleckte Schönheit auf dem Ast gerichtet.

»Geh«, sagte ich in meiner Muttersprache, »verschwinde, los, mach schon. Das ist Bamis Opfertier!«

Zunächst geschah nichts. Die Leopardin blieb ungerührt, fixierte mich mit ihren glutvollen Augen. Die Schwanzspitze zuckte unruhig. Die Ohren bewegten sich vor und zurück, als ob sie in alle Richtungen lauschen würde. Nur kurz fragte ich mich, ob eine recht gut im Fleisch stehende Weiße für eine Leopardin nicht ein unvergleichlich köstlicherer Braten sein könnte.

»Such dir etwas anderes zum Fressen. Hau ab!«, rief ich laut.

Sie riss ihr zahnbewehrtes, rosa schimmerndes Maul auf, knurrte, als wäre sie über mein Eingreifen verärgert, und machte sich lässig davon. Die Zweige, die sie geteilt hatte, waren längst wieder in ihre ursprüngliche Position zurückgefedert, als ich immer noch auf das Blattwerk starrte. Leoparden durchstreifen riesige Reviere nach Nahrung. Wahrscheinlich war es nichts Ungewöhnliches, mehrmals einem Leoparden im heiligen Hain weiser Frauen zu begegnen, überlegte ich mir.

Die Ziege jedenfalls erholte sich schneller als Laya und ich von dem gemeinsamen Abenteuer und machte sich auf die Suche nach schmackhaftem Grün. Ich lief hinter ihr her, dem lose baumelndem Strick wie einer Schleppe folgend. Von Dankbarkeit hielt das Tier nicht viel – es lief einfach davon. Für eine Ziege macht es bestimmt keinen Unterschied, wie sie zu Tode kommt – rituell durch Menschenhand oder durch Leopardenzähne. Endlich bekam ich den Strick zu fassen, gemeinsam folgten Laya und ich der Ziege, die wie ein Hund vor uns herlief, als würde sie den Weg zur Kultstätte kennen, sich in das Unabänderliche fügen.

Laya schwieg. »Die Ziege soll sicherlich geopfert werden«, sagte ich, »damit deine Schwester wieder gesund wird?«

Laya schenkte mir einen scheuen Blick: »Mein Vater ist sehr verärgert über Bamis Feigheit. Er sagt, ihr Tod würde die Ahnen besänftigen.« Ich bezog das natürlich auf den Tod der Ziege. Aber Laya fuhr fort: »Meine Großmutter ist jedoch anderer Meinung als mein Vater. Sie sagt, das Blutopfer der Ziege würde ausreichen, um die Ahnen um Vergebung zu bitten und gnädig zu stimmen.«

Langsam verstand ich: Bamis Vater wollte den Tod seiner Tochter, nicht den der Ziege.

»Wenn der Leopard die Ziege gerissen hätte, so hätte dein Vater Recht gehabt. Dann hätten die Ahnen das Opfer abgelehnt?«

»Du bist mit dem Leopard verbunden«, sagte Laya, »nur du konntest es verhindern.«

Ich seufzte. Jetzt ging das schon wieder los! Es war doch wirklich reiner Zufall gewesen, dass ich überhaupt gehört hatte, wie jemand rief. »Laya«, sagte ich matt, wohl wissend, dass ich gegen meinen Ruf kaum noch etwas mit Worten auszurichten vermochte, »wahrscheinlich hätte der Leopard dir und der Ziege gar nichts getan.« Etwas anderes an Layas

Erzählung interessierte mich noch: »Es war Oke, die gesagt hat, das Blutopfer der Ziege würde ausreichen?« Konnte es sein, dass Oke, die so verärgert über die missratene Beschneidung gewesen war, sich trotzdem milde zeigte?

Laya lächelte nachsichtig: »Nicht Oke. Sie ist die Mutter meines Vaters. Ich meine Fara.«

Rasend schnell ging ich die vielschichtigen und undurchsichtigen Verwandtschaftsbeziehungen Victors durch. Fara war doch die Mutter von William, also Victors Großmutter. »Dann ist Victor dein Bruder, so wie Bami deine Schwester ist!«

Endlich verstand Laya, dass ich nichts verstanden hatte. Sie lachte nachsichtig, dann erklärte sie mir: »William ist mein Onkel, mein Vater ist Sunny. Victor ist mein Cousin.« Demnach mussten Fara und Oke Schwestern sein, denn beide trugen für die Enkelin Laya den Titel einer Großmutter. Schön und gut. Was mir an der Sache allerdings überhaupt nicht gefiel, war die Rolle von Sunny. Dieser Mann, der mir auf Anhieb unsympathisch gewesen war, war der Vater von Laya. Laya, meiner Mitfrau, mit der mich inzwischen drei recht einschneidende Erfahrungen verbanden.

Gemeinsam trabten wir hinter der geretteten Ziege her. »Ihr seid eine große Familie. Für mich ist es nicht leicht, das alles zu verstehen«, nahm ich den Faden wieder auf.

»Mitfrau Ilona, du wirst Zeit haben, uns alle kennen zu lernen«, entgegnete Laya sehr weise.

»Lebst du eigentlich ständig im Palast?«, fragte ich sie.

Laya schien auf diese Frage irgendwie gewartet zu haben. Sie sah mich von der Seite an, zögerte aber mit der Antwort auf die recht harmlose Frage, deren Hintergrund ganz simpel war: Ich hoffte auf Laya als gute Freundin und vielleicht auch Beistand, nicht nur in Familienfragen.

»Bald nach meiner Geburt wurde ich Großmutter Fara

gegeben, der Mitfrau meiner Großmutter Oke.« Die Erziehung der Mädchen ist Sache der Omas, wusste ich inzwischen. Fara oblag die Familienpolitik und der gesamte Palast, während Oke sich mehr um die kultischen Belange der Erdgottheit kümmerte. Laya fuhr fort: »Mir wurde vorbestimmt, die Nachfolgerin von Großmutter Fara zu werden.«

Ein harmloser Satz. Zunächst einmal. Seine Bedeutung überstieg für den Moment meinen Horizont. Entsprechend unpassend fiel meine Antwort aus: »Dann wirst du einmal eine sehr bedeutende Frau. Dein Wort wird großes Gewicht haben.«

Laya wurde immer einsilbiger: »Ja.«

Ich wurde stutzig: »Willst du das etwa nicht?«

»Großmutter Oke hat vor meiner Geburt die Ahnen befragt. Sie haben ihr gesagt, welchen Weg ich zu gehen habe.«

Der *compound* lag bereits in Sichtweite, die Ziege zog uns immer näher heran, schutzlos waren wir der prallen Sonne ausgeliefert. Unvermittelt zog Laya die Ziege mit einem Ruck an sich heran, das Tier antwortete mit einem Aufmeckern.

»Ich habe mit Victor noch kein einziges Wort gewechselt«, sagte Laya. Sie setzte sich auf den roten Boden. Hilflos stand ich einen Augenblick neben ihr, dann tat ich es ihr gleich. Ich sah Laya fragend an. Worauf wollte sie hinaus?

»Mitfrau Ilona, ich weiß, dass es sich nicht schickt, so offen zu sprechen. Ich möchte dich um etwas bitten.«

Meine Kehle war wie zugeschnürt, ich schluckte trocken: »Ich würde mich freuen, wenn wir gute Freundinnen sein könnten«, sagte ich heiser.

Statt ihre Bitte direkt zu formulieren, begann Laya mit einem weiteren Exkurs in ihre Familiengeschichte: »König Serri war der Vater König Williams, Großmutter Fara seine älteste Frau.« Ich erinnerte mich an das Gespräch mit Urika:

Williams älterer Bruder war jener an Hepatitis gestorbene Charles. Somit war Victor in dieser Familienlinie automatisch Thronfolger und Erbe König Serris. »Victor ist Williams einziger Sohn, und darum hat Victor die Frau zu heiraten, welche die Ahnen dazu ausersehen haben.« Ich nickte verstehend. So ähnlich hatte Victor mir die Geschichte auch an unserem letzten Abend im Palast erzählt. Aber auch Urika hatte mir am Vorabend nicht offenbart, wer dieses Mädchen war. »Ich weiß«, fuhr Laya fort, »dass Victor mich niemals so lieben wird, wie er dich liebt. Doch ich werde dir helfen, deine Lasten zu tragen. Sage ihm bitte, dass ich ihm niemals zur Last fallen werde. Würdest du das wohl tun, Mitfrau?«

»Du bist die von den Ahnen ausersehene Frau Victors?«, keuchte ich.

Laya sah mich vollkommen überrascht an: »Du hast es nicht gewusst?«

Ich schüttelte den Kopf: »Nein.« Victor hatte von einem Kind gesprochen. Laya war kein Kind. Sie war eine selbstbewusste und ausgesprochen attraktive junge Frau. Ich fühlte mich wie ein Boxer nach dem Schlag auf den Solarplexus. Die drückend heiße Luft um mich herum schwirrte, die Konturen der Hütten, der Bäume und Zäune verwischten sich; ich machte keine Anstalten, meine Augen zu reiben. Was für eine Rolle spielte die Realität des greifbaren Augenblicks denn noch? Dieses junge Mädchen, das sich vor Leoparden fürchtete, sollte Victors Frau werden. So wie ich. Die Ahnen hatten das beschlossen, lange bevor Victor und ich uns das erste Mal über den Weg gelaufen waren. Und wir hatten unsere Begegnung für Schicksal gehalten. Wie dumm und naiv!

Die Zukunft entsteht in der Vergangenheit, hatte Urika am Vorabend orakelt. Jetzt bewies mir mein Leben, was das tatsächlich bedeutete: Es hieß nichts anderes, als dass ein Schicksal besiegelt wird, bevor jemand auf die Welt kommt. Ehen werden im Himmel geschlossen, sagt man. Wie wahr! Wie bitter wahr! Das also war der tiefere Sinn meiner Einweihung: Ich sollte meine Mitfrau Laya kennen lernen. Als ich mit Victor zum Palast seines Vaters fuhr, hatte ich geglaubt, ihn nur mit seinem Clan teilen zu müssen. Dann war von einem Kind als Nebenfrau die Rede. Jetzt erfuhr ich, dass diese junge Frau, die mir ebenbürtig war, jene war, mit der ich Victor teilen sollte. Darum an jenem Morgen Layas scheinbar zusammenhanglose Frage, ob ich Victor heiraten wolle. Mit welchem Wissen hatte sich diese junge Frau die ganze Zeit herumgeschleppt!

Verraten hätte ich mich fühlen sollen, wütend und enttäuscht. Doch ich griff zögernd nach Layas Hand. »Und du?«, sagte ich, »was empfindest du?« Ich erschrak sofort über meine unangemessen offenen Worte und setzte hinzu: »Ich weiß, dass sich diese Frage nicht schickt. Verzeih.«

Laya sagte nachdenklich: »Danach hat mich noch niemals jemand gefragt.«

Schweigen. Mein Kopf brannte. Ich sah Laya an, ihr Gesicht war ganz nah vor meinem.

»Ein junger Mann hat mich gefragt, ob ich ihn heiraten möchte. Ich habe ihn fortgeschickt. Er hat mich wieder gefragt. Und ich habe ihn wieder fortgeschickt. Dann ist er zu meinem Bruder Akpoviroro gegangen und hat gesagt: Ich möchte Laya heiraten. Akpoviroro hat es meinem Vater gesagt. Der hat den jungen Mann abgewiesen. Ich habe ihn nie wieder gesehen.«

»Hast du ihn geliebt?«, fragte ich sie.

»Ich weiß, dass meine Gefühle falsch waren«, entgegnete Laya. Mir lag auf der Zunge zu sagen, dass demnach auch meine Gefühle falsch wären, und zu fragen, welche Gefühle denn dann überhaupt die richtigen sein könnten. Doch ich hielt nur Layas Hand und wir beide schwiegen.

Soll ich dir eine traurige Geschichte erzählen?, hatte Urika mich am Abend zuvor gefragt. Schweigend hatte ich genickt, weil ich geglaubt hatte, stark genug zu sein, um mir das Unglück Urikas anhören zu können. Zwölf Stunden später erkannte ich, dass Laya denselben Weg gehen sollte wie Urika: einen Mann aus Tradition zu heiraten. Einen Mann, den sie nicht kannte und der seinerseits sie nicht wollte. Doch in Layas Fall war ich es, die ihr im Weg stand.

Ich erinnerte mich an die Rolle der störenden Weißen, die schon einmal Victors Mutter gespielt hatte. Ich hatte diese Frau in England Monate zuvor getroffen – und konnte mit ihr nichts anfangen. Lady Charlotte war nie nach Afrika gereist; sie mochte das Land und seine Menschen nicht. William, der weiß denkende Stammesführer, war die einzige Ausnahme gewesen. Lady Charlottes Weltbild war wieder zurückgerückt worden nach der Scheidung von William. Victor blieb der einzige Dunkelhäutige, der sich ihr nach der neuen Heirat mit einem Engländer noch nähern durfte.

Schweiß lief meinen Rücken entlang: Wo war hier meine Rolle? Hatte ich mir nicht auch einfach einen Mann ausgesucht, der mir gefiel – ohne groß nach seinem Woher zu fragen? Andererseits, war es nicht das Recht der Liebe, nicht fragen zu müssen? Nein, meine weißen Ansichten taugten hier nicht. Sie führten in eine Sackgasse. Das Mädchen, dessen trockene Hand ich immer noch hielt, hatte ebenso ein Recht auf Glück wie ich. Wie jung dieses Mädchen war – und wie viel Wissen dennoch in ihren Augen lag!

»Victor ist ein guter Mann«, sagte ich. Im ersten Augenblick erschrak ich über meine sachliche Wortwahl. So hatte Urika von ihrem verstorbenen Mann Charles gesprochen. So redeten alle Frauen von ihren Männern in Afrika. »Er wird auch gut zu dir sein.« Das klang alles so hohl, aber wie soll man Worte finden für die Tatsache, dass sich zwei Frauen einen Mann teilen sollen? Und keiner der drei Beteiligten will das; sie alle sind machtlos dem Votum der Ahnen ausgeliefert. Ich war zutiefst niedergeschlagen. Ich hatte gehofft, mich Victor mit Hilfe meiner Einweihung zu nähern. Schritt für Schritt erkannte ich, dass Afrika zwischen uns lag.

Am *compound*-Zaun wollte ich Halt machen, doch Laya nahm meine Hand und führte mich hinein: »Wir bringen die Ziege gemeinsam zu Oke«, sagte sie.

Der Kopf der Ziege

Bamis Zustand hatte sich eher noch verschlechtert. Sie schien den Weg zurück in diese Welt nicht mehr zu schaffen. Mit entsprechendem Aufwand wurde ein gewaltiges Opferfest vorbereitet. Es begann in der Glut des Morgens. Die Meisterin der Zeremonie war Oke, die ebenso wie alle anderen Frauen ein Festgewand trug. Es ließ ihre schwere Gestalt in würdevollen Rottönen erstrahlen. Trotz der enormen Sonneneinstrahlung wurde ein Feuer entzündet, das mit der Kraft des Himmelsfeuers in Wettstreit zu treten schien. Das Schicksal der Ziege wurde mit einem Kehlenschnitt besiegelt. Ausgerechnet Urika, zu der ich inzwischen die tiefste Bindung gefunden hatte, führte ihn aus. Unwillkürlich zuckte ich zusammen, als das Tier, das ich vor der Leopardendame gerettet hatte, in Sekundenbruchteilen sein Leben aushauchte.

Ich spürte, wie Layas trockene Hand meine erfasste. »Es muss sein, für Bami«, flüsterte sie.

Das Ziegenblut opferte Urika ihrem Geist des Feuers, der seinen Altar mitten im Gehöft hatte. Nachdem das Blut der Ziege verronnen war, griff Oke in die Zeremonie ein. Sie trennte den Kopf vollends ab. Oke schien ihn den umstehenden Frauen zu zeigen, präsentierte ihn zunächst wie eine Trophäe. Sie ging mit dem Kopf, aus dem gerade erst das Leben gewichen war, auf die einzelnen Frauen zu. Als ob wir ihn begutachten sollten. Einige Mädchen, scheinbar ebenso ratlos wie ich, beugten die Oberkörper zurück, mehr Verwunderung als Ekel im Gesicht. So machte Oke die Runde, jede Einzelne von uns sollte den Kopf ansehen.

Die Einzigen, die eine engere Beziehung zu dem Tier hatten, waren Laya und ich. Wir standen eng nebeneinander, sprachen aber kein Wort. Mir war unklar, was Oke vorhatte, als sie sich uns beiden näherte. Ich ging davon aus, dass auch ich den Kopf ansehen sollte. Weshalb auch immer. Vielleicht wollte sie meine Reaktion testen; immerhin hatte Laya mir indirekt bestätigt, dass mein Eingreifen das Blutopfer der Ziege erst ermöglicht hatte. Weil ich *mit dem Leopard verbunden* sei, der solch einen Hunger auf das Tier zu haben schien.

Der Ziegenkopf, den Oke in ihren groben Händen hielt, bewegte sich auf Laya zu, erreichte jetzt das Mädchen neben ihr. Mein Herz raste wie verrückt. Ich starrte das Mädchen an. Sie wich zurück. Nicht nur mit dem Oberkörper, sondern einen ganzen Schritt. Sofort stieß Oke nach, der Schädel näherte sich dem Mädchen. Abwehrend riss es die Hände hoch, lief weg. Erst als Oke mir nahe war, erkannte ich, dass sie ihre Gesichtshaut vollständig mit rötlicher Erde bedeckt hatte. Unter dieser Erdmaske war ihr eigentliches Mienenspiel nicht mehr auszumachen. Sie schien sich regelrecht versteckt zu haben hinter der Erde.

Der Kopf fuhr direkt auf Laya zu. Diese streckte die Arme danach aus, als wollte sie ihn ergreifen, doch Oke wollte ihn ihr nicht überlassen. Laya machte einen Schritt nach vorn, wiederholte den Versuch, des Kopfes scheinbar habhaft zu werden. Und wieder wich Oke aus. Und zwar direkt in meine Richtung. Sie bot mir den Kopf mit ausgestreckten Armen an! Sollte ich ihn etwa nehmen?! Meine Muskeln verspannten sich, während ich den Oberkörper nach hinten bog. Oke riss den Ziegenschädel hoch, so dass die toten, gelben, gebrochenen Augen des Tiers mich anstarrten. Ich drehte mich zur Seite, um dem Kopf zu entkommen. Aber Oke setzte nach.

Sie will dich mit dem Anblick des Kopfes regelrecht foltern, schrie meine innere Stimme, du musst etwas unternehmen. Aber was sollte ich denn tun? Meine Erfahrung mit Ritualen war viel zu gering, als dass ich hätte wissen können, wie ich mich »richtig« verhielt. Nur eines wusste ich: Ich wollte nicht ausweichen. Es war ein abgetrennter Ziegenkopf, nichts anderes sah ich darin, keinen Fetisch, keinen Geist, nur den fachgerecht abgetrennten Kopf einer Ziege, die ich ohne vorherige Planung vor dem Schicksal, im Maul eines Leoparden zu enden, gerettet hatte.

Ich sah in die weit aufgerissenen Augen Okes, die mich lauernd anstarrten. Ihr Wille brannte darauf, mich in die Flucht zu schlagen. Ich sollte versagen. Ihr leicht geöffneter Mund, der gleichwohl schwieg, verhöhnte mich als *weiße Frau*, die nichts verstand von Afrika, die hierher gekommen war, um sich einzumischen; dem Willen der Ahnen im Wege stand, wo immer sie sich gerade aufhielt.

Meine Hände zuckten hoch, versuchten, nach dem Kopf der Ziege so zu greifen, wie ich es bei Laya beobachtet hatte. Gleichzeitig zog Oke den Kopf von mir fort; ich setzte nach, berührte ihn allerdings nicht. Dabei bewegte sich Oke von mir fort, in Richtung des Altars des Feuergeistes. Ich folgte der schwerfälligen Priesterin, die sich ihrem Alter und ihrer Leibesfülle zum Trotz mit ungeahnter Behändigkeit bewegte. Und zwar rückwärts. Während ich ihr entgegenging. Oke beschrieb Kreise, die ich nachahmte, zwischen uns entwickelte sich ein stummer Tanz in Zeitlupe, mit dem Ziegenkopf. Versuchte ich, den Kopf zu packen, wich sie zurück. Endlich begriff ich den Sinn. Es war ein Machtkampf!

Gleichzeitig ein ritualisierter Streit um den Besitz des toten Kopfes.

Vielleicht dauerte dieser seltsame Tanz eine Minute, vielleicht zehn. Ich kann es nicht sagen. Schließlich aber griffen andere Hände nach dem Ziegenkopf, ein lautloses Gerangel, bei dem niemand anders die Ziege berührte als Oke. Sie gab das Ding nicht her. Immer wieder zuckten ihre Arme vor und zurück; sie erzeugte eine Begehrlichkeit, die keinen Sinn machte. Erst recht nicht für mich, die dieses Spiel mitmachte. Ich wollte den Kopf nicht, zu keinem Augenblick hätte ich den Schädel wirklich anfassen wollen, ekelte mich gleichwohl auch nicht. Nacheinander kamen Frauen, taten, als ob sie Oke den Kopf entreißen wollten, und zogen sich wieder zurück. All diese Frauen, in denen ich Helferinnen und Novizinnen erkannte, die in den Kult aufgenommen werden wollten, schien Oke mit ihrem Tanz nicht zu meinen. Immer wieder bot sie nur mir den Kopf an, um ihn mir dann wieder zu entziehen.

Inzwischen war ich schweißgebadet. Ich wollte dieses Spiel nicht mehr mitmachen. Während einer Drehung sah ich die schwache Bami auf einer zusammengebastelten Bambustrage liegen. Layas und mein Blick kreuzten sich in diesem Moment. Ohne ein Wort der Verständigung liefen wir zu Bami, schnappten die Trage und schleppten das fast bewusstlose Kind hinüber zum Feuer-Altar, direkt auf die rasend herumirrende Oke mit dem Ziegenkopf zu. Mir war, als ob Oke für den Bruchteil von Sekunden regelrecht erstarrte. Mit unserer Eigenmächtigkeit hatte sie offenkundig nicht gerechnet. Die kleine Bami, schweißnass und hochfiebrig, lag sicher zwischen den sich biegenden Rohren, während wir uns nun unsererseits um Oke mit dem Ziegenkopf drehten. Wieder begann das Spiel, bei dem Oke den Kopf vor uns tanzen ließ. Doch diesmal hielten wir die Trage, konnten nicht ausweichen. Wir flohen regelrecht vor dem uns verfolgenden Kopf. Quer durch das ganze Gehöft ging die aberwitzige Jagd, die kleine Bami schwankte beängstigend in dem wackeligen Gestell hin und her. Irgendwo musste doch ein Ort sein, wohin wir entkommen konnten. Die übrigen Frauen wollten sich das Spektakel natürlich nicht entgehen lassen, rannten hinter uns und Oke her.

Sie trieben uns in die äußerste Ecke des *compounds,* eine weitere Flucht war unmöglich. Lange konnte ich diesen kräftezehrenden Tanz nicht mehr mitmachen. Auf keinen Fall durften meine Kräfte nachlassen, so dass Bami am Ende noch auf den harten Boden kullerte. Panisch sah ich mich um: Wir waren in der hintersten Ecke, dort wo sich die Altäre für die Geister von Erde und Luft befanden. Wir standen direkt vor Mutter Erde. Aus den Augenwinkeln sah ich, dass sich eine große Frau einen Weg durch die Tänzerinnen bahnte, musste mich aber auf die mich ganz in Anspruch nehmende Bami auf der Trage konzentrieren.

Plötzlich lag der abgetrennte Ziegenkopf auf dem Schoß der schwachen Bami. Ich hatte nicht mitbekommen, was geschehen war. Die stämmige Frau, die den Kopf dort platziert hatte, musste ihn irgendwie Oke entrissen haben. Erst jetzt erkannte ich, dass es die ebenfalls mit Erde eingeriebene Urika war, die die anstrengende Hatz durch ihr Eingreifen beendet hatte.

Die angestaute Spannung entlud sich, indem die Frauen einen lauten, hellen Gesang anstimmten, wobei sie rhythmisch klatschten. Die entstandenen Töne glichen jenem durchdringenden Singen, das mich bei Bamis misslungener Beschneidung mehr abgestoßen als fasziniert hatte.

Stumm lag der Kopf in Bamis Schoß, starrte das Kind an. Der durchdringende Gesang der Frauen schwoll in meinen Ohren zu einem vielstimmigen Orkan, der mir die Sinne zu rauben schien. So also hörte sich das an, wenn man hier lag, ausgeliefert der Klinge, die sich dem intimsten Bereich einer Frau näherte. Für eine Sekunde nahm mein inneres Auge wieder die kleine Bami wahr, wie sie sich aufbäumte. Und wie Okes grobe Hand sich ihr trotzdem näherte. Ich schien Bamis erlittene Qual körperlich zu erspüren. Meine Armmuskeln verkrampften sich, um anschließend in ein kaum noch kontrollierbares Zucken überzugehen. Lass die Trage ja nicht fallen, schrie meine innere Stimme. Ich fiel auf meine Knie, hielt aber die harten Rohre in meinen verkrampften Fingern.

Meine Kraft reichte nicht. Unsanft glitt die Trage auf die Erde. Der Kopf der Ziege kullerte im gleichen Augenblick auf den Boden, direkt vor den Altar von Mutter Erde. Augenblicklich brach der schneidend hohe Ton ab. Sekundenlang schien ich das Atmen der Frauen hören zu können.

Ich stand vornübergebeugt, als würde ich mich tief vor der kleinen Bami und gleichzeitig vor Mutter Erde verneigen. Trotz der enormen Hitze schien ich selbst zu Eis erstarrt zu sein, völlig unfähig, mich bewegen zu können. Ich blickte auf Bamis Schoß, der den Ziegenkopf regelrecht geboren zu haben schien. Nur langsam konnte ich meinen Oberkörper drehen. Jede Bewegung kostete mich unglaubliche Anstrengung.

Da lag der Ziegenkopf: blicklos, starr, unbeteiligt im blutbefleckten Schoß von Mutter Erde. Er schien seinen vorbestimmten Platz gefunden zu haben. Plötzlich entlud sich die allgemeine Spannung in ein Aufstöhnen, das in befreiend lautes Lachen überging. Alle wollten sich ausschütten vor Lachen. Ich wurde geradezu angesteckt davon. Wie wahnsinnig lachte ich mit.

Die kleine Bami fröstelte. Laya fasste ihre Schwester von hinten unter die Schultern und zog sie hoch in Sitzposition. Bami hustete und hustete. Tränen liefen ihr übers Gesicht, während sie nach Luft schnappte. Endlich schien sich Oke ihrer heilerischen Talente zu besinnen, eilte hinzu, wischte dem Kind Tränen und Spucke vom Gesicht. Eine Frau reichte ihr eine Kalebasse, die sie an Bamis Mund hob. Bami trank. Zunächst in kleinen Schlucken, dann gierig, bis fast die ganze Kürbisschale geleert war. Scheu blickte sie in die Runde, verwundert, wo sie war, erstaunt über die ihr zuteil gewordene Aufmerksamkeit. Dann sank sie ermattet auf die Trage zurück. Oke sprach einige mir unverständliche Worte.

»Wir bringen Bami in ihre Hütte, Mitfrau Ilona«, hörte ich Laya sagen.

Jeder Muskel meines Körpers tat mir weh, und dennoch: Der lange Rückweg quer durch den *compound*, begleitet von all den lachenden, singenden und tanzenden Frauen, erschien mir wie ein Spaziergang, ihr Gewicht glich dem einer Feder.

Bami lag in ihrer verdunkelten, kühlen Lehmhütte, bewacht von Laya und mir. Wir schienen unsere Sache als Bamis Retterinnen so gut gemacht zu haben, dass wir uns wohl auch für diesen Job qualifiziert hatten. Leise tauschten wir unsere Eindrücke des vergangenen Geschehens aus.

»Mutter Erde hat Bamis Opfer angenommen«, erklärte Laya. Der stilisierte Kampf um den Ziegenschädel erschien mir schon irreal, weit zurückliegend. Was ich sah, war ein Mädchen, das einen schrecklich schmerzhaften Weg zurückgelegt hatte, um eine Frau werden zu können. Ihrem eigenen Vater wäre der Tod Bamis lieber gewesen als die »Schande«, eine »feige« Tochter zu haben. Aber das Leben hatte sich durchgesetzt. Zwei Mal hatte ich dabei geholfen. Instinktiv hatte ich reagiert, nicht etwa bewusst helfend eingegriffen. Konnte das eines der Lernziele sein, die es für mich zu erreichen galt? Meinen Gefühlen zu folgen? Und nicht dem Diktat des Verstandes?

Irgendwann sagte Laya: »Du bist ein Teil unserer Gemeinschaft geworden.« Das hörte sich so simpel an. Aber aus Layas Mund war es mehr als ein Lob; sie erkannte mich an. Meine Anwesenheit an Bamis Krankenlager war dafür der sichtbare Beweis. Ich war nicht mehr Zuschauerin, sondern Mitglied im Verbund der afrikanischen Frauen. Glaubte ich in diesen Stunden ... Odame drückte das bei anderer Gelegenheit einmal sehr bildhaft aus: »Eine Zeit lang trägt uns das Wasser; wir gleiten über seine kleinen Strudel hinweg, bis wir feststellen, dass die Strudel immer größer werden und uns doch hineinziehen können.«

Noch sah ich keine Strudel; ich half Laya dabei, ihre kleine Schwester zu baden. Bami hatte eine schwere Infektion und Blasenentzündung durch Verhalten des Harns. Sie litt sichtbar. Aber das Zeichen des Ziegenkopfs hatte sie durchaus verstanden. Es hatte ihr den Lebenswillen zurückgegeben.

Glühende Kohlen

Noch für den gleichen Abend hatten die Frauen einen weiteren Test für Bami vorgesehen. Urikas Feuergott sollte befragt werden. Deshalb erschien immer wieder eine der Helferinnen, um Bami stärkende Getränke einzuflößen und die Hütte zu räuchern. Die Wirkung des Gebräus und der Inhalation des verbrannten Krautes ließ nicht lange auf sich warten. Bamis Blick wurde zunehmend glasiger. Auch ich war bereits ganz benebelt und schwindelig von dem Rauch im Raum.

Vorsichtig erkundigte ich mich, was geschehen solle. Laya sagte: »Der Feuerlauf. Die Ahnen wollen es so.«

Wie war das gemeint – *Feuerlauf*? Das durfte nicht wahr sein! Bami konnte doch kaum ihre Beine richtig bewegen.

»Es wird Bami nichts geschehen«, versicherte mir Laya. »Mutter Erde hat ihr verziehen. Es wird Bami auch gelingen, die Ahnen zu überzeugen, dass ihr Glaube stark ist.« Laya machte eine kleine Pause. »Urika wird dir später ein Getränk geben, Mitfrau Ilona. Du wirst es nicht mögen. Trink es.«

»Warum? Was muss ich tun?«, fragte ich.

»Du wirst auch durchs Feuer laufen«, antwortete Laya. »Wir haben es alle getan. Es tut nicht weh. Du wirst nichts spüren.«

Ich suchte nach einem Zucken in Layas Gesicht, nach irgendetwas, das meine Zweifel bestätigte. Die Aussicht, dass ich nichts spüren würde, mochte ja tröstlich sein, löste aber nicht meine brennende Frage: Wozu sollte das nun wieder gut sein? »Muss ich die Prüfung genauso bestehen wie Bami, um glaubhaft zu sein?«, fragte ich.

Laya antwortete vage: »Der Geist des Feuers wird dich tragen, so wie dich Luft, Erde und Wasser tragen.« Aus diesen vier Elementen, erklärte Laya, wären die Menschen geschaffen. Deshalb müsse die einweihungswillige Frau sich jedem von ihnen stellen. Das sei jenes Gleichgewicht, aus dem der Kosmos gemacht ist. Anders als Ifeoma bereitete mich Laya auf einen wichtigen Initiationsschritt vor. Aber mir war nicht klar, ob ich das wollte. Unwissend war ich mit wesentlich weniger bangem Herzen in die Prüfungen gegangen. Ich sagte das Laya jedoch nicht, denn ich nahm an, dass sie es gut mit mir meinte und mir Mut machen wollte.

Instinktiv begann ich, meine Fußsohlen zu massieren. Hoffend, dass diese die Botschaft verstehen würden. Laya lächelte mich an: »Bist du nicht bereits durchs Feuer gelaufen?« Sie hatte Recht. Die Maske auf meinem Gesicht. »Das echte Feuer ist nicht so heiß, wie du glaubst.«

Bis es Nacht wurde, saß ich auf »glühenden Kohlen«, ungeduldig dem Ereignis entgegensehend. Einerseits. Andererseits aber auch mit einem ziemlichen Respekt vor dem drohenden Feuerlauf. Frauen zogen mich aus, bemalten meinen weißen Körper mit roten und weißen Tupfen, meine Arme und Beine mit gezackten, ockerfarbenen Mustern, die mich an züngelnde Flammen erinnerten. Mein Haar wurde in dünne Zöpfchen geteilt und mit schwarzem Garn eng umwickelt, um anschließend als Krone nach oben gebunden zu werden. Währenddessen klang vom Kulthof das Schlagen der großen Ritualtrommel herüber. Meine Ungeduld war fast unerträglich.

Nachdem meine äußere Verwandlung abgeschlossen war,

erschien Oke. Wieder nutzte die Priesterin meine hockende Position aus, um wortlos auf mich herunterzusehen. Laya und die Frauen, die mich geschmückt hatten, verzogen sich unauffällig. Oke schwieg erst eine Zeit lang, während der meine Anspannung wuchs. Diese Theatralik, die Okes Auftreten mir gegenüber begleitete, verlieh ihrer Erscheinung wesentlich mehr Nachdruck, als wenn sie einfach losgeredet hätte.

Es war niemand da, der übersetzen konnte. Oke würden nur Gesten oder ihre mir unverständliche Stammessprache bleiben. Langsam begann sie zu sprechen. Zu meiner Verwunderung in Pidgin, die Worte bedächtig wählend. »Frauen sind alle gleich. Keine ist besser als die andere. Auch die weiße Frau dient ihrem Mann. Doch weiße Frauen sehen herab auf die, die nicht weiß sind«, sagte Oke endlich, stehend, streng auf mich herabblickend. Ich wollte bereits widersprechen, klappte meinen Mund auf und zu, wie ein Fisch an Land. Okes Worte trafen bestimmt nicht auf mich zu. Keineswegs fühlte ich mich besser als die Afrikanerinnen. Ich war anders erzogen worden, in einer anderen Kultur aufgewachsen. Aber ich war nicht anders, nur weil ich weiß war. Eine Afroamerikanerin hätte sich sicherlich auch anders verhalten als eine traditionell denkende Nigerianerin. Ich fühlte mich ungerecht behandelt. Trotzdem schwieg ich.

»Die weiße Frau mischt sich ein, will den Lauf der von den Ahnen bestimmten Dinge verändern. Sie ist klug und glaubt, schlauer zu sein als die anderen. Dic weiße Frau herrscht mit der Angst. So wie es alle Weißen tun. Sie erscheint als Leopard und ängstigt die Frau, welche die Ahnen ausersehen haben, den ältesten Sohn des Stammes zu heiraten. Sie ist geschickt und gewinnt die Freundschaft dieser Frau. Sie benutzt die Angst.«

Wie ein dunkler Monolith stand die starke Priesterin vor

dem hellen Schein des Feuers. Ich fühlte mich unscheinbar, missverstanden, gedemütigt. Was hatte ich denn so falsch gemacht? Wie konnte ich diese voreingenommene Frau überzeugen, dass sie sich irrte?

Worte? *Das Wort eint und teilt*, hatte Odame gelehrt.

Taten? Sinnlos. Oke kehrte alles ins Gegenteil um.

Taten und Worte – niemals zuvor ist mir so deutlich geworden, dass mein subjektives Empfinden von »richtig« und »falsch« bei anderen eine völlig entgegengesetzte Wirkung haben kann.

»Ich bin nicht so, wie du mich siehst«, sagte ich, vermied aber, die Priesterin direkt anzusehen, so wie ich gelernt hatte, mit afrikanischen Autoritäten umzugehen.

»Victor scheint die Frau nicht zu kennen, die er heiraten will. Aber seine Ahnen kennen dich. Ihnen gegenüber kannst du dich nicht verstellen. Die Ahnen wissen, was richtig und was falsch ist. Sie sehen, welche Frau du bist.«

»Die Ahnen werden entscheiden, was richtig ist«, sagte ich. Und ich glaube, in meiner Stimme schwang kein Zynismus, denn ich meinte es wirklich ernst.

»Du sprichst mit der gespaltenen Zunge der Schlange«, urteilte Oke. Sie gestattete mir nicht einmal, die afrikanischen Begriffe zu verwenden! In diesem Moment ging mein Temperament mit mir durch; ich sprang auf: »Das ist nicht wahr! Ich bewundere die Art, wie ihr lebt. Ich möchte es lernen. Darum bin ich hier.«

Oke bemühte sich, so wie ich zu sprechen: »Es ist nicht die Art, wie wir leben, weiße Frau.« Sie wechselte den Tonfall, benutzte die ihr eigene Weise zu sprechen: »Wir leben im Einklang mit den Ahnen, die uns weisen, wohin wir gehen. Es ist die einzige Art, richtig zu leben.« Ohne ein weiteres Wort drehte sie sich ab und verschwand zum Kulthof. Ich stand da, als hätte man mich rechts und links geohrfeigt. So kurz vor einer wichtigen Prüfung hatte Oke mich gedemütigt, mir deutlich zu verstehen gegeben, was sie von mir hielt: nichts. Mit all der Bemalung und meinen Zöpfchen hätte ich aufstehen und durch den dunklen Wald davonlaufen mögen. Mein Herz raste wie verrückt vor Wut. Wenn du jetzt gehst, dann hat sie gesiegt. Und dann hat auch jener Mann gesiegt, der Okes Sohn ist. Und der verhindern will, dass Victor der Nachfolger seines Vaters William und damit der Nachfolger von König Serri wird – Sunny! Du darfst nicht aufgeben, sagte meine innere Stimme. Du solltest Oke sogar dankbar sein. Sie warnt dich auf ihre unangenehme Art davor, hochmütig zu werden. Oke hatte ja Recht: Ich war eine *weiße Frau*. Niemals würde ich daran etwas ändern können. Seit zwölf Tagen erst gehörte ich zu den Mitfrauen. Konnte ich erwarten, von allen mit offenen Armen empfangen zu werden? Andererseits war die Stimme der 80-jährigen Oke nur eine unter vielen. Viel mehr zählte, dass ich mich mit Laya verstand. Und die erwartete mich beim Feuer, durch das ich zu gehen hatte. Ich atmete tief durch. Und marschierte los.

Einige Frauen geleiteten Bami aus der Hütte ins Gehöft, sie verschwand hinter dem hohen Zaun. Ich hätte es nicht für möglich gehalten: Das Mädchen ging selbst. Offensichtlich wirkten die ihr eingeflößten Kräuter. Die Nacht hatte sich ausgebreitet. Der flackernde Schein des Feuers befreite den *compound* von seiner nackten Realität. So voll wie in dieser Nacht erlebte ich das Gehöft nie wieder. Alle Frauen tanzten, wilder und ekstatischer, als ich es zuvor gesehen hatte. Jene, die wie ich initiiert werden sollten, waren bemalt. Ihr Tanz wirkte diesmal nicht sinnenfroh, sondern ernst. Sie drehten sich um das Feuer wie ein großer Kreis, mal links-, bald rechtsherum. Und immer mit der gleichen Geschwindigkeit. Als ich mich in ihrer Mitte einreihte, fand ich bald Gefallen an dieser langsamen, gleichmäßigen Bewegung. Es beruhigte meine Nervosität so sehr, dass ich den Gedanken ans Feuerlaufen vergaß und dem Rhythmus der Trommel folgend meine Beine so bewegte, wie die anderen es auch taten.

Der Teppich aus Feuer befand sich zwischen dem Tanzplatz und dem Altar des Feuergeistes. Urika und ihre Helferinnen mussten eine Menge Kunstfertigkeit und Geduld aufgebracht haben, um dieses rot glühende Viereck – quadratisch nach jeder Himmelsrichtung ausgerichtet – zu Stande zu bringen. Ich sah diesen Teppich aus glühender Holzkohle wohl, aber sein Anblick beunruhigte mich nicht. Irgendwie würde ich schon darüber hinwegkommen. Dass der entscheidende Zeitpunkt näher rückte, signalisierte der sich steigernde Takt der Trommel, die den Füßen bald keine Ruhepause mehr gönnte. Wir rasten im Kreis, vor und zurück, einander haltend, einer gemeinsamen und dennoch allein zu erlebenden Aufgabe entgegen. Es war ein Tanz wie das Leben der Frauen, voller Symbolkraft: Die Gemeinschaft gibt jeder Einzelnen Kraft, aber die große Aufgabe muss allein bewältigt werden. Gleich, ob das die erste Nacht mit dem Mann ist oder die Geburt eines Kindes. Die Gemeinschaft ist da, aber laufen musst du selbst. Und sei es durchs Feuer.

Schließlich löste sich eine Hand von meiner Schulter. Meine Nachbarin tanzte auf den Feuerteppich zu, überquerte ihn mit fünf, sechs Schritten, reihte sich wieder ein, die Nächste folgte ihrem Beispiel. Als Letzte war ich an der Reihe. Ich dachte nichts, mein Kopf war völlig leer. Die anderen waren durchs Feuer gelaufen; ich konnte das auch. Ich rannte mehr, als dass ich auf tänzerische Eleganz Wert legte, auf das glühende Feuer zu, huschte darüber hinweg, packte meine Mitfrauen an den Schultern. Und weiter drehten wir uns um das Feuer, langsamer werdend, nach einem gemeinsam erlebten Höhepunkt zur Ruhe zurückfindend.

An einer Stelle brach der geschlossene Kreis auf, die Bewegungen wurden lockerer, der Blick heftete nicht mehr am Feuer. Langsam, wie aufgezogen, bewegte sich die zarte Bami auf die nach wie vor glühende Holzkohle zu. Ohne eine Pause in ihrem Bewegungsablauf marschierte sie mit weit ausgebreiteten Armen über die Glut hinweg. Es schien, als fliege sie über die Hitze am Boden, als spürte sie nichts. Ein kleiner Phönix, den irdische Bande nicht fesseln konnten, hatte sich erhoben, um einem neuen Leben als Frau entgegenzulaufen. Mit offenem Mund hatte ich zugesehen, kam erst wieder zu mir, als die anderen in tosenden Beifall ausbrachen, in den ich mit einstimmte. Urplötzlich steigerte die Trommel ihr Tempo, die aufgestaute Spannung entlud sich in übermütigem Tanz.

Ich machte mit; ich hatte es geschafft; Bami hatte es geschafft; wir alle hatten es geschafft. Einige der Mädchen warfen die Hände übermütig in die Höhe, neigten sich gen Boden, rissen die Arme erneut hoch. Ich tat es ihnen gleich. Wir waren der Funkenregen des Feuers, dessen Arme übermütig in die schwarze Nacht griffen. Wir liefen auf den inzwischen schwach glimmenden Feuerteppich zu, der immer mehr zu rauchen begann. Die ersten Tänzerinnen griffen mit beiden Händen übermütig in die Holzkohle, warfen sie fort, die anderen taten es ihnen nach. Übrig blieb am Ende ein zerfranstes, ausgefasertes Nichts an Teppich, das in der Nacht nachfunkelte, von uns Frauen zersprengt. Vielleicht auch besiegt. Am nächsten Morgen untersuchte ich meine Füße und Hände. Rußgeschwärzt waren sie. Aber ich hatte nicht eine einzige Brandblase.

Bami besuchte ich in den folgenden Tagen regelmäßig; Schmerzen litt sie nach wie vor. Tapfer kämpfte sie dagegen an. »Du brauchst dir keine Sorgen mehr um sie zu machen. Die Ahnen und die Geister haben meiner kleinen Schwester verziehen«, sagte Laya.

Familienbande

»Mama, eine Frage«, sagte Janet. »Es war doch offensichtlich der Wunsch der mächtigen Palastvorsteherin, dieser Großmutter Fara, dass du die Einweihung mitmachst.«

»Ja. Aber nicht nur. Der Rat der Ältesten hatte es beschlossen.«

»Okay. Dem gehörte Oke auch an, nicht wahr? Trotzdem versuchte sie dich aus der Initiation herauszuekeln. War sie denn nicht an den Beschluss der Ältesten gebunden?«

»Ich denke, schon. Der Ältestenrat funktionierte aber, soweit ich durchblickte, nicht im Sinn einer Demokratie. Jeder wurde gehört, aber der Vorsitzende des Rates entschied. Das hat Laya mir einmal erzählt.«

»Fara war nicht die Vorsitzende?«

»Nein. Das war ein ganz alter Mann namens Kado. Den habe ich aber nie getroffen, nicht einmal gesehen. In die Struktur des Männerbundes haben weder William noch Victor mich eingeweiht. Von Laya wusste ich nur, dass sich Fara und dieser Kado abstimmten.«

»Und Kado hatte das letzte Wort?«

»Das kann ich nur annehmen. In rein patriarchalischer Gesellschaftsstruktur gilt am Ende das Wort des Mannes.«

»Hatte Oke damit vielleicht Probleme? Du beschreibst sie ja selbst als eine herbe, männliche Frau.«

»Gut möglich. In einem weisen afrikanischen Rat gibt es gewiss verschiedene Interessengruppen. Die einen wollen dies, die anderen das. Oke lehnte mich ab, konnte aber nicht offen gegen mich Front machen. Darum taktierte und intrigierte sie. Als sie mich so kurz vor dem Feuerlauf von den anderen absonderte, begann ich ihr Vorgehen zu verstehen. Das war mein Glück. Sonst hätte ich alles hingeschmissen und Oke hätte gesiegt.«

»Warum lehnte Oke dich ab? Du hast dir doch so viel Mühe gegeben, alles richtig zu machen. Warst eine echte Musterschülerin.«

»Nachdem Laya mir gesagt hatte, dass sie die Tochter von Sunny ist und Oke wiederum die Mutter von Sunny, ging meine Vermutung in die Richtung: Sunny konnte seinen Neffen Victor nicht ausstehen. Er war ihm zu europäisch. Vielleicht war ich Oke wegen dieser Familienbande ein Dorn im Auge und sie wollte mich einfach aus diesem Grund weghaben?«

»Du hast beobachtet, dass Laya ihrer Großmutter Oke die Hand küsste. Wenn Oke Laya fortschickte, ging Laya. Sie gehorchte ihrer Oma also wirklich. Du aber freundetest dich immer mehr mit Laya an. Das kann doch einen ziemlichen Konflikt ergeben. Wie bist du damit umgegangen?«

»Das war ein echtes Problem. Du weißt ja, dass ich Konfrontationen hasse, ihnen nach Möglichkeit aus dem Weg gehe. Mein Verhältnis zu Laya beeinflusste das mehr, als ich mir eingestand. Denn auf keinen Fall wollte ich den Eindruck aufkommen lassen, dass ich mir Layas Vertrauen erschlich, um am Ende selbst gut dazustehen. Und dann ging mir der Leopard nicht aus dem Kopf.«

»Stimmt. Es war ja ausgerechnet Okes Hilfspriesterin Adah, die gesagt hat, dass du mit dem Leoparden verbunden bist.«

»Diese beiden Überlegungen belasteten mich derart, dass

ich einerseits den Umgang mit Laya einschränkte und andererseits nicht mehr den Dschungel betrat, um einer möglichen Begegnung mit der Leopardin aus dem Weg zu gehen. Es war absurd. Laya bemerkte es natürlich. Was ich auf keinen Fall wollte, geschah zunächst: Laya vermutete, dass ich sie nicht mochte. Schweigend saßen wir nebeneinander, bastelten unter der Aufsicht der freundlichen Priesterin Kome Ketten aus Muscheln, Glasperlen und Kauris, lernten kleine Amulette und Talismane herzustellen, wurden in die Zahlensymbolik eingeweiht und bekamen den Auftrag, uns kleine Gegenstände zu suchen, die gebraucht werden, um einen eigenen Hausfetisch herzustellen.«

»Warum hast du dir nicht einfach ein Herz genommen und Laya auf deine Probleme angesprochen, Mama? Das wäre doch der einfachste Weg gewesen.«

»Sicher ...«, sagte ich, »das hätte ich tun sollen. Aber nach dem Vorfall am Feuer beobachtete ich das Zusammenspiel von Laya und ihrer Großmutter genauer. Sie waren so vertraut miteinander. Ich brauchte einfach etwas inneren Abstand, bis ich herausfand, wie ich mit dieser Situation umgehen sollte.«

»Und Laya? Hat sie das nicht mitbekommen?«

»Vielleicht kannten wir uns dafür zu kurz. Und du musst bedenken, dass ich die Ältere war. Ihre Bemerkungen über Victor hatten mir gezeigt, dass sie selbst ziemlich verunsichert war, wie sie sich verhalten sollte.«

»Die wird sich wie das fünfte Rad am Wagen gefühlt haben.«

»Es war wirklich eine dumme Situation. Und sie war ausgerechnet zu dem Zeitpunkt entstanden, als der wichtigste Teil der Initiation bevorstand: Ich war in einem Kult von Mammy-Water-Priesterinnen, hatte aber diese bedeutendste aller Götterfiguren noch nicht einmal kennen gelernt.«

»Diese Mammy Water, gibt es die eigentlich nur in dem Kult, in dem du gewesen bist?«

»Mammy Water ist in ganz Westafrika sehr populär. Sie tritt allerdings in recht unterschiedlichen Erscheinungsformen auf. Bekannt und weit verbreitet ist eine bildliche Darstellung der Göttin mit langen Haaren, weißer Haut, leicht indischen Gesichtszügen mit schräg stehenden Augen, die den Betrachter offen ansehen; wie eine Beschwörerin hält sie Schlangen in den Händen. Erstmals aufgetaucht ist diese ›neue‹ Mammy Water zu Beginn des 20. Jahrhunderts. Priesterinnen, die sie verehren, richten ihre Altäre mit goldenen Kämmen und Haarbürsten, Haarspangen und Gemmen her, stellen Parfüms, Puder und andere Kosmetika bis hin zu amerikanischen Shampoos und Haarfestigern bereit. Diese Mammy Water ist eine schlanke Beauty, eine Schönheitskönigin, deren idealisierte Verwestlichung mit der mystischen Verklärung der schwarzen Fruchtbarkeitsspenderin nichts mehr zu tun hat. Und dennoch ist sie jene Mammy Water, die in Westafrika überleben wird; die grellbunten indischen Filme huldigen dem gleichen oberflächlichen, aber eingängigeren Bild dieser Mammy Water, die sich mehr um ihr Äußeres als ihren Verstand Sorgen macht. Odame und ihre Nachfolgerin Kome hingegen, die Verfechterinnen der schwarzen Ursprünglichkeit, priesen nicht die nette Göttin der Frisiertische, sondern eine pralle Gottheit mit all ihren Schattenseiten.«

Wo Mammy Water wohnt

Der letzte Teil der Initiation fiel eigentlich in Odames Zuständigkeit, doch die alte Priesterin schonte ihre Kräfte und überließ ihrer Nachfolgerin Kome die Unterweisung. Nur gelegentlich zeigte Odame sich, ließ ihre Augen über unsere Handarbeiten schweifen. Immer trug sie dabei diesen in sich gekehrten, lebensweisen Ausdruck im Gesicht, die völlige Abkehr von allem Wünschen und Wollen, die Hinwendung zum kontemplativen Sein. Nicht ein Zug ihrer Miene verriet erlittene Enttäuschung. Wenn ich heute definieren sollte, worin die Schönheit einer Frau besteht, dann würde ich es so sagen: Du siehst die Reinheit ihrer Seele durch ihre Haut scheinen.

Das mag sich kitschig anhören, aber es ist die Essenz von Odames Erscheinung. In ihrer Vergeistigung berührt ihr Fuß nicht die mannigfaltig ausgelegten Tretminen von Neid, Ehrgeiz und Egoismus auf dem Schlachtfeld der gesellschaftlichen Eitelkeiten. Sie hat sich zurückgezogen in die eigene Klarheit, die urweiblichen Prinzipien der Geduld und des Gebens. Zugegeben: Für Machtkämpfe taugt solch eine Frau nicht. In jeder Ellenbogengesellschaft – und keineswegs nur in unserer – wird ihre Bescheidenheit, die andere respektiert und toleriert, als Introvertiertheit gebrandmarkt. Die geschwätzige Extrovertiertheit des flüchtigen Worts und der kurzlebigen Beziehungen wird sie jedoch niemals mit einem abfälligen Kommentar belegen. Jedem gesteht sie seine Persönlichkeit zu, denn sie weiß: Wer heute schreit, wird morgen flüstern. Für uns, die Lernenden, ist es natürlich umso schwerer, einen Menschen wie Odame zu erreichen. Besonders dann, wenn wir ihm von Angesicht zu Angesicht gegenüberstehen.

Auf der Suche nach ein paar kleinen Flussmuscheln und Waldfrüchten für meine Mammy-Water-Kette hatte ich das Flussufer erreicht. Vertieft in meine Aufgabe, nahm ich weiter keine Notiz von einem Schatten nicht weit entfernt von mir. Ich watete auf die Person, deren Aura ich sehr wohl wahrnahm, zu. Erschrocken hielt ich inne; erst jetzt sagte mir mein Verstand, dass ich gewissermaßen vor der »Chefin« stand. Wie zart, zerbrechlich und klein diese große Frau angesichts des mächtigen Stroms wirkte, der sich durch den Urwald wand. Voller Ehrfurcht grüßte ich Odame, indem ich mich tief verneigte. Ich traute mich aber nicht, sie anzusprechen, obwohl mir tausend Fragen auf der Zunge brannten. Unkonzentriert wühlte ich im Wasser herum.

»Dein Geist führt nicht deine Hände«, hörte ich sie sagen. Irritiert sah ich hoch, errötete wie ein Schulkind. Ich wollte wohl etwas erzählen, von Victor, Laya, Hochzeit, Enttäuschung, Hoffnung, Clan, Oke, Sunny, weißen und schwarzen Menschen, gefleckten und genetzten Leoparden – alles auf einmal. Heraus kam ein Laut, der Ähnlichkeit mit einem tiefen »Blubb« hatte. Die Worte behinderten sich gegenseitig dabei, den Weg hinaus aus meinem Mund zu finden. Odame lächelte nachsichtig. »Setz dich, Tochter von Mammy Water, rede. Ich höre dir zu. Dein Herz ist voller Worte. Lass sie hinaus.«

Großer Gott, das war zu viel! Schleusen öffneten sich, Wasser floss hinaus, unzählige Tränen, Worte sprudelten hervor, die hinter einer Dammmauer aus Schweigen verborgen gewesen waren. Pausenlos sprach ich, meine Augen folgten den Strudeln des Wassers, suchten Halt in der Ruhe des weisen Gesichts neben mir. Glitten fort, erklommen die schwankenden Höhen der Bäume, die diese seit Jahrtausenden träge und doch quicklebendig dahinströmenden Wassermassen einrahmten, und fanden wieder zurück zu der unbewegten Miene meiner schweigenden Lehrerin. Odame brauchte nichts zu fragen; ich legte mein Innerstes in den Schoß dieser Frau.

»Du hast einen langen und schweren Weg gewählt. Voller Blindheit bist du losgelaufen. Wie kannst du erwarten, die richtige Richtung eingeschlagen zu haben? So wie in jener ersten Nacht, von der du mir soeben erzählt hast. Du hattest einsam und zitternd gewartet. Dann erschien der Leopard; er gab dir ein Zeichen. Du konntest das Zeichen des Leopards nicht verstehen. Trotzdem bist du ihm gefolgt. Du hast gesehen, dass du es richtig gemacht hattest. Immer wieder gehst du los, verirrst dich, suchst einen neuen Weg. Du findest wieder hinaus aus der Dunkelheit. Du siehst, aber du weißt es nicht. Wenn du es weißt, wirst du sehen.«

Ratlos blickte ich in Odames ruhiges Gesicht. Ich hatte unendlich viele Fragen. Sie antwortete in Bildern, orakelhaft. Verzweifelt starrte ich auf das Wasser. Dicht unter der Oberfläche wand sich eine Wasserschlange; entzog sich in einem Strudel meinem Blick. *Du siehst, aber du weißt es nicht*, hatte sie gesagt. Bezog sich das nicht auch auf die schwer begreifbaren Worte Odames? Ich hörte und verstand nicht.

»Was hat der Leopard zu bedeuten? Was heißt das: Jeder Mensch hat ein Tier, mit dem er verbunden ist?«, sagte ich.

»Du kennst die Antwort. Du bist der Leopard, der in der Nacht jagt. Der Leopard jagt nicht gern am Tag. Ihn umgibt Dunkelheit, sie ist sein Schutz. Deine Dunkelheit ist das, was du nicht weißt. Du läufst hinein in sie. Du beginnst zu sehen in der Dunkelheit. Du beherrschst die Dunkelheit.«

»Sag, ist das falsch, was ich tue? Bitte, ich muss die Antwort wissen. Ist das der Grund, weshalb mich Oke ablehnt?«

»Ich bin nur eine Priesterin. Du wirst sehen, was dich in der Dunkelheit erwartet.«

»Ich liebe Victor. Kann es sein, dass die Ahnen mich ablehnen? Oder ist nur Oke gegen mich?«

»Niemand soll Worte sprechen, die ein anderer zu sagen hat. Wenn du möchtest, frage ich das Orakel. Möchtest du, dass ich das tue?«

Ich nickte. »Ich habe geträumt, dass Victor und ich ... dass wir beide Leoparden sind.« Sexualität ist ein Tabu, ich durfte nicht offen den erotischen Charakter meines Traums ansprechen. Odame schien dennoch verstanden zu haben.

Zum ersten Mal blickte sie mich mit weit geöffneten Augen an. Sekundenlang nur, dann war dieser Anflug von echter Verwunderung aus ihrem Gesicht gewichen, die alte Ruhe kehrte zurück. »Der Traum sagt dir die Wahrheit, die dein Geist nicht sehen will«, sagte sie.

»Ist Victor mit dem Leopard ebenso verbunden, wie ich es bin?«, fragte ich. Nicht wissend, ob das gut oder schlecht war.

»Du siehst, Tochter von Mammy Water. Die Dunkelheit umfängt dich nicht so sehr, wie du glaubst.«

Das war also geklärt! Aber was hieß das? Wofür stand der Leopard?

»Verzeih«, sagte ich schwach, »ich verstehe es nicht.«

»Dann frage deinen Traum.«

»Ich will ihn nicht mehr träumen. Ich habe Angst davor.«

»Wer sich der Wahrheit verschließt, findet nicht das Wissen.« Mit diesen Worten schien sich ein Vorhang über das

Gesicht der Priesterin zu legen. Sie musste nicht aussprechen, dass meine Lektion beendet war. Ich verneigte mich und zog mich zurück. Meine Muscheln hatte ich vergessen. Ich war wohl auch nicht ihretwegen an den Fluss gekommen.

Ich kehrte zu den anderen Mädchen und Frauen zurück und nahm meine Bastelei auf mit den Dingen, die herumlagen. Ich hatte mir Komes aus Kaurischnecken gefertigte große Kette zum Vorbild genommen und fädelte auf. Laya sah mich von der Seite an. Sie spürte, dass sich etwas in mir verändert hatte, obwohl ich kein Wort von meiner Begegnung mit Odame erwähnte.

»Ich möchte dich etwas fragen«, begann ich vorsichtig. »Hat eigentlich jeder Mensch ein Tier, das ihm entspricht?« Laya nickte. Ich schien mich noch auf unverfänglichem Terrain zu bewegen. »Kennt denn jeder *sein* Tier?«, setzte ich nach.

Laya schien sehr beschäftigt. Anscheinend hatte ich mich zu weit vorgewagt. Ich wusste, sie kannte die Antwort. Layas Zieh-Großmutter Fara hatte sie garantiert in solche Belange eingeweiht. »Wer sich mit dem Weg der Ahnen beschäftigt, weiß, welches Tier ihm entspricht«, bestätigte sie.

»Du kennst deins«, sagte ich sachlich, »so wie ich jetzt weiß, dass der Leopard mir entspricht. Darfst du deines verraten?«

»Dir, Mitfrau Ilona, darf ich es sagen. Meines ist der Wels.«

»Jener Mann ...«, ich stockte, fühlte deutlich, dass ich eigentlich zu schweigen hatte, aber es war mir zu wichtig, »jener Mann, der dich gefragt hat, ob du seine Frau werden willst, war er auch mit dem Wels verbunden?«

»Der Mann, den du heiratest, darf nicht mit dem gleichen Tier verbunden sein. Die Ahnen würden das nie verzeihen«, sagte Laya ernsthaft.

Der Faden, den ich hielt, rutschte weg, die mühsam aufgefädelten Kauris kullerten in den Schoß meines weißen *wrappers*. Laya sah die Bescherung: »Mitfrau Ilona, lass dir helfen!« Sie fädelte mit geübten Fingern auf.

Zwei Leoparden im Urwald, der genetzte und der gelbschwarze. Der genetzte hieb dem gelb-schwarzen die Tatze durchs Gesicht. Der gelb-schwarze lief davon: Ja, ich wusste, wer ich war. Ich war ein Dummkopf. Wenigstens kannte ich nun die Wahrheit. Aber ich war doch weiß, deutsch, europäisch. Na und?, hielt eine Stimme in meinem tiefsten Inneren dagegen. Glaubst du, dass das wirklich etwas ändert, weiße Frau? Ich drehte mich um. Hatte Oke zu mir gesprochen? Da waren die Mädchen und Kome, die liebe, mütterliche, aber keine Oke.

»Ihr werdet euer Abendessen heute selbst fangen«, sagte Kome. Die Mädchen klatschten begeistert. »Jede sucht sich einen Stock, wählt ihn nicht zu kurz und nicht zu dünn, schnitzt ihn an einem Ende mit einem Messer schön spitz.« Wir sollten fischen gehen, das versprach Abwechslung, erforderte einerseits Geschicklichkeit und andererseits Geduld; vor allem aber würde diese Art der Nahrungsbeschaffung weitaus weniger schweißtreibend sein als die Plackerei in sengender Sonne auf den Feldern.

Die entsprechenden Stöcke für den Fischfang wurden zumeist von Bäumen und harten Büschen abgetrennt, wir achteten jedoch darauf, der Natur für ihre Gabe zu danken: Kome hatte uns ermahnt, dass der Baum für den Ast, den wir ihm nahmen, eine Entschädigung erwartete. Das konnte eine Muschel sein, die wir vorsichtig von den gebastelten Ketten lösten und in seine Wurzeln legten, oder Erde, mit der wir die Narbe in seiner Rinde verschlossen.

Wir verteilten uns entlang der kleinen Flussarme. Pfadfinderstimmung machte sich breit, manche kicherten und schwatzten. Mir erschien es als ein Unding, lärmend einen Fisch fangen zu wollen. Dass es ausgerechnet mir gelingen sollte, mit der archaischen Speermethode ein zappeliges und in seiner Bewegungsfähigkeit mir weit überlegenes Schuppentier zu erlegen, schloss ich ohnehin nahezu aus. Ich löste mich von der Gruppe, die sich in Dreier- und Viererverbindungen aufspaltete. Komes Helferinnen verteilten sich ebenfalls. Ich war ein paar Schritte gegangen in eine Richtung, in der ich eine etwa knietiefe Stelle wusste. Dort wollte ich mich ins Wasser stellen und einfach warten. Zu meiner Überraschung gesellte sich die stille Kome bald zu mir. Sie führte mich an eine andere Stelle als die von mir gewählte. Das Wasser dort war tiefer, nicht so unruhig, aber vor allem trüb. Jede Bewegung wirbelte den Sand auf. Wie konnte man dort einen Fisch erlegen? Ich sah keinen, dachte aber an die vielen Wasserschlangen, die ich an anderer Stelle gesehen hatte.

Bevor Kome sich auf ihr eigentliches Vorhaben konzentrierte, löste sie aus ihren Haaren einen kleinen Holzkamm und warf ihn ins Wasser, murmelte ein paar Worte dazu. Die Botschaft dieser Geste war klar – ein Opfer fürs gute Gelingen. Ich sah an mir herab; was konnte ich Mammy Water geben, die mir einen Fisch schenken sollte? Ich trug ein kleines Armband. Laya hatte es mir erst wenige Minuten zuvor geschenkt, gefertigt aus übrig gebliebenen Glasperlen und einem Stück Raphiafasern. Das Bändchen wirkte fröhlich, Layas Freundlichkeit hatte meine Bedrücktheit aufgeheitert. Schade drum, dachte ich und warf Layas Geschenk in hohem Bogen ins Wasser. Dann watete ich, den selbst gebastelten Speer hoch erhoben und ansonsten mit nichts als meiner weißen Haut angetan, in den Fluss. Eine Kriegerin auf feuchtem Pfade. Moddrig und schlammig, ließ das Flussbett meine

Füße einsinken. Keine Situation, in der mich sonderlich wohl fühlte.

Während ich noch mit mir selbst beschäftigt war, stand Kome bereits bis zu den Knien im Schlammwasser – den Oberkörper kaum vorgebeugt, den Speer eher locker in der Hand. Ich stellte mich neben sie, versuchte, mich gerade wie sie zu halten und den angespitzten Holzstock mit dieser spielerischen Leichtigkeit zu handhaben. Meine kurzsichtigen Augen versuchten, in dem trüben Wasser irgendeine Bewegung auszumachen. Ich kam mir albern vor, war völlig unkonzentriert.

Ruckartig stieß Kome zu, erschrocken drehte ich mich zu ihr: Ein fetter Brocken von Fisch zappelte an ihrem Speer. Während ich wartete, starrte und er-starrte, saß Kome längst am Ufer mit dem Fisch, schuppte ihn und nahm ihn aus.

Ich gab das unsinnige Unterfangen auf, setzte mich ebenfalls ans Ufer, ohnehin von Zweifel geplagt, ob ich einen Fisch essen könne, den ich auf solch rohe Art getötet hätte. Mir ist es lieber, wenn ich ein sauberes Stückchen Filet serviert bekomme. So nah an die Wurzeln unserer menschlichen Herkunft als Jäger und Sammler zurückgeführt zu werden war vielleicht doch eine Überdosis Ursprünglichkeit.

»Dein Herz führt deine Hand«, sagte Kome ohne Umschweife, womit sie wohl meinte, dass mir die Fische Leid taten. »So wirst du nie fischen können.« Das sah ich genauso, wollte es aber nicht zugeben, immerhin hatte ich Layas Armband geopfert und wohl auf einen Automatismus gehofft, der mir im Gegenzug einen Fisch zuspielen würde.

»Ich konnte nichts sehen«, sagte ich matt. Kome lächelte. Wieder einmal hatte ich versagt. Ich hoffte, dass Laya mir später vielleicht ein Stück ihrer Beute überlassen würde, und machte mir insofern um das Abendessen keine Sorgen.

Kome wirkte im Gegensatz zu Odame weniger durchgeistigt, eher bodenständig. Wenn sie lachte, entblößte sie eine prächtige Zahnlücke zwischen den Schneidezähnen. Dreißig Jahre zuvor war sie gewiss eine anmutige Frau, vielleicht sogar eine verführerische Schönheit gewesen. Ich fragte sie, wie viele Kinder sie habe. Es waren sechs, vier von ihnen Söhne, wie sie stolz hinzufügte.

»Möchtest du, dass deine Töchter auch Mammy-Water-Priesterinnen werden?«, fragte ich.

Kome kniff die Augen zusammen, als blende sie ein helles Licht. In Wirklichkeit suchte sie nach einer Antwort, die ich verstehen könnte. Dazu holte Kome etwas aus, sagte, dass sie etwa 55 Jahre alt wäre. Genau wisse sie es nicht, das wäre nirgendwo aufgeschrieben worden, weil in ihrer ländlichen Heimat Mädchen erst viel später registriert wurden. Sie habe mit ihrem Mann und dessen beiden jüngeren Frauen zusammengelebt, als ihre Wechseljahre einsetzten. »Zu der Zeit litt ich unter schlimmen Träumen. Mir erschien eine schöne Frau mit langen Haaren. Diese Frau rief mich zum Wasser.«

Doch dort, wo Kome lebte, gab es keinen Fluss und kein Meer: »Unser Dorfheiler erklärte mir meine Träume; da habe ich erstmals von Mammy Water erfahren. Er sagte: Mammy Water wohnt mit ihrem Mann und ihren Kindern in einem Schloss am Meeresboden. Gelegentlich kommt sie aus dem Wasser und verführt Männer. Diese sterben jedoch nach einer Nacht mit ihr. Als ich das hörte, wurde ich krank, denn ich glaubte, von einem bösen Geist besessen zu sein. Die Träume wurden immer schlimmer.«

Kome brach auf in den Süden, mit dem ungefähren Ziel »Wasser«. »Ich war sehr dumm gewesen, denn ich habe nicht gewusst, wie weit das Wasser entfernt war«, meinte Kome und lächelte. Schreiben und lesen konnte sie ohnehin nicht; das brachten ihr später Schülerinnen bei, zumindest in

Ansätzen. Völlig heruntergekommen hatte ihre Odyssee am Meer geendet.

»Und das Erste, das ich fand, war eine dicke Seeschnecke!« Kome freute sich bei der Erinnerung wie ein Kind. Ich wollte einwenden, dass man an den Stränden des Golfs von Benin häufig ausgefallen schöne Seeschnecken findet. Kome setzte jedoch sofort hinzu: »Genau diese Seeschnecke hatte ich mir im Traum in mein langes Haar gesetzt.« In das Haar ihrer Träume jedenfalls. Komes Suche hatte ihr Ziel erreicht; sie war erlöst, weihte ihr Leben der Gottheit.

»Mammy Water gibt es so lange, wie es Fruchtbarkeit gibt«, erzählte Kome. Fruchtbarkeit, das meint nicht nur die Empfängnisbereitschaft der reifen Frau, das umfasste auch ganz praktisch Wasser, oft genug ein rares Luxusgut, das herbeigefleht und -gesehnt wird. Im übertragenen Sinne steht Wasser aber auch für Erneuerung und den stetigen Wandel von allem. Es ist auch das Symbol für die Vision, die Fantasie und hält so das irdische Rad der Neuentwicklungen in Schwung. Kome, weniger philosophisch als praktisch veranlagt, sprach von Mammy Waters Bedeutung für den eigenen Körper. Kreislauf, Hormone, die Körpersäfte im Allgemeinen stehen unter dem Schutz der Göttin des Wassers.

Wie schon Ajira mich auf die negativen Seiten der Luft aufmerksam gemacht hatte, so erwähnte auch Kome die weniger angenehmen Seiten »ihrer« Gottheit: »Gerade hier, wo wir leben, ist es wichtig, sich Mammy Water gewogen zu machen. Die Flüsse treten in den Regenzeiten über die Ufer, schwemmen mitunter ganze Dörfer weg. Darum ist es wichtig, Mammy Water viele Opfer zu bringen!«

Im Leben von Kome war Mammy Water aber auch der Auslöser der psychischen Leiden ihrer Wechseljahre. Die Flussgöttin steht für Depressionen, Mutlosigkeit und Angst. »Sobald ich Mammy Water lieben gelernt und erfahren hatte, wie ich ihr opfern sollte, konnte sie mich von meiner Angst und Verzweiflung erlösen«, erklärte die Priesterin. »Mammy Water ist deshalb in den Übergangszeiten im Leben einer Frau besonders wichtig.« Das ist für Mädchen der Beginn der ersten Menstruation und für Frauen der Beginn der Menopause.

»Du fürchtest dich vor dem Wasser«, sagte Kome schlicht, als wir am Ufer saßen. »Wenn du dich mit deiner Angst beschäftigst, kannst du keine Jägerin sein, die einen Fisch erlegt.« Ich konnte unmöglich widersprechen. Sicher, in dem knietiefen Wasser bangte ich wohl nicht, gleich abzusaufen. Doch das latente Gefühl der Unbehaglichkeit konnte ich nicht gänzlich verdrängen. Es lenkte mich ab. Sosehr ich den friedvollen Anblick des trägen Flusses auch mochte – mich plagte eine traumatische Kindheitserfahrung im Zusammenhang mit dem Wasser.

»Mammy Waters Welt ist voll wunderbarer Klarheit; wer die Augen vor ihr verschließt, wird sie nie sehen«, sagte Kome in der schlichten Sprache der Eingeweihten. Noch in dieser langen Nacht erfuhr ich, wie sie das meinte.

Das Lager wurde auf einer Lichtung aufgeschlagen, Feuer gemacht, getrommelt und getanzt. Die Stimmung war ausgelassen. Bislang war Laya mir gegenüber hilfsbereit gewesen. Doch nun briet sie sich ihren Fisch und aß ihn alleine auf. Einen Wels zu fangen und zu essen war Laya nicht erlaubt, da sie *mit ihm verbunden* war. Jeden anderen Fisch schloss dieses Tabu nicht mit ein. Auch keine der anderen Frauen – oder gar Kome selbst – wollte mich an ihrem Fang teilhaben lassen. Ich verkniff mir jeden Kommentar. Im Gegensatz zu meinem Magen, der sich laut knurrend meldete.

»Großmutter Oke hat uns beobachtet«, sagte Laya, »sie hat gesagt, dass ich dir nicht mehr helfen darf bei den Aufgaben, die du zu bewältigen hast. Deine Zeit hier dient der Einweihung, du musst die Prüfungen selbst bestehen. Nur dann kannst du zu einem vollen Mitglied der Gemeinschaft werden.« Tapfer – und hungrig – nickte ich: Es hätte mich auch gewundert, wenn Oke nicht in das Verhältnis zwischen Laya und mir eingegriffen hätte.

»Deine Großmutter …«, ich suchte nach Worten, »… freut sich nicht sehr, dass ich hier bin.«

Laya schüttelte den Kopf: »Sieh Enana dort drüben: Auch sie hat keinen Fisch gefangen. Auch sie bekommt nichts von den anderen zu essen. Jede in der Gemeinschaft muss stark sein; die Zeit der Einweihung dient dieser Stärkung. Nur wenn jede in der Gemeinschaft stark ist, kann unsere ganze Gemeinschaft stark sein«, sagte Laya sehr ernst.

Ich verstand: Wenn ich in dem Versuch, eine Kokosnuss vom Baum zu schlagen, versagte, so durfte eine andere an meiner statt es tun. Jenes Mädchen bestand in diesem Augenblick die Prüfung für sich selbst. Mit mir hatte das nichts zu tun. So waren wir als Gemeinschaft trotzdem nur eine Ansammlung von Individuen. Erst nachdem das Ritual überstanden war, durften wir wieder in der Gruppe aufgehen und uns gegenseitig ergänzen. In der Jagd nach dem Fisch, bei der ich einzig auf mich gestellt war, enthüllte sich somit der tiefere Sinn meiner Zeit im Urwald. Plötzlich verstand ich auch, weshalb mich Oke getadelt hatte: Ich hatte, gemeinsam mit Laya, der kleinen Bami beim Tanz um den Ziegenkopf geholfen. Deshalb musste das Mädchen eine zweite Prüfung bestehen, den Feuerlauf.

Wenn ich gehofft hatte, die Fischjagd hinter mir zu haben, so irrte ich gewaltig. Es ging ja nicht allein darum, sich ein Abendessen zu beschaffen, sondern eine Prüfung zu bestehen. Der Abend war angebrochen; wir mussten neues Holz für ein Lagerfeuer suchen. Ich erwartete eine Nacht im Urwald. Dass dies kein Ausflug werden würde, wurde mir klar, als sich alle mir bis dahin bekannten Priesterinnen versammelten, die Oberpriesterin Odame sowie Ajira, Urika und Oke.

Die weisen Frauen hatten eine Zeit lang zusammengesessen; es sah aus, als berieten sie sich. »Eine von ihnen wird dir und Enana eine neue Aufgabe stellen«, verriet Laya. Ausgerechnet Oke war es, die sich aus der Gruppe löste und Enana und mir bedeutete, ihr zu folgen. Unsere Speere sollten wir mitnehmen. Ich warf Laya einen fragenden Blick zu; sie nickte mir aufmunternd zu. Inzwischen war es fast dunkel, mit einer Fackel in der Hand ging Oke voraus. In meinem Magen machte sich ein ungutes Gefühl breit, so als würde nicht ich Fische erlegen, sondern meinerseits zur Schlachtbank geführt werden. *Nur wenn jede in der Gemeinschaft stark ist, kann unsere ganze Gemeinschaft stark sein.* Wir beide, Enana und ich, waren *schwach.* Der Speer in meiner Hand wurde feucht durch meinen Schweiß. Miserable Voraussetzung für eine erneute Prüfung als Fischerin vom Urwaldfluss. Unter dem kritischen Blick Okes!

Tiefe Wasser

Das dichte Blattwerk lichtete sich allmählich. Der Nachthimmel war weit, die silbrige Scheibe des Mondes leuchtete klar. Die unwirkliche Helligkeit wurde verstärkt durch den breiten weißen Strand des Flusses, der an dieser Stelle ein üppiges Bett aus hellem Sand hinterlassen hatte. Oke sagte einige Worte zu Enana in der gemeinsamen Sprache, woraufhin das Mädchen seinen Speer packte und in Richtung Fluss loslief. Oke selbst bewegte sich keinen Millimeter.

Ob Enana wusste, dass sie direkt in ihr Verderben lief? Ich habe es nie erfahren.

»Was soll ich tun?«, fragte ich.

»Hol den *mudfish*«, sagte Oke knapp in Pidgin.

Ich sah den weißen Strand, den Fluss, der in schwer zu schätzender Entfernung im Mondlicht glitzerte, als hätte Mammy Water ihre Perlen über das Wasser verteilt. *Mudfish,* das ist der Wels, so viel wusste ich. Dass Welse dicke Fische mit langen Barteln sind, wusste ich auch. Doch warum ich ausgerechnet an einem Strand fischen gehen sollte, das machte keinen Sinn. Oke hatte ihre Fackel längst gelöscht; sie setzte sich bequem in den Sand. Ratlos stand ich herum, den Speer in der Hand wie ein zu groß geratenes Spielzeug.

Oke schickte mich mit einer lässigen Handbewegung Richtung Strand und Fluss. Der Handrücken ihrer Linken deutete zu mir, dann schlenkerte sie die Hand aus. Als säße eine Fliege auf dieser großen Hand, die ihr lästig war.

Ich atmete tief ein und trabte mit schweren Beinen los. Ich konnte Enana kaum noch erkennen, sie hatte wohl schon ein ziemlich weites Stück zurückgelegt. Ich konzentrierte mich ganz und gar auf mich selbst, war jetzt sehr ruhig. Ich konnte ja klar sehen; es war sehr hell, der Vollmond tauchte alles in ein unwirkliches Licht. Nur der Sinn dieses Ausflugs war mir unklar. Die Stimmung hätte ja durchaus romantisch sein können, doch mit der finster-undurchschaubaren Oke im Rücken blieb da ein seltsam mulmiges Gefühl.

Der Sand unter meinen Füßen fühlte sich noch warm an von der heißen Sonne des Tages, während die Luft am Wasser schon merklich kühler wurde. Bislang hatte ich nicht gewusst, dass es eine Stelle an diesem Strom gab, die derart ausladend breit war. Die Weite der Landschaft hatte etwas Beruhigendes, ließ keine Gefahren vermuten. So registrierte ich zwar, dass der Boden mit der zurückgelegten Entfernung weicher wurde, meine Sinne witterten jedoch keine Bedrohung. Das Ziel, der silbrig schimmernde Fluss, rückte immer näher. Je weiter ich lief, desto tiefer sanken meine Füße ein. Wenn ich sie aus dem durchweichten Sand hob, hinterließ ich einen Abdruck, der sich rasch mit einer Wasserpfütze vollsog. Jetzt erst fragte ich mich, warum ich ausgerechnet an einer Stelle fischen sollte, die dafür offensichtlich nicht geeignet war. Also korrigierte ich meinen Weg, der den Fußstapfen des anderen Mädchens gefolgt war, lief nun parallel zum Flusslauf, der schätzungsweise noch zweihundert Meter entfernt sein mochte, hoffend, festeren Untergrund zu finden.

Ich war ein paar Schritte gegangen, als ein lauter Schrei die Stille der Nacht zerriss. Ich fuhr zusammen, als wäre ich in den Nacken geschlagen worden, und machte sofort kehrt.

Zunächst dachte (oder hoffte?) ich, Oke wäre etwas zugestoßen. Doch die thronte als dunkler runder Punkt auf dem Sand, einem Bündel aus Stoff ähnlicher denn einem menschlichen Wesen. Sie rührte sich nicht. Aufgeregt suchten meine Augen die weiße Weite des Ufersands ab. Vor der Glitzerpracht des Stroms kaum erkennbar, staken zwei Senkrechte empor. Ich kniff die Augen zusammen, sie bewegten sich gegeneinander.

Da winkte jemand. Enana! Wieso war sie so klein? Ihr Unterleib fehlte. Ein perspektivischer Streich? Noch einmal ertönte der Schrei. Eiskalt lief es mir den Rücken hinunter. Das war Angst, nackte Panik. Ohne nachzudenken, rannte ich los, das Laufen fiel mir unendlich schwer. Ich glaubte zu rennen, doch bewegte ich mich tatsächlich wie in Zeitlupe. Bei jedem Schritt, den ich tat, sank ich tiefer in den Sand. Bald bekam ich die Füße nur mehr mit Mühe aus dem Sand. Wo ich auch hintrat, war es dasselbe. Ich sank ein! Noch war die Betroffenheit über mein eigenes Los nicht so groß wie über das von Enana, deren Umriss im gleichen Augenblick immer kleiner wurde. Der Boden schien sie förmlich zu verschlucken. Sie schrie nicht mehr, ihre Arme richtete sie nach oben, als flehte sie den Himmel um Hilfe an, der in kalter Pracht strahlend, von tausend Sternen gesprenkelt, mitleidlos auf sie herniedersah.

Ich selbst traute mich keinen Schritt mehr zu tun, schrie laut herüber zu Oke: »Hilf ihr! Sie versinkt!«

Doch das dunkle Bündel, dessen genaue Gestalt ich nicht erkennen konnte, in dem ich aber Oke vermutete, regte sich nicht.

Keine Hilfe. Bewähre dich! Zeige, dass du stark genug bist für die Gemeinschaft.

Und wenn nicht? Niemand hatte mir diese Frage jemals beantwortet. Jetzt bekam ich die Antwort. Sie hieß zum Beispiel Tod. Nichts hatte ich bislang verstanden. Hatte angenommen, alle meine existenziellen Erlebnisse seien durch meine übersteigerte Empfindsamkeit hervorgerufen worden. Jedes Mal waren es Seele, Geist oder Psyche gewesen, die auf eine Probe gestellt wurden. Hier, ausgerechnet hier, bei der so simpel anmutenden Aufgabe, einen Fisch mit einem Speer zu erlegen, griff der Tod nicht nur nach meiner geistigen Existenz, sondern nach mir als ganzer Person.

Nutzlos hatte ich den Speer die ganze Zeit über in der Hand gehalten, darauf wartend, ihn als Waffe einsetzen zu können. Nun benutzte ich das wohl zwei Meter lange, selbst gebaute Werkzeug als Stange, um in dem mich umgebenden Sand zu staken, verzweifelt nach einem festen Untergrund suchend. Tränen der Wut liefen mir übers Gesicht; ich fühlte mich hintergangen.

Oke hatte mich an diese Stelle geführt. Es war Treibsand.

Und nun waren auch alle anderen Erlebnisse so klar wie das Licht des Mondes, in dessen Angesicht ich nach einem Ausweg suchte. Oke hatte mir sicherlich die Maske aufs Gesicht gelegt, während ich schlief. Sie hatte wohl auf Layas Solidarität gesetzt, dass die Mitfrau mich nicht retten würde. Dieser Plan war fehlgeschlagen. Doch diesmal war ich auf mich allein gestellt. Keine Laya, niemand würde mir helfen.

Enana war stumm erstickt. Oke brauchte nur zu warten – und der Sand würde auch mich verschlucken.

»Sie hat die Prüfung nicht bestanden. Sie war nicht die richtige Frau für dich.« So würde Oke es Victor wohl sagen, wenn er seinerseits aus dem Camp zurückkäme. Und ich sah das Gesicht von Sunny deutlich vor mir, wie er, seine Augen hinter der Sonnenbrille verborgen, die Mundwinkel zu einem hämischen Grinsen verzogen, triumphierte. Seine

Tochter Laya brauchte sich den künftigen Clanführer nicht mit einer Weißen zu teilen. Es würde nicht noch einmal geschehen, was Victors Mutter dem Clan an Schande zugefügt hatte: Die schwarze Orchidee verwelkte, während der Stammesführer das Leben mit einer Weißen genoss und einen Erben zeugte – mit der Frau aus einer verhassten Kultur.

Plötzlich wurde ich sehr ruhig. Die Speerspitze saß irgendwo fest. Ich bewegte mich nicht mehr, obwohl der Boden immer noch unter mir nachgab. Dies war eine Atempause. Ich konnte nachdenken: Aus Sunnys Sicht mochte der gesamte Clan Recht haben. Ich gehörte nicht in diese Welt. Doch dann würde Victor ebenso wenig hineinpassen. Denn er war viel weniger als ich bereit gewesen, sich den Herausforderungen Afrikas zu stellen. Er tat sogar alles, was er nicht beweisen und erklären konnte, als Unsinn ab.

Ich sah den Mond an, der übermächtig groß am Himmel stand. Es war der gleiche Mond, den Janet vom Kinderwagen aus in London gesehen hatte, während ich sie – von meinen vielen Verpflichtungen gestresst – nach Hause schob. Janet hatte hinaufgeblickt und wie selbstverständlich *moon* gesagt. Ich hatte das bis zu diesem Augenblick völlig vergessen, hatte nie gefragt, wer der Zweijährigen das englische Wort für Mond jemals beigebracht hatte. Aber sie hatte mit einer solchen Selbstverständlichkeit *moon* gesagt, wie sie mich Mama nannte.

Während ich das dachte, wusste ich, dass dies nicht der Moment meines Todes war. Begründen konnte ich nicht, weshalb. Vielleicht gab der Anblick des Mondes mir eine solche Kraft, dass ich meine Angst vergaß. Der Mond erschien mir als sichtbare Brücke zwischen meinen Erinnerungen ans Gestern und meiner Hoffnung aufs Morgen. Auf dieser sichtbaren Brücke stand ich. »Okay«, sagte ich, mehr zu mir als zum Mond, »sie wollen uns nicht haben, Victor. Dann gehen wir, werden unser Leben woanders führen.« Denn der Macht von Oke und ihrem Sohn Sunny wären wir auf Dauer nicht gewachsen.

Mit einem Ruck zog ich den Speer wieder hoch, um an anderer Stelle nach Grund zu suchen. Der Speer ließ sich kaum bewegen, wog mehrere Kilo schwer. Der Sand, dachte ich. Schließlich zog ich den Speer heraus, das Ende bestand aus einem dicken, sandigen Klumpen. Der Klumpen zappelte, dass der Sand in alle Richtungen spritzte! Alles Adrenalin, das mein Körper zu produzieren im Stande war, überschwemmte mich. »Ich habe ihn!«, brüllte ich. Jetzt kam Bewegung in das scheinbar schlafende Bündel auf dem trockenen Sand. Der Fisch am Spieß hatte ein so überraschendes Gewicht, dass ich fast meine Balance verlor und durch den Sand taumelte, geradewegs auf die auf mich zueilende Oke zu.

Jetzt war keine Zeit mehr für Angst und Panik! Die Trophäe in meiner Hand schien mich vorwärts zu ziehen, fort von dem gefährlichen Untergrund. Okes verblüfftes Gesicht nahm ich kaum wahr. Trotz des Horrors des gerade Erlebten überkam mich ein unglaubliches Gefühl des Triumphs. Ich freute mich, gesiegt zu haben über Okes dumpfen Plan – und meine Angst. Mein unglaubliches Glück ließ mich geradezu über den Sand tanzen. Im hellen Licht des Monds lachte ich wie eine dreckige und klebrige Irre. »Das hast du nicht gedacht!«, schrie ich immer wieder auf Deutsch. Ich hatte meiner Feindin bewiesen, dass ich, eine Weiße, die Prüfung der Afrikanerinnen zu bestehen vermochte.

Unmöglich konnte ich den Wels, dem ich meine Rettung verdankte, auf einen Spieß stecken und grillen. Immer noch zuckte der kräftige, muskulöse Leib, immer noch hatte ich den *mudfish* nicht vom Spieß gezogen. Die Gelegenheit bot sich, als ich bereits die Stimmen der anderen vom Lagerplatz herüberklingen hörte. Wir passierten einen kleinen Seitenarm des großen Flusses. Vor mir leuchtete Oke mit ihrer Fackel den Weg zurück zu den anderen Frauen, die uns am Feuer erwarteten. Ich hielt den Speer ins Wasser, um den Sand abzuspülen. Die unverhofft plötzlichen Zuckungen, die das Tier durchfuhren, erschraken mich und machten mir deutlich, dass er lebte: Der Speer, schlicht geschnitzt, hatte keinen Widerhaken, so dass ich dem Fisch problemlos die verdiente Freiheit schenken konnte. Es geschah ohne Überlegung oder Berechnung. Es war viel zu dunkel, als dass ich sehen konnte, wohin er entschwand. Ob er überleben konnte – ich weiß es nicht. Ich hatte ihn nicht absichtlich gefangen, er hatte sich mir geopfert. Den Speer ließ ich liegen und eilte der dicken Oke nach.

Wortlos deutete sie mit ihrer freien Hand auf meine leeren Hände. »Ich habe ihn freigelassen«, sagte ich.

Nur der warme Schein der Fackel beleuchtete die Haut der Priesterin. Zum ersten Mal glaubte ich nicht in eine Maske zu sehen, als ich in Okes Gesicht blickte. Ich las darin echte Verwunderung.

Der Augenblick, als ich den Fisch freiließ, veränderte mich. Zum ersten Mal setzte ich mich über die Spielregeln hinweg. Sie waren mir egal. Es ging um den Fisch – und mich. Nicht um Oke und Rituale. Bislang war ich als Schülerin brav hinter meinen Lehrerinnen hergetappt. Doch Oke hatte mich in eine Falle geführt; in ihren Augen mochte es eine Prüfung sein. Aber vor dem Hintergrund von Okes persönlicher Verstrickung in Victors und mein Schicksal konnte ich das nicht mehr so sehen. Oke war zu weit gegangen. Dadurch hatte sie mir aber auch eine Möglichkeit eröffnet: eine neue Position gegenüber der Einweihung zu finden. Mit dem, was noch geschah, ging ich bewusster um.

Oke und ich kehrten an den Lagerplatz der anderen zurück; inzwischen leuchtete ein helles Lagerfeuer. Laya winkte mich zu einem Platz, den sie für uneinsehbar hielt. Eigentlich wollte ich nicht mit ihr über das Erlebte sprechen, denn ich wusste selbst nicht, was ich davon halten sollte. Enanas Schicksal, meine Nähe zum Tod sowie Okes passives Verhalten wühlten mich zu sehr auf, als dass ich ausgerechnet mit Okes Enkelin hätte darüber sprechen wollen.

»Was ist passiert? Wo ist Enana?«

»Tot. Oke hat sie im Sand ersticken lassen. Und mit mir hatte sie das Gleiche vor«, sagte ich und biss mir im gleichen Moment auf die Lippen, die Worte entlassen hatten, die sich schroff und unversöhnlich anhörten.

Zunächst starrte Laya mich ungläubig an, rührte sich nicht. Dann drehte sie sich von mir fort. In der Dunkelheit sah ich ihren schmalen Körper, der sich mühsam aufrecht hielt, ganz leicht zucken. Laya weinte. Mein Gott, was konnte dieses Mädchen dafür, dass sie eine so schreckliche Großmutter hatte? Ich fühlte, dass die 16-Jährige die gleiche innere Zerreißprobe auszuhalten hatte wie ich. Mit einem wesentlichen Unterschied: Im Zweifelsfalle konnte ich in meine weiße Welt zurückkehren, fliehen, davonlaufen. Laya jedoch würde für immer zu bleiben haben. Ich durfte meine Abgrenzungsversuche dem Clan und dem Ritual gegenüber nicht auf dem Rücken der Schwächsten austragen. Rasch blickte ich mich um, ob Oke uns auch nicht sah, und nahm Laya in die Arme. Der Weinanfall schüttelte ihren ganzen Körper.

»Es ist doch eine Prüfung, ob ihr stark genug für die Gemeinschaft seid«, sagte sie. Es klang, als versuchte sie, im Korsett ihrer Konventionen Halt zu finden – und spürte gleichzeitig, wie es sie um den Atem brachte.

»Ich weiß«, sagte ich, »ich weiß.« Aber Laya beruhigte sich nicht. Mit einem Mal kam mir ein Gedanke. Es war zweifellos ein Wels gewesen, den ich im Triebsand aufgespießt hatte ... »Der Wels ist das Tier, mit dem du verbunden bist, nicht wahr? Ich habe einen gefangen, stell dir vor.«

Laya zog die Tränen durch die Nase hoch, ungläubig sah sie mich an: »Aber dann hast du die Prüfung doch geschafft.« Übergangslos ging ihr Weinen in ein strahlendes Lächeln über.

»Ich habe ihn freigelassen«, sagte ich schlicht.

»Du hast ihn freigelassen?«, wiederholte Laya tonlos. »Warum?«

»Ich konnte ihn nicht töten. Er hatte mir ja das Leben gerettet.«

»Dann hast du es geschafft, Mitfrau Ilona. Großmutter Oke wird dich nie wieder anfassen.«

»Wie bitte? Wie meinst du das?«

Laya wischte sich die Tränen mit beiden Händen aus dem Gesicht, bevor sie antwortete: »Wir nennen den Wels deshalb *mudfish,* weil er sich zu Zeiten der Trockenheit im Schlamm – im *mud* – eingräbt. Der Wels krabbelt aber auch über Land, um sich neue Flussläufe zu suchen. Weil er das kann, zählt er zu zwei Elementen. Zur Erde und zum Wasser.«

Layas Erklärung war mir zu schwammig. »Was hat das mit deiner Großmutter zu tun?«

»Der Fisch hatte sich im Sand verborgen. Also hat der Geist von Mutter Erde dich gerettet, Ilona. Und du hast dich beim zweiten Element des Fischs bedankt, dem Wasser. Das heißt, die Geister beider Elemente beschützen dich.« Laya nahm mich in die Arme, langsam beruhigten wir uns beide wieder.

In was für eine komplizierte Welt war ich hineingeraten? Lauter geheime Codes, die ich nicht verstand, mussten mir übersetzt werden. Einweihung, dachte ich, da gibt es wirklich viel zu lernen. Und ich hatte nur 16 Tage. Laya war 16 Jahre alt. Und lernte täglich dazu. Ich drückte sie fest an mich: »Ich bin so froh, dass du bei mir bist.«

»Mitfrauen müssen zusammenhalten«, sie lächelte aufmunternd, »dann sind sie wirklich stark.«

Ich führte keine Uhr mit mir, aber dem Stand des Mondes nach zu urteilen, mochte Mitternacht vorüber sein. Kome rief mich zu den anderen Frauen, denen ich ihre unterschwellige Erregung anmerkte. Der Tod von Enana ließ sich nicht geheim halten: Oke und ich – wir waren allein zurückgekehrt. Kome reichte mir eine Kalebasse mit einem stark riechenden, warm duftenden Getränk. Vorsichtig führte ich die Holzschale an meinen Mund. Ein wahrer Aroma-Cocktail strömte mir entgegen. Meine Augen suchten Layas Beistand, konnten sie aber in der Dunkelheit nicht ausmachen.

Das Getränk in der Kalebasse hatte einen kaum beschreiblichen Geschmack; das Besondere daran war, dass es sich auf der Zunge »trocken« anfühlte – ein Gefühl, als bisse man in ein Stück gut abgelagerten Holzes. Obwohl ich nur einen kleinen Schluck davon nahm, legte sich dieser Geschmack wie ein haariger Pelz auf Zunge und Gaumen. Ich konnte nicht mehr atmen, schnappte wie eine Erstickende mit geöffnetem Mund nach Luft und pumpte in kürzester Zeit große Mengen Sauerstoff in meine Lungen.

Die Priesterinnen führten mich und fünf Mädchen eilig ein paar Schritte durch den Wald. Wieder befand ich mich an einem Wasser, einer schwarzen, glänzenden Fläche, die mich angähnte. Helferinnen hatten bereits alles vorbereitet, dicke Stricke – es mögen auch Luftwurzeln irgendwelcher Lianen gewesen sein – lagen bereit. Wir sechs standen japsend da, in den Boden gerammte Fackeln verliehen dem Augenblick eine beängstigende Feierlichkeit. Hatte ich eben das gähnende Schwarz noch als Spiegel gesehen, so verschwamm dieses

Bild jetzt. Die klare Oberfläche wirkte wie eine in den Boden gerammte Pyramide aus Glas, deren Spitze sich irgendwo weit unten zu verlieren schien. Neugierig trat ich – immer noch keuchend und meine Lungenflügel pfeifend mit Atem füllend – näher. Von allen war ich diejenige, die dem Wasser am nächsten stand.

Bevor ich zu einem weiteren Gedanken fähig war, wurde ich mit den Stricken umwickelt. Das ging rascher, als mein Auffassungsvermögen funktionierte. Immer noch zog ich die Luft keuchend ein, vor meinen Augen drehte sich das tiefe Wasser mit der umgedrehten Pyramide, formte sich zu einem funkelnden Kristall, der schwerelos und riesig in der schwarzen Nacht tanzte, ein Kristall aus filigraner Transparenz, die zu seiner übermächtigen Größe nicht zu passen schien. Es war der Ausdruck kompletter Schwerelosigkeit – das aufsaugende Schwarz des Wassers hatte sich vor meinen Augen ins Gegenteil verkehrt.

Ich stand und glotzte dieses Wunder an; sperrte meinen Mund gehorsam auf, als man mir etwas hinhielt, in das ich hineinbeißen sollte. Die Länge eines Wimpernschlags spürte ich einen modrigen Geschmack, dann wurden meine Nasenlöcher mit irgendetwas verschlossen. Im selben Augenblick packten mich mehrere Hände und hoben mich hoch. Immer noch drehte sich die schwerelose Pyramide um sich selbst. Nun jedoch wurde die Haut meines Körpers von Feuchtigkeit umhüllt, die Pyramide drehte sich nicht mehr vor meinen Augen, sondern um mich herum.

Verwundert blickte ich umher. Ich war von Helligkeit umgeben, die allerdings – im Gegensatz zu meinem »Aufstieg« ins Licht im Tempel – keinen konkreten Ursprung, keine definierbare Quelle hatte, sondern die einfach nur existierte. Nichts schien mich zu beengen oder festzuhalten. Vorsichtig tat ich ein paar Schritte, überrascht, plötzlich frei zu sein. Da waren helle Stimmen, die sangen. Ihr Klang war so kristallin klar wie das Licht, in dem ich mich langsam bewegte. Seltsamerweise *wusste* ich, dass ich mich im Innern der umgedrehten Pyramide, also einem begrenzten Raum, aufhielt, aber die Seiten dieses Kristallkörpers waren nicht mehr zu erkennen. Nichts war da, woran meine Augen haften blieben, dennoch war es keine Leere, die mich umgab. Es schien die reine Energie zu sein. Je länger ich in diesem paradox raumlosen Raum umherschweifte, desto deutlicher spürte ich, dass es meine eigene Energie war, die mich umgab. Meine Hände wollten diese Energie ergreifen und spüren – ein Rudern, das mich immer weiter vorwärts trieb, hinein in die Tiefe der Pyramide. Die hellen Stimmen, die ich hörte, kamen von dort unten.

Ich hatte einen Punkt erreicht, an dem ich nicht mehr weiterkonnte: Der Kristall, in dem ich mich befand, ließ mich nicht hindurch. Neugierig starrte ich durch seine Wand und sah spielende Kinder, die ausgelassen herumtollten. Schwerelos wie ich. Deutlich konnte ich erkennen, dass es kleine Mädchen waren, allerdings ließ sich ihr Alter nicht bestimmen. Sie kreisten um eine dicke Frau, an deren Brüsten sie gelegentlich tranken, um anschließend zu ihrem Spiel zurückzukehren. Keines dieser Wesen hatte eine bestimmte Hautfarbe, sie schienen gewissermaßen durchsichtig zu sein, aus Glas. Und dennoch beweglich wie Gummifiguren. Mich nahmen sie nicht wahr, und ich fürchtete, dieses Bild friedlichster Harmonie zu stören, wenn ich noch einen Augenblick länger bliebe, denn dann könnten die Glasmenschen mich entdecken, ihr Spiel für immer beenden. In diesem Augenblick empfand ich wie ein kleines Kind, das einfach die Augen schließt und glaubt, dass man es nicht mehr sieht.

Ich lag klatschnass, vor Anstrengung schwer atmend, am Boden, nichts verschloss Mund und Nase. Wenige Schritte von mir entfernt beendete gerade ein anderes Mädchen seine Reise, ein Stück Holz wurde ihr aus dem Mund genommen, wobei sie nicht einmal aufstöhnte, Pfropfen wurden aus ihren Nasenlöchern gezogen. Auf der entgegengesetzten Seite klatschte es vernehmlich. Mit dem Kopf voran wurde ein nacktes Mädchen in das pechschwarze Wasser des Sees versenkt. Währenddessen wurden die anderen bereits für die Reise zur Glaspyramide fertig gemacht. Mich wickelte man aus den Stricken. Willenlos ließ ich alles mit mir geschehen; mein ganzes Bewusstsein war von dem soeben Erlebten erfüllt. Schließlich lagen wir sechs wie aus dem Wasser gezogene Fische an Land, friedlich ausgestreckt. Noch einmal drehte ich den Kopf zu der herrlichen Glaspyramide – sie war verschwunden. Ihr Bild existierte nur mehr in meinem Kopf. Sehen konnte ich lediglich einen schwarzen See, dessen Oberfläche glatt und schimmernd schlief. Davon, dass ausgerechnet ich kopfüber, gefesselt und geknebelt in dies Wasser eingetaucht worden war, zeugte nichts mehr. Außer dass ich nass war. Selbst der seltsame trockene Geschmack nach Holz war aus meinem Mund gewichen.

Hintereinander liefen wir zum Lager zurück. Erst jetzt begann ich mich zu wundern. Waren es nicht nur ein paar wenige Schritte gewesen zum tiefen, dunklen See? Der Rückweg schien mir ewig lang zu sein. Wir sechs sprachen kein Wort miteinander und ich hatte auch nicht das Bedürfnis dazu. Ich fühlte ganz deutlich, dass Ifeomas Prophezeiung richtig war: Es würde der Punkt kommen, an dem ich nicht mehr reden wollte. Jetzt war er da. Ich sah die anderen Mädchen neben mir auf dem Boden liegen, beobachtete, wie eine der Helferinnen die mit Pfropfen verschlossenen Münder öffnete. Die Augen der Mädchen waren weit geöffnet: Sieh, lerne, schweig und denke über das Gesehene nach. Das war es, was wir lernen sollten.

Das Lagerfeuer war bei unserer Ankunft zu einem Glimmen herabgesunken, die anderen Mädchen und Frauen schliefen bereits. Kome klatschte kurz in die Hände, Bewegung kam in die Schlafenden. Das Feuer wurde zu neuem Leben erweckt, um uns willkommen zu heißen. Wir hatten – jede für sich – unsere Prüfungen bestanden. Jetzt war die Gemeinschaft bereit, uns willkommen zu heißen. Sie nahm uns mit weit geöffneten Armen auf: Wir hatten bewiesen, dass wir dazugehörten.

Ich fühlte mich nicht müde, war regelrecht stimuliert. Mein Körper vibrierte vor Energie; meine Nase nahm die einzigartige Mischung der süßlichen, frischen oder erdigen Gerüche wahr; ich fühlte den sanften Lufthauch der vorbeiflatternden Fledermäuse, hörte die Rufe einer Eule, gegen die sich das Quaken der Frösche abstoßend und dumpf ausnahm.

Zwischen zwei Gefühlen

Ajira ließ die *sere* sprechen. Das leise, gleichförmige Rasseln tat wohl in der abgekühlten Nachtluft, verstärkte das Gefühl der Reinheit und Unbeschwertheit, das mich bestimmte. All die bedrückenden Gedanken, die mich am Beginn dieser Nacht gefangen gehalten hatten wie die Schnüre meinen ins Wasser eingetauchten Körper, hatten mich freigegeben. Kome verteilte an die anderen Frauen und ihre Helferinnen duftende Öle. Laya kam auf mich zu. Ich sollte verwöhnt werden, massiert von meiner *Mitfrau.* Auch den anderen, die Mammy Waters Glaspyramide geschaut hatten, wurde diese angenehme Behandlung zuteil. Laya rieb mich mit einer lieblichen Mischung ein, in der der warme Duft der Jasminblüte am stärksten war. Die übrigen Mädchen und Frauen wurden mit anderen Parfümölen eingerieben; der von Fackeln erleuchtete Ort roch wohl bei jeder Massierten anders, je nach dem Typ der Frau. Als Ganzes mochte unser Teil des nächtlichen Waldes ein paradiesischer Duftgarten sein, in dem ich auf einem imaginären Bett aus Blüten ruhte. Layas Hände streichelten, kneteten, klopften und klatschten jeden Quadratzentimeter meiner Haut und Muskeln, bis wohlig warme Wonne mich eingelullt hatte wie eine weiche Decke. Ich war nur noch Körper, mein Geist hatte sich dem reinigenden Klang der Rassel hingegeben.

Gehüllt in weiße Tücher, sah ich mich zurückkehren zum Palast von Victors Vater William, geschmückt mit Ketten aus Glasperlen und Muscheln, auf dem Kopf einen selbst geflochtenen Korb aus Raphiabast, gefüllt mit Jasminzweigen. Königlich schritt ich aus, kerzengerade die Figur. Graziös nahm ich quer im Weg liegende Baumstämme, kam kein einziges Mal ins Straucheln, egal wie beschwerlich der Weg war. Am Wegesrand stand Laya, geschmückt und gekleidet wie ich. Neben ihr ein Afrikaner, prachtvoll in eine verzierte *agbada* – das lange Traditionsgewand der Männer – gewandet.

»Mein Mann, Chief Opele«, sagte Laya. Sie lächelte bei ihren Worten zuvorkommend zu mir herüber.

»Wer ist Opele? Kennst du ihn?«, fragte ich.

»Er ist mein Cousin!«, sagte Laya.

»Wie bitte? Wer?« Schlaftrunken drehte ich mich zu Laya, die neben mir hockte. Die Sonne war noch nicht ganz aufgegangen, noch lag der graue Dunst des Morgens über dem dampfenden Waldboden.

»Du hast mich gefragt, wer Opele ist«, sagte Laya.

»Er ist der König«, sagte ich wie selbstverständlich.

Laya sah mich mit weit aufgerissenen Augen verständnislos an: »Opele ist der König?!«

Ich nickte, immer noch nicht ganz wach: »Du hast mir doch gesagt, er sei dein Mann«, sagte ich lakonisch und drehte mich wieder zur Seite, um weiterzuschlafen.

Die Sonnenstrahlen eines neuen Morgens trieben uns den Schlaf aus den übernächtigten Gliedern. Übermütig wie die Kinder, die nach einem heißen Tag endlich ins erfrischende Wasser dürfen, plantschten wir alle an einer ungefährlichen Stelle des Flusses, dessen viele Gesichter ich inzwischen kennen gelernt hatte. Wir alle wussten, dass die schwere Zeit der Initiation so gut wie abgeschlossen war. Kome unterwies uns im Laufe des folgenden Tages in der Herstellung von Seifen und Schönheitsmitteln, die allesamt aus der Natur gewonnen und frisch zubereitet werden. Ajira weihte uns in das Geheimnis von Räucherungen ein, welche die Haare verführerisch oder den Unterleib verheißend duften lassen. Dem Gekicher der Mädchen war deutlich anzumerken, dass sie darauf brannten, die Wirkung dieses neuen Wissens praktisch zu überprüfen.

Laya war oft an meiner Seite, warf mir verstohlene Blicke zu. In ihr schien eine große Unruhe zu sein. Sie traute sich nicht, offen anzusprechen, was sie bedrückte. Mir ging es ähnlich. Die vergangenen zwei Wochen hatten uns einander näher gebracht; aber lieferten sie eine Basis für ein Leben zu dritt? Laya schien davon auszugehen, dass ich eine polygame afrikanische Ehe befürwortete. Kein Wunder! Sie war in diesem Denken aufgewachsen. Ich jedoch war längst noch nicht so weit. Und ohne Victor konnte ich solch eine Entscheidung erst recht nicht treffen. Verstandesgemäß mochte zwar eine Menge dafür sprechen. Doch die wirklich großen Entscheidungen trifft wohl letztendlich jede Frau mit dem Bauch. Auch wenn sie das nicht offen zugibt. Und mein Bauch grummelte bereits vernehmlich, wenn ich mir vorstellte, für immer im Palast zu leben. Im Frauenhaus, getrennt von dem Mann, für den ich mich entschieden hatte. Sicher, der Zusammenhalt der Frauen, den ich während der Einweihung zu schätzen gelernt hatte, gab Geborgenheit und Halt. Laya würde mich unterstützen, auf sie konnte ich bauen.

Aber da war auch eine Frau wie Oke. Würde sie immer hier im *compound* leben? Oder irgendwann im Palast? Tür an Tür mit mir? Laya mochte mit ihrer Vermutung richtig liegen, dass Oke mich persönlich nicht mehr angreifen würde. Doch musste ich davon ausgehen, dass sie im Palast über viele Beziehungen verfügte, Intrigen gegen mich anzetteln konnte. Versuchen könnte, die Liebe zwischen Victor und mir langsam zu zersetzen. Ein Palast ist ein Universum für sich.

»Werden deine Kinder im Palast leben? Weißt du das schon?«, fragte Laya. Verblüfft sah ich sie an. Eine gute Frage: die Kinder. Layas Bemerkung machte mir erst recht deutlich, dass ich zwischen zwei großen Gefühlen hin- und hergerissen war. Wäre ich ungebunden gewesen, ohne Zögern hätte ich mich nach der Einweihung auf das Abenteuer eines Lebens im Palast eingelassen. Doch Janet und Bobby hatte niemand eingeweiht – und sie würden in den Palast kommen. Und erfahren, dass Victor dort ebenfalls eine Frau hatte! Nämlich Laya, mit der sich ihre Mutter den Mann teilte! Wie sollte ich den Kindern erklären, dass Victor zwei Frauen brauchte?

»Im Moment leben sie in Deutschland bei ihren Großeltern«, antwortete ich und verschob das Problem in die ungewisse Zukunft. Auch um mich selbst zu beruhigen.

»Ich werde ihnen eine gute Mutter sein«, sagte die kindliche Frau ernsthaft. Spontan umarmte ich Laya: Was für eine tapfere, praktisch denkende Person. Sie suchte und fand jederzeit ihre Rolle im afrikanischen Kosmos der Familie. Aber würde Victor es schaffen, sich in dieses empfindliche Geflecht der Beziehungen einzufügen?

Auf Layas Einfühlungsvermögen konnte ich bauen. Das wusste ich, als sie mich mit großen Augen ansah: »Welche Sprache sprechen deine Kinder?« Meine wahrheitsgemäße Antwort dämpfte ihre Zuversicht keineswegs: »Glaubst du, ich kann Deutsch lernen, damit sie mich verstehen?«

So sprach nicht die Tochter von Sunny. So sprach eine junge Frau, die meine Freundin werden wollte. Jemand, der die Verhältnisse akzeptierte und bereit war, daraus das Beste zu machen. Während ich die junge Frau ansah, durchzuckte mich ein völlig anderer Gedanke: Laya würde auch Kinder haben wollen. Von Victor. Es gab keine andere Möglichkeit. Eine Afrikanerin, die freiwillig auf Kinder verzichtet – das war undenkbar. Layas Vater Sunny, der Victor ablehnte, würde der Großvater dieser Kinder sein. Sie hatten mir im Einweihungscamp beigebracht, dass ich Victors und Layas Kindern ebenfalls Mutter zu sein hätte. Die Ziehmutter von Okes Urenkeln. Irgendwie drehte sich alles um mich herum …

»Ist dir nicht gut, Mitfrau Ilona?«, fragte Laya besorgt.

»Nein, nein«, sagte ich, »das geht wieder vorüber.« Aber ich spürte: Mit dem Ende meiner Einweihungszeit holte mich die Realität ein.

»Du solltest Odame deinen Traum der letzten Nacht erzählen«, sagte Laya.

»Welchen Traum?«, gab ich zurück. Ich erinnerte mich an keinen.

»Du hast anscheinend von meinem Cousin Opele geträumt«, sagte Laya. »War es ein schlimmer Traum?« Angestrengt dachte ich nach. Ich schüttelte den Kopf. An nichts erinnerte ich mich. »Du sagtest im Schlaf, dass Cousin Opele mich heiratet.«

»Tatsächlich?« Es war alles verschwunden. Wie eine Blinde tappte ich in meiner eigenen Erinnerung.

»Wenn wir träumen, geht der kleine Engel, der unsere Seele in Händen trägt, auf Reisen.« Ajira hatte diesen Satz durch Ifeomas Mund am Anfang meiner Einweihung gesprochen.

»Wohin reist dieser kleine Engel?«, hatte ich Ajira gefragt.

»In ein Land, in dem es keine Zeit gibt, in dem alles nur ist«, hatte Ajira antworten lassen.

Wie konnte ich diese Reisen meiner Seele zurückverfolgen? »Opele heiratet dich? Das habe ich geträumt?«, fragte ich Laya. Ich lachte erleichtert: »Vielleicht war das kein dummer Traum. Ich heirate Victor und du nimmst Opele zum Mann!«

Laya sah mich an, als wäre ich nicht ganz gescheit: »Ich habe Cousin Opele erst ein paar Mal gesehen. Er kann mich nicht ausstehen. Jedes Mal, wenn er mich sieht, lässt er mich spüren, dass ich eine ungebildete Person aus dem Dorf bin. So ein Mann würde mich nie heiraten.«

»Menschen können sich ändern«, gab ich zu bedenken.

»Cousin Opele lebt in Calabar, das ist weit weg im Osten Nigerias. Seine Großmutter Soma, die dritte Frau Serris, stammt von dort. Sie ist nach dem Tod ihres Mannes mit Domba, Opeles Vater, zurück in ihr Heimatdorf gegangen. Domba, der Halbbruder von William und Sunny, ist noch vor der Geburt Opeles in Calabar gestorben. Er war mit einer Frau aus dem Osten verheiratet, genau wie Opele. Ich habe Opeles Frau nur einmal gesehen. Sie ist nicht wie ich. Sie ist wie Opele selbst.«

»Er ist auch verheiratet?« Da hatte ich im Traum wohl die Falschen zusammengebracht! Mein kleiner Traumreiseengel musste in Zukunft das Verkuppeln lernen. »Das tut mir Leid«, sagte ich zerknirscht. »Nimm es nicht so schwer, es ist ja nur ein Traum gewesen. Und ich habe ihn schon wieder vergessen.«

»Du solltest deine Träume nicht vergessen, Mitfrau Ilona. Sie helfen dir, dich selbst zu erkennen.«

»Wie meinst du das, Opeles Frau ist wie er selbst?«

»Opele hat seine Frau kennen gelernt, als sie beide im Ausland studierten. Beide sind Rechtsanwälte. Opeles Frau ist eine kluge Frau. Ich achte sie sehr. Mit ihr kann ich mich nicht vergleichen.«

»Aber du bist selbst eine kluge Frau! Man muss doch nicht studiert haben, um klug zu sein!«

»Opele würde mich nie heiraten«, wiederholte Laya.

Um sie zu beruhigen, sagte ich: »Du hast Recht. Er ist auch kein Stammesführer, sondern Anwalt. Wir sollten den Traum doch besser vergessen.«

»Erzähle ihn Odame, wenn sie dich ruft«, beharrte Laya. »Deine Zeit der Einweihung ist fast vorüber. Sie wird dich gewiss bald zu sich holen. Die Ermahnungen, die sie dir zum Abschied mitgibt, sind sehr wichtig.«

Ich dachte eher an gesellschaftliche Ermahnungen über meine zukünftige Rolle im Palast. Aber Laya entgegnete: »Zum Abschied befragt Odame das Orakel über deinen weiteren Lebensweg. Achte auf jedes ihrer Worte; im Orakel sieht Odame deine Zukunft voraus.«

»Weißt du, wie sie das macht?«

Laya lachte herzhaft. »Das weiß ich nicht.« Sie nahm mich bei der Hand. »Komm, wir laufen zu Afuma. Sie kann uns ein paar Dinge über das Orakel sagen. Sie lernt es gerade. Ich werde dir übersetzen, was Afuma sagt.«

Wir fanden die Orakel-Schülerin am Fluss, wo sie sich einige Muscheln aus dem seichten Flussbett herauspickte. Laya trug ihr unser Anliegen vor. Afuma schien glücklich, dass wir Interesse an ihrer künftigen Arbeit hatten, und griff in ihren Beutel, den sie wie alle Priesterinnen – ob werdend oder ausgebildet – ständig vor dem Bauch trug. Sie holte einige elfenbeinfarbene kleine Seeschnecken, die Kauris, daraus hervor und legte sie auf ihre flache Hand. Laya übersetzte Afumas Worte.

»Meine Großmutter«, begann Afuma, »hat die Kauris noch als Zahlungsmittel verwendet. Diese Zeiten sind zwar vorbei, aber wertvoll sind sie uns immer noch. Wer es versteht, liest in den Kauris die Zukunft. Meine Lehrerin Odame verwendet dazu 16 Stück. Manche Priesterinnen nehmen 12. Je mehr du hast, desto schwieriger wird es.« Afuma lächelte. »Ich kann euch unmöglich alles über die

Kauris sagen. Wir würden noch in ein paar Jahren hier sitzen. Aber seht her: Jede Kaurischnecke hat zwei Seiten – eine mit einem langen Schlitz, die andere mit einem Loch. Dies ist eigentlich die Rückseite, die erst nachträglich geöffnet wurde, um das Muskelfleisch herauszuziehen. Sie steht für das weibliche Element und bedeutet, dass etwas gut ist oder gut wird. Sie stellt Offenheit und Ermutigung dar. Jene mit der schlitzartigen Seite ist männlich und verheißt Ärger, Ablehnung, Misslingen, eben Verschlossenheit – auch dem Glück gegenüber.« Afuma deutete auf die beiden Enden der Kaurischnecke: »Die Werferin liest das Orakel aus ihrer Sicht, nicht aus der Sicht jener, die nach ihrem Schicksal fragt. Zeigt die spitze Seite der Kauri auf die Werferin, so kommt das Ereignis auf die Fragerin zu, die runde Seite besagt: Etwas geht von der fragenden Person fort. Liegt die Kauri quer, so handelt es sich um eine Sache; ob gut oder schlecht, wird durch die gezeigte Seite bedeutet.«

Laya sah in meinem Blick, dass ich das so schnell unmöglich im Kopf behalten konnte. »Du wirst es verstehen, wenn es so weit ist«, ermutigte sie mich. Dann übersetzte sie noch eine Ermahnung Afumas: »Du musst Mammy Water ein Geschenk mitbringen. Afuma meint, wir könnten eine hübsche Kette basteln.«

Während wir Glasperlen, Muscheln und Kauris und ein paar Federn, die ich zusammensuchte, auffädelten, fragte ich Afuma, wie lange ihre Ausbildung noch dauern würde. »Odame wird mir sagen, wann ich genug weiß, um eine würdige Priesterin zu sein«, ließ Afuma mir durch Laya antworten. Welch ein unbekümmerter Umgang mit der Zeit. Beneidenswert!

Odames Orakel

Gegen Abend desselben Tages rief mich Odame schließlich in den Mammy-Water-Tempel. Es war die Stunde vor dem Sonnenuntergang. Das Versammlungshaus war angenehm kühl, die Fenster mit vielen Stoffen verhangen. Die Wirklichkeit des *compounds* war ausgesperrt, nur die kleinen Schibutterlampen verbreiteten ein angenehmes Licht. Es herrschte unwirkliche Stille, eine geradezu erhabene Feierlichkeit lag in diesem großen Raum. In der Ferne hörte ich mal das Krähen eines heiseren Hahns, mal das kurze, fröhliche Auflachen einer Mädchenstimme, was mich daran erinnerte, dass dieser Tempel das Herz eines kleinen Dorfs darstellte, in dem Frauen lebten, arbeiteten, lachten und litten. Dennoch hielt der heilige Raum die intensiven Schwingungen des gelebten Lebens von uns fern.

Unter tiefen Verbeugungen platzierte ich meine unter Afumas Anleitung gebastelte Kette vor der runden Gottheit. Ich kniete mich vor Odame auf den Boden, verneigte mich tief, wie ich es gelernt hatte. Doch Odame schien mich nicht wahrzunehmen. Sie wirkte in sich selbst versunken, ihr ruhiges Gesicht mit den tiefen Augenhöhlen, die ihr diesen in sich gewandten Ausdruck verliehen, schien nicht mehr das einer Lebenden zu sein. Außer Odame war nur Kome anwesend, die der obersten Priesterin assistierte. Sie ließ mich auf dem

Hocker Platz nehmen, den Odame für mich geweiht hatte, dann begann sie, mir unverständliche Gebete zu murmeln.

Eine seltsame Wandlung ging in diesen Minuten mit mir vor: Die Geräusche, die ich eben noch von draußen lebhaft wahrgenommen hatte, verblassten. Ich begann, in mich hineinzuhören. Ich glaubte, körperlich zu spüren, dass sich die beiden Frauen auf mich konzentrierten; mein Schicksal stand zur Debatte. Odame und Kome traute ich so viel spirituelle Kraft zu, dass sie alle meine Geheimnisse, meine Wünsche und Sorgen durchschauen konnten. Während Kome nun begann, die *sere* sprechen zu lassen, verstärkte sich dieses Gefühl immer mehr. Die reinigende Kraft der kleinen Kürbisrassel war offenkundig in der Lage, alle Schutzmechanismen, die ich als Weiße ganz automatisch um mich herum errichtet hatte, niederzureißen. Ich gab mich preis, ohne meinen Willen strömte die Energie Mammy Waters, von Odames Gebeten geweckt, durch mich hindurch.

In einer Kalebasse verwahrte Odame ihre elfenbeinfarben schimmernden Kauris, von den Meeren geformte kleine Meisterwerke. Nachdem sie das Gebet beendet hatte, stellte Odame die hölzerne Schale vor mich hin und hieß mich daraus 16 Stück auszuwählen. Kome steigerte das Tempo des Rasselns, dann brach sie unvermittelt ab. Odame warf die Kaurischnecken vor sich auf den Boden. In dem entstandenen Durcheinander hätte ich niemals Formen oder Zuordnungen erkennen können. Odame besah sich die Lage der Kauris sehr lange; ich machte einen langen Hals. Stumm flehte ich die Ahnen an, Victor und mir beizustehen. Immer noch studierte Odame das Orakel. Sie nahm ein kleines Bambusstöckchen und deutete auf einzelne Muscheln, während sie langsam mit tiefer Stimme zu sprechen begann; sie sah mich dabei allerdings nicht an.

Das Bild, das sich mir bot, erinnerte an eine Blume mit

einem Stängel aus drei Kauris, allerdings bestand zwischen »Blüte« und »Stängel« ein ziemlicher Abstand, in dem zwei weitere Kauris lagen, sozusagen die Blätter. Die meisten Kauris lagen mit der »geschlossenen« Seite nach oben. Die Spitzen zeigten zumeist fort von Odame, die in diesem Moment meinen Platz einnahm. In der Mitte der »Blüte« entdeckte ich eine einzelne, quer liegende, geschlossene Kauri.

Das Bambusstöckchen in Odames Hand fuhr den »Stängel« der Blume aufwärts, in Richtung der »Blüte«. »Du hast eine Reise gemacht, eine sehr weite Reise, aber diese Reise hat kein glückliches Ende«, sagte Odame. Sie deutete auf die beiden »Blätter«, die parallel lagen, eine mit der »männlichen«, eine mit der »weiblichen« Seite nach oben, die Spitzen zeigten jedoch in entgegengesetzte Richtungen. Es war, als ob beide nichts miteinander zu tun haben wollten. »Dies ist ein Paar, ein Mann und eine Frau; sie passen nicht zusammen.« Das Stöckchen umfuhr die »Blüte«, tippte kurz auf die mittige Kauri. »Jemand streitet, die Stimmung richtet sich gegen das Paar.« Sechs Kaurispitzen, die »Blüte«, zeigten in die Mitte des Blütenkreises, fast alle waren geschlossen. Vier weitere Kauris lagen wie ein äußerer Rahmen um die »Blüte« herum.

Odame schwieg eine Weile, dann hob sie ihre Augen. Sie wirkte müde. »Du weißt, was ich dir über die Dunkelheit sagte, die dich umgibt. Das Orakel bestätigt meine Worte. Du bewegst dich auf einen Kreis von Menschen zu, die sich von dir abwenden. Die Dunkelheit ist hier«, sie deutete auf das entgegengesetzt angeordnete Kauripaar, »dein Blick ist verstellt.« Odame sammelte die Kauris ein. »Ich werde das Orakel jetzt fragen, ob sich die Dunkelheit lichten wird.«

Wieder warf sie die Kauris mit einer raschen Handbewegung auf den Boden. Diesmal lagen vier Kauris nahe vor Odame; drei schmiegten sich dicht aneinander, lagen aber quer, bedeuteten folglich weder Kommen noch Gehen, dicht an der mittleren lag eine vierte. Dahinter tat sich ein wahres Durcheinander auf: Zwei Kauris hatten sich ineinander verkeilt, geschlossene Kauris deuteten von Odame fort. Am Ende dieser Reihe lagen wiederum drei Kauris dicht beieinander. Odame rührte sich nicht, das Bambusstöckchen nahm sie ebenfalls nicht zur Hand.

»Das Orakel stellt mir eine schwere Aufgabe«, sagte Odame nach langem Schweigen. Sie begann ein langes Gebet in ihrer eigenen Sprache. Währenddessen schüttelte Kome die *sere*, das Rasseln steigerte meine Spannung. Endlich schien Odame die Kraft zu haben fortzufahren. Als koste es sie enorme Willenskraft, so mühsam nahm sie das Bambusstöckchen zur Hand und deutete auf die ineinander verkeilten Kauris: »Schwarze Magie wird angewendet.« Indem sie auf die beiden Dreiergruppen zeigte, verkündete sie: »Zwei Männer werden sterben.« Wieder schwieg Odame, starrte abermals das Orakel an. »Und ein Kind. Es gehört zu dem Mann, der dir am nächsten ist.«

Mir lief ein eiskalter Schauer über den Rücken, fieberhaft versuchten meine Gedanken, das Gesagte in mein Leben einzuordnen. Wen konnte das Orakel meinen? Ich saß in Afrika; meine Kinder waren weit entfernt; ihr Vater war von ihnen getrennt. Meinem damaligen Gefühlsstand nach war er nicht jener Mann, der mir am nächsten war; meine Kinder konnten in Deutschland unmöglich mit schwarzer Magie in Berührung kommen. Es machte keinen Sinn! Mit Victor brachte ich das Orakel am allerwenigsten in Verbindung – auch hatte er kein Kind. Das dachte ich jedenfalls an jenem Abend im Tempel von Mammy Water.

»Dein Weg führt dich tiefer hinein in die Dunkelheit«, sagte Odame. »Und ich sehe schwere Konflikte, die auf dich warten.« Schwarze Magie, zwei tote Männer und ein totes Kind – ja, das konnte man durchaus so umschreiben. Ich rührte mich nicht, hatte das Gefühl, in einen Abgrund zu blicken. Keine Sekunde lang zog ich Odames schaurige Worte in Zweifel. Sie schien entweder meinen Gesichtsausdruck oder meine Stimmung zu fühlen. In ihrer bedächtigen Art fuhr sie fort: »Das Orakel sagt dir den Weg, den dein Leben gehen wird. Das ist seine Aufgabe.« Ganz kurz hob sie die Augen: »Deine Aufgabe ist es, daraus zu lernen, um deinen Weg zu ändern.« Dann senkte sie den Blick wieder auf die 16 kleinen Seeschnecken am Boden: »Die Konflikte, die das Orakel sieht, musst du lösen. Wenn du deinen Lebensweg änderst, wird nicht eintreten, was das Orakel sieht.«

»Wie kann ich das tun?«, sagte ich mit zitternder Stimme. Ich hatte das Gefühl, alle meine Kraft wäre aus meinem Körper gewichen. Der dreibeinige Hocker, der Ruhesitz meiner Seele, wie Odame ihn am ersten Tag genannt hatte, trug nicht gerade dazu bei, mich gut zu fühlen.

»Ihr Weißen wollt Konflikte mit dem Kopf lösen. Hier hast du gelernt, dass eine Meinungsverschiedenheit nur mit der anderen Person zu lösen ist.« Sie deutete ruhig auf die Kauris zwischen uns: »Denke an meine Worte bei den Aufgaben, die das Leben für dich bereithält.«

»Wie kann ich vor solch einem schweren Schicksal bestehen?«, fragte ich ziemlich hilflos die alte Priesterin. Sie bewegte keinen Muskel. Wie viele Frauen hatten vor mir schon auf diesem Platz gesessen? Wie viele Tragödien mochte sie in ihrem langen Leben als Interpretin des Orakels schon aus der Anordnung von 16 kleinen Kauris herausgelesen haben? Jetzt saß ich hier vor ihr, eine Weiße, die den wichtigsten Nachkommen des Stammes heiraten wollte. Und das Schicksal sah solche Probleme voraus.

Odame schloss ihre Augen, als schliefe sie. Der in sich gekehrte Ausdruck ihres alten Gesichts, der so viel Weisheit ausstrahlte, erinnerte mich an eine Maske. Aber auf andere

Weise als jene Maske, die Oke meiner Ansicht nach trug. Oke wollte sich verbergen; Odames starre Gesichtszüge schützten sie wie ein Schild vor der Angst, die von uns Unwissenden in ihren Tempel getragen wurde.

»Schließe die Augen«, hörte ich Odames Stimme sagen. Ich horchte auf das sanfte Rauschen von Komes Rassel, es tat zwar gut, aber mein wackliger Halt auf dem dreibeinigen Hocker irritierte mich ebenso wie die Frage, was ich mit dem eben erhaltenen Wissen anfangen sollte. Meine Schultern waren verspannt, mein Nacken schmerzte. Ich öffnete die Augen, um mich herum glitzerte Mammy Waters Höhle geheimnisvoll. »Leg dich auf den Boden«, befahl Odame, ohne ihrerseits die Augen zu öffnen. Sie spürte mit Sicherheit die Unruhe, die von mir ausging.

Ich stand auf, hob den rituell geweihten Hocker vorsichtig zur Seite. Und zögerte. »Leg dich hin«, wiederholte Odame gleichmütig. Ich folgte ihrer Anweisung, streckte mich auf dem nackten Lehmboden aus. Er war warm, schien sogar etwas feucht zu sein. Aber nein: Es war mein eigener Schweiß, der sich als dünner Film auf meine Haut gelegt hatte. Immer rascher schlug Kome die Rassel, mein Atem wurde flacher, aber mein Herz schlug schneller. Mit einer Stimme, die ich noch nie zuvor gehört hatte, begann Odame zu singen. Ihre sonst so alte, brüchige Stimme war von unvorstellbarer Klarheit und Reinheit. Nur für kurze Zeit wunderte ich mich darüber, fragte mich allerdings nicht, was sie sang. Es war eine leichte Folge fremder Worte, die ich nicht verstehen konnte.

Die nie zuvor gehörten Töne und das Rasseln der *sere,* das sich in einen befreienden Sturm verwandelte – vergleichbar mit der Kraft eines stürmischen Windes, der die schwüle Luft vor einem Gewitter reinigt –, gaben mir eine Leichtigkeit, die meinen schwer auf der Erde ruhenden Körper hochhoben.

Waagerecht ausgestreckt schwebte ich über dem Boden. Der Raum war von seiner Bauweise her niedrig, kaum höher als drei Meter. Doch diese Begrenzung nahm ich nicht wahr; ich schien viel höher vom Boden entfernt. Leicht wie eine Feder. Anders als bei allen bisherigen vergleichbaren Erfahrungen trennten sich mein Körper und mein Geist diesmal nicht. Ich blieb ich selbst. Und sah trotzdem auf mich herunter. Nur mit einem weißen Tuch um die Hüften lag ich nackt vor Mammy Water und ihrer Priesterin. Odame bewegte den Mund. Und ich antwortete. Zumindest antwortete die Person, auf die ich heruntersah – die nackte Weiße. Ich strengte mich an, den Dialog der beiden zu verstehen. Nach wenigen Worten, die ich vernommen hatte, interessierte mich das Gespräch nicht mehr. Denn ich konnte ihm nicht folgen – die beiden benutzten eine Sprache, die ich nicht verstand.

»Steh auf, Tochter von Mammy Water, die Mutter allen Wassers wird dir den Weg zeigen, den du zu gehen hast«, hörte ich die Worte Odames dicht an meinem Ohr. Ich öffnete meine Augen in der Erwartung, dass Odame ganz nah bei mir wäre. Doch ich schwebte nicht mehr; ich lag so am Boden, wie ich mich »von oben« gesehen hatte. Odame, nach wie vor in sich selbst versunken, harrte unbeweglich auf ihrem Orakelplatz vor der mächtigen Gottheit aus Lehm und Muscheln. Ungelenk setzte ich mich auf. Kome, seitlich von Odame, sah mich mit großen Augen an. Vielleicht bildete ich es mir ein – sie zumindest hatte ein Lächeln für mich. Was war mit mir geschehen? In welchen Sphären hatte ich mich aufgehalten, während ich hier am Boden gelegen hatte?

»Du darfst jetzt gehen«, sagte Kome. Odame selbst schwieg. »Wohin auch immer du gehst, deine Göttin wird dich beschützen«, versprach Kome. Odame schwieg auch noch, als ich aus dem Tempel heraustrat in das mittlerweile sich verdunkelnde Licht der Sonne. Sie ging genau in diesem

Augenblick mit jener immer wieder von mir fasziniert beobachteten Geschwindigkeit unter, mit der die Sonne in der Nähe des Äquators den Tag beendet. Was für ein Kraft gebender Anblick. Regungslos blieb ich stehen, bis die Sonne hinter dem Blätterdach des Regenwaldes versunken war.

Mit bleischweren Gliedern ging ich hinüber zu dem großen Baum in der Mitte des *compounds*. Stärker denn je fühlte ich die Ruhe von ihm ausgehen, als ich mich gegen seine alte, raue Rinde lehnte. Ich schloss die Augen und ließ noch einmal das Geschehen im Tempel vor mir ablaufen. Welche Konflikte sollte ich lösen? Wie sollte ich meinen Lebensweg ändern? Was tritt nicht ein? Der Tod welcher Männer, welches Kindes? Wer arbeitete gegen uns? Ich war doch bereits im Begriff, meinen Lebensweg zu ändern. Oder warnte mich das Orakel davor, mich mit Victor wieder in die weiße Welt zurückzuziehen, aus der wir beide kamen? Und wieso passten Victor und ich aus der Sicht des Orakels nicht zusammen? Oder musste er sich erst noch ändern – nein, das passte nicht zur ersten Aussage. Die Fragen, die in meinem Kopf Karussell fuhren, begannen mich halb irrezumachen. Was nutzte ein Orakel, wenn man es nicht verstand?

Mir boten sich so viele Möglichkeiten, mich richtig oder falsch zu entscheiden, dass ich das Orakel so zu interpretieren begann: Ich hatte mich dem Willen von Victors Vater und damit dem Willen der Ahnen gebeugt, mich in ihre Traditionen einweihen zu lassen. Jetzt – nach nunmehr 15 Tagen – stand ich in gewisser Weise *auf ihren Schultern*, hatte in dieser Zeit versucht, so viel an Wissen mitzunehmen, wie ich mitnehmen konnte. Sollte es mein Schicksal sein, nicht mehr in die Welt der Weißen zurückzukehren? Sollte ich Victor davon zu überzeugen suchen, dass unser Platz hier war? War Victor vielleicht selbst in seiner Initiation zu dieser Einsicht gekommen?

Wie Victor darüber dachte, so hoffte ich, würde ich zumindest am nächsten Tag erfahren, wenn ich zum Palast zurückkehren durfte. Schwer in meine Überlegungen vertieft, hatte ich nicht mitbekommen, dass sich Laya leise neben mich gesetzt hatte. Als ich ihre Anwesenheit wahrnahm, sahen mich ihre großen, gefühlvollen schwarzen Augen fragend an. Schweigend umarmten wir uns.

»Die Ahnen wollen, dass du Victors Frau wirst«, sagte ich zu Laya, »das akzeptiere ich. Wir dürfen weder sie noch die Familie und den Stamm gegen uns aufbringen.« Das Orakel mit den Kaurischnecken hatte mir veranschaulicht, dass Victor und ich vom Clan mit Sorge betrachtet wurden. Mit meiner Entscheidung, die eindeutig gegen meine Ablehnung der Polygamie verstieß, hoffte ich, den Clan auf meine Seite bringen zu können. Langsam und deutlich sagte ich: »Ich wäre glücklich, Laya, wenn wir gleichzeitig Mitfrau und Freundin sein könnten.«

Laya blickte mit niedergeschlagenen Augen auf den Boden: »Alle wichtigen Entscheidungen muss unser Mann treffen, Mitfrau Ilona.« Mit ihrer Erwiderung machte Laya mich darauf aufmerksam, dass mir als Frau nicht das Recht zustand, Schlussfolgerungen zu ziehen und zu entscheiden. Orakel hin oder her. Ich hatte gegen eine Grundregel patriarchalischen Denkens verstoßen. Sanft lenkte ich ein: »Ich weiß, Mitfrau Laya, ich wollte dir nur sagen, dass ich bereit bin, mich zu fügen.« Ich glaubte, tatsächlich einen Weg gefunden zu haben, um eine Brücke zwischen den beiden Gefühlen, die mich beherrschten, herzustellen: dem afrikanischen und dem europäischen. Die Brücke war Laya. Doch ihr schlichter Einwand machte mir deutlich, dass Victor sich ebenfalls eine Brücke zwischen den zwei Welten schaffen musste, bei dessen Bau ich ihm aber, nach patriarchalischem Denken, nicht zur Seite stehen konnte.

Noch während Laya und ich zusammensaßen, trafen immer mehr Frauen im *compound* ein. Ihre Gesichter konnte ich in der Dunkelheit nicht erkennen. Die mit Kopftüchern geschmückten Gestalten gingen würdevoll gemessenen Schritts hinüber zum Tempel von Mammy Water. Plötzlich sprang Laya auf und lief auf eine Gruppe von Frauen zu, die als Letzte in den *compound* trat. Laya warf sich einer Frau in der Mitte der Gruppe zu Füßen. Dann stand sie auf und wurde von der schmalen Frau umarmt. Auch die anderen begrüßten Laya herzlich, um dann ihren Weg fortzusetzen. Anschließend kehrte Laya zu mir zurück.

»Das muss eine sehr wichtige Frau sein«, sagte ich vorsichtig.

»Großmutter Fara und ihre Ratgeberinnen sind gekommen«, sagte Laya schlicht. Fara, die Anführerin des Palasts. Zum ersten Mal hatte ich einen flüchtigen Blick auf die bedeutsamste Frau des Clans geworfen – die Königin. »Der Rat der Ältesten kommt heute hier zusammen, bevor die Initiandinnen zu ihren Familien zurückkehren«, erläuterte Laya.

»Worüber reden sie?«, fragte ich.

»Das werden wir erst erfahren, wenn wir beiden so alt sind wie meine Großmütter.« Laya lächelte viel sagend. Sie legte den Kopf schief: »Vielleicht gehörst du später auch einmal ihrem Rat an. Nein, sieh mich nicht so fragend an, Mitfrau Ilona. Viele Frauen sind von weit her gekommen und gehören heute dem Rat der weisen Frauen an.« Urika, Kome, sie beide hatten für Layas Begriffe weite Reisen hinter sich. Aber eine ehemalige Managerin aus Deutschland . . .

»Vielleicht«, sagte ich, »wir werden sehen.« Ein einsames Blatt trudelte vom Baum, unter dem wir saßen, in meinen Schoß. Der Mensch ist wie ein Blatt, mit dem der Wind spielt. Es fällt vom Baum, landet jedoch wieder an dessen Wurzeln, wo es im Leib von Mutter Erde vergeht und so dem Baum neue Kraft gibt; so hatte ich im Traum die Stimme meines Baums zu mir sprechen hören.

»Wir Menschen schmieden Pläne, doch die Dinge entwickeln sich auch ohne unser Zutun«, sagte ich zu Laya.

»Hat Odame das zu dir gesagt?«, fragte Laya verblüfft.

Ich lachte: »Nein, manchmal kommen mir selbst solche Gedanken. Aber ich glaube, nachdem ich Odames Orakel gehört habe, liegt so was wohl auf der Hand.«

»Hat das Orakel dir Schlimmes verheißen?«

»Das Orakel zu kennen heißt ja auch, den Weg verändern zu können, nicht wahr?«

Von Odame und den anderen weisen Frauen sah ich am folgenden Tag niemanden mehr. Nur noch Kome und ihre Helferinnen kümmerten sich um mich, die beiden Frauen aus der Schwitzhütte und drei Mädchen, die ebenfalls ihre Einweihungen beenden würden. Kome versammelte unsere kleine Gruppe unter dem mächtigen Baum. Nahezu der gesamte letzte Tag verging mit traditionellen Ermahnungen und Erinnerungen an die wichtigen Verhaltsregeln. Der oberste Zweck einer Ehe seien Kinder. Spätestens alle zwei Jahre müsse ein Paar Nachkommen haben, um den Auftrag der Ahnen zu erfüllen. Es gehe in einer Ehe, so Komes Worte, nicht um egoistische Ziele, sondern um ein gemeinsames Ziel. Sollte es in einer Ehe zu Streit kommen, müsse mit entsprechenden Ritualen, die die Alten kennen, das gespaltene Ganze wieder zusammengefügt werden.

Kome begründete das so: »Jeder Mensch kommt mit einer bestimmten Aufgabe zur Welt. Die Partnerschaft dient dieser Aufgabe. Die gegenseitige Stärkung gibt der Gemeinschaft neue Kraft.« Kome meinte damit die Ehe als Keimzelle des Clans, der wiederum ein Element des Dorfes darstellt. Das Zusammenleben von Mann und Frau ist, um Komes Ausführungen über das afrikanische Leben zu vervollständigen, von einem grundlegenden Gedanken der Reinheit geprägt: Während der Menstruation darf die Frau nicht kochen, nicht Kind und Mann versorgen, da sie in dieser Zeit als unrein gilt. Dieser Unreinheitsgedanke wurde übrigens auch im *compound* beachtet: Menstruierende Frauen hielten sich in einer separaten Hütte am Rande des äußeren Dorfs auf. Bis zu deren Ende hielten sie sich von den anderen fern und dienten durch Rituale und Zeremonien der Göttin der Fruchtbarkeit, Mammy Water. Denn gerade in der Zeit »des Blutens« ist eine Frau sehr empfänglich für alle Strömungen und Stimmungen der Umgebung. Deshalb soll sie sich auch in der Menstruationshütte wohl fühlen und ausruhen können. Damit das System Familie während der unreinen Tage aufrechterhalten bleibt, übernimmt eine andere Frau die Aufgabe der Unreinen. Noch einmal wies Kome auf die dem Mann nachgeordnete Stellung der Frau hin: Sie hat ihm zu dienen, damit er seinem Stamm dienen kann.

In der Stunde vor Sonnenuntergang führten Kome und ihre Helferinnen uns zum Fluss, wo wir ausgiebig rituell gereinigt und mit duftenden Ölen massiert wurden. »Mammy Water ist eure Göttin«, sagte Kome, »ihr dient ihr. Sie unterstützt euch bei euren Aufgaben als Frau und als Mutter. Sie gibt euch die Liebe zu euren Kindern und zur Arbeit im Haus. Sie lässt euch auch einmal niedergeschlagen sein, aber sie gibt euch immer die Kraft und die Freude am Leben zurück. Also vergesst nie, eurer Göttin reiche Opfergaben zu bringen.«

Anschließend durften wir uns in eine Räucherhütte zurückziehen. Die sinnlichen Düfte legten sich auf Haut und Haar. Meine Haare wurden kunstvoll geflochten und mit Blumen geschmückt, die Hände und Füße sorgfältig mit Hennafarben bemalt und festliche Gewänder angelegt. Zum Abschluss weihte Kome jeder von uns eine Kette aus Kauris und Glasperlen, die wir umgehängt bekamen. Ich verließ am nächsten Morgen noch vor Sonnenaufgang prächtiger geschmückt das Dorf, als ich 16 Tage zuvor gekommen war. An den Fußgelenken trug jetzt auch ich kleine Glöckchen, die hell und fröhlich bei jedem Schritt klingelten. Ich hatte mich wirklich in eine Königin verwandelt. Äußerlich. Innerlich war ich zwar bereichert, aber fühlte mich keineswegs wie eine Königin. Eher wie eine Dienerin, die eine große Arbeit zu verrichten hat.

Laya und einige der Novizinnen, Helferinnen sowie Urika begleiteten uns beim fröhlichen Marsch durch das Labyrinth des mystischen Waldes. Wir spazierten durch das Rankentor hinaus in den sonnendurchglühten Tag, zurück zum Palast. Ich hatte das Gefühl, schon einmal in diese Richtung unterwegs gewesen zu sein. In weiter Ferne flirrte der Palast von Victors Vater William. Erst jetzt erinnerte ich mich an den vergessenen Traum, in dem ich Opele als künftigen König gesehen hatte, an der Seite von Laya. Dies Bild ließ mich nicht mehr los.

Der Weg hin zum Liebsten ist immer der kürzere. So schien mir der Marsch durch das staubige Land diesmal viel schneller zu vergehen als die lange Wanderung 17 Tage zuvor. Obwohl man annehmen könnte, ich hätte im *fathouse* zugelegt, hatte ich ein paar überflüssige Kilos abgenommen. Sie hatten mich ja an manchen Tagen auch recht kurz gehalten. Mein Kopf war voller Worte, mein Herz voller Liebe, mein Bauch brannte vor Sehnsucht nach dem Mann, den ich so lange nicht gesehen hatte. Ich hatte mich verändert, ohne Zweifel. Was aber würde Victor im Einweihungslager der Männer erlebt haben? Hatte er wie ich das Glück gehabt, auf verständnisvolle Lehrer zu treffen? Oder war er von Menschen wie Oke umgeben gewesen?

Wiedersehen und Abschied

Edo, dieser dünne, schlaksige Mensch mit den hängenden Schultern, musste wohl schon seit Stunden stoisch im Schatten des alten Baums mitten im Gehöft gesessen haben. Bei unserem Eintreffen sprang der Bursche auf und rannte auf Laya und mich zu. Mein Herz machte bereits einen kleinen Sprung – schon beim Anblick von Victors Diener. Ich spürte Layas Hand auf meinem Unterarm: »Da drüben wartet Ifeoma. Sieh nur, sie hat ihr Baby dabei.«

Schon war Edo bei uns, die wohl lange vorher zurechtgelegten Worte platzten aus ihm heraus: »Prinz Victor wünscht Sie zu sehen, *madam* Ilona.« Der Knabe hatte mit Sicherheit lange an meinem Namen gearbeitet – er sprach ihn fehlerfrei aus.

»Du darfst Victor eigentlich erst nach dem Fest heute Abend sehen, Mitfrau Ilona«, hörte ich Laya sagen. »Mit diesem Fest wird die Rückkehr der eingeweihten Frauen gefeiert.«

Na, das ging ja gut los. Ich fühlte drei Kräfte gleichzeitig an mir zerren: Dort drüben Ifeoma mit ihrem Baby, das ich sofort sehen wollte, sehen musste. Edo, der mich zu Victor verfrachten wollte – ein Wunsch, den ich mit jeder Faser meines Körpers auch fühlte. Und Laya, meine Zeremonienmeisterin, die stellvertretend für die Konventionen und ungeschriebenen Gesetze des Hofes sprach. »Aber Laya, ich kann mich doch nicht über den Willen des Prinzen hinwegsetzen.« Wir ließen den verdutzten Edo stehen, fassten uns an den Händen und rannten hinüber zu Ifeoma, die gerade ihr Baby stillte. All meine aufgewühlten Gefühle brachte ich zum Schweigen und sah dieses kleine Wunder Mensch an.

Ifeoma sah mich mit einem tiefen Blick ihrer unergründlich dunklen Augen an: »Ich habe ihn Victor genannt«, bekannte sie voller Stolz.

»Er ist wunderschön«, sagte ich beinahe andächtig. Der kleine Victor war noch viel heller als mein großer stolzer Prinz. Denn er war erst drei Tage zuvor auf die Welt gekommen, seine Haut würde erst einige Tage später beginnen nachzudunkeln.

Ifeoma sah ihr Neugeborenes an: »Ich muss mich jetzt um mein Baby kümmern.« Ihr Blick ging zu mir: »Darf ich dennoch weiterhin deine Dienerin sein?«, fragte Ifeoma. »Ich habe bei Großmutter Fara nachfragen lassen, sie hat erlaubt, dass ich ein paar Stunden lang jeden Tag bei dir bin.«

»Aber nicht als meine Dienerin«, sagte ich gerührt. »Als meine Gefährtin, die mit mir so viel erlebt hat.« Wieder stand ich unter einem großen Baum, der mich zu beschützen schien. Diesmal aber hatte ich außerdem zwei Freundinnen an meiner Seite, auf die ich mich verlassen konnte. Ich fühlte mich stärker als jemals zuvor in meinem Leben. Laya durfte Ifeomas Mini-Victor halten, dann umarmten wir uns endlich. Ifeoma hatte sich verändert, die Geburt hatte sie wirklich zur Frau gemacht. Nun nahm auch ich den winzigen Victor in die Arme.

»*Madam* Ilona«, meldete sich Edo zaghaft zu Wort, »Prinz Victor ...«

»... soll nicht mehr länger warten«, antwortete ich.

»Ich werde Großmutter Fara ausrichten, dass du heute

Abend in ihr Haus kommst, um dich von ihren Dienerinnen für das große Fest schmücken zu lassen«, sagte Laya mit einem verständnisvollen Blick.

»Hast du Prinz Victor ins Lager der Männer begleitet?«, fragte ich Edo auf dem Weg zu Victors Haus.

Der Diener schüttelte stumm den Kopf. »Ich darf mit Ihnen nicht über Victor reden, *madam.*« Die Konventionen. Ich schien damit nicht zurechtzukommen. Tausend Umwege sollte ich benutzen, Ifeoma zum Beispiel bitten, mit Edo zu sprechen, wenn ich etwas von Victor wollte. Urika hatte mich auf all diese alten Palast-Traditionen hingewiesen. Ständig schien ich gegen Verbote zu verstoßen. Diesmal durfte ich mit Edo noch nicht einmal über Victor reden.

Victor sah blendend aus. Seine Haut war mehr als zwei Wochen lang ungeschützt der Sonne ausgesetzt gewesen. Er war wesentlich dunkler geworden. Wir beide schienen die Rollen vertauscht zu haben: Ich stand vor ihm wie eine Afrikanerin gekleidet, Victor trug ein matt glänzendes Seidenhemd zur weißen Hose. Wie würdevoll er aussah, jeder Zoll ein Herr! Für einen Moment standen wir uns gegenüber. Reglos. Beide schwer atmend vor verhaltener Erregung.

»Ich habe jeden Tag an dich gedacht, jede Stunde, jede Minute, jede Sekunde«, presste er hervor. »Bist du okay, Liebes?«

»Und du? Du siehst großartig aus. Fühlst du dich auch ein bisschen so?«

»Jetzt schon!« Er nahm mich in die Arme wie ein Ertrinkender. Meinen Prinzen umschmeichelten die köstlichsten Düfte der französischen Parfümeure, mich umgab das aus der Natur Afrikas stammende Aroma lieblicher Blüten, das sich als hauchdünner Ölfilm auf meinen Körper legte. »Du riechst gut und du fühlst dich wunderbar an. Deine Haut ist weicher als Seide.« Ich trug nichts unter diesem *wrapper,* man trägt ihn nun einmal so und hat ihn sehr schnell abgelegt. In Victors Zimmer gab es keine Matte am Boden, sondern ein vergnügt quietschendes Bett aus dunklem Holz mit einem Moskitonetz darüber, das ich mir in mancher Nacht im Urwald gewünscht hätte.

»Du hast einen winzig kleinen, sehr erotischen Bauch bekommen«, neckte Victor und küsste mich zärtlich.

»Habe ich zugelegt?« Ich schrak auf.

»Nein, das ist genau richtig. Du bist überhaupt fraulicher geworden, weicher. Ich liebe dich exakt so.«

Was für eine Belohnung nach vier Wochen im Busch. Ja, vier Wochen! Ich zählte die Zeit im afrikanischen Maß. Und trotzdem kam es mir vor, als wären es Monate gewesen. Und Victor offensichtlich auch. Seine ungestüme Leidenschaft erinnerte mich an meinen Traum von den beiden Leoparden. Aber ich genoss sie voller Hingabe. Nein, in mir lauerte keine Leopardin, die ihm mit der Krallenhand durchs Gesicht fuhr. So ein Unsinn! Ich musste lachen.

»Warum lachst du?«

»Weißt du, wie sie mich im Lager nannten? Die Leopardenfrau.« Und ich erzählte ihm die Geschichte. »Okes Hilfspriesterin sagt, jeder Mensch hat ein Tier, das mit ihm verbunden ist. Bei mir wäre es der Leopard.«

Victor umarmte mich leidenschaftlich: »Das trifft sich doch gut. Bei mir ist das auch der Leopard«, bemerkte er unter vielen Küssen. »Leopard liebt Leopardenfrau!«

Mir gefror das Blut: »Wie bitte? Meinst du das ernst?«

»Aber ja«, sagte Victor. »Ich denke, du verstehst dich mit Leoparden? Ah, ich weiß, was du meinst. Mein Onkel Sunny, dieser *trickster,* der hat auch einen Leopardentick. Darum trägt er immer diese Fellmützen und den hässlichen Stock mit dem silbernen Leopardenkopfknauf. Das macht er aber nur, weil er mächtig sein will. Keine Sorge, ich fühle mich nur gerade jetzt als Leopard.«

Man dürfe niemals jemanden heiraten, der mit dem gleichen Tier verbunden ist, hatte Laya mir in der Nacht des dramatischen Welsfangs gesagt. Ihre Worte drehten sich in meinem Kopf. Und ich sah Odames zwei kleinen Kauris – Rundung an Spitze, nebeneinander. Ein Zeichen, dass sie nicht zusammengehören. Und ich erinnerte mich an die Mahnung meiner hexischen Beraterin Mila, die gewarnt hatte, dass ich den Mann, den ich liebe, verlieren würde.

»Was machst du für ein Gesicht, Liebes? Was ist mit dir?«, fragte Victor zärtlich. »Was haben sie dir über Leoparden noch erzählt?«

»Nichts, Victor«, log ich. Der Moment war zu schön, um traurig zu sein.

»Ich habe deine Stiefmutter Urika kennen gelernt«, sagte ich Stunden später. »Kennst du eigentlich ihre Geschichte?«

»Diese alten Geschichten? Das haben sie dir alles erzählt? Warum lassen sie das nicht ruhen? Wer will denn das heute noch wissen?«, empörte sich Victor.

»Du kannst nur verstehen, was heute passiert, wenn du weißt, wie die Alten denken«, sagte ich sanft.

»Wie soll sich dann jemals etwas weiterentwickeln, Ilona? Die mit ihren vielen Traditionen!«

Mit zarten Küssen versuchte Victor, mich abzulenken, aber ich war zu aufgewühlt, um weiter zu schweigen über das, was ich in den vergangenen Wochen verstanden hatte. »Haben sie dir denn nichts von den Ahnen erzählt, nichts von deinem Onkel Charles, der durch seinen Leichtsinn eine ganze Linie deiner Familie ausgerottet hat?«

»Charles, der älteste Bruder meines Vaters? Der ist vor annähernd vierzig Jahren gestorben, Liebes. Was hat der mit uns zu tun?«

»Sehr viel, Victor. Denn deshalb bist du der einzige männliche Nachkomme deines Vaters. Darum sollst du König werden.«

»Ich weiß. Das hat Vater mir auch gesagt.«

»Urika hat mir erzählt, dass König Serri vier fast gleich alte Söhne hatte: Charles, William, Sunny und Domba. Charles und seine Nachkommen sind alle tot. William hat nur dich, Sunny…«

»Mein geliebter Onkel Sunny. Ja, der hat viele Kinder. Ich weiß nicht mal, wie viele und von wie viel Frauen. Ich habe einen Sohn von ihm während der Initiation näher kennen gelernt: Akpoviroro. Weißt du, was dieser Mann gemacht hat? Einem Krokodil das Herz bei lebendigem Leib herausgeschnitten. Eine Katastrophe, der Mensch. Mein Cousin Opele, der Sohn Dombas, ist auch eingeweiht, aber tausendmal vernünftiger. Na ja, andererseits ist er auch Anwalt. Ob das nun so viel besser ist.« Victor glaubte, einen Witz gemacht zu haben. Und ich dachte an meinen Traum – Laya an Opeles Seite. Mann und Frau.

»Bevor wir in die Initiationslager gegangen sind, haben wir hier gelegen, und du hast mir gesagt, du sollst ein 15-jähriges Kind heiraten. Das wäre der Wille der Ahnen.«

»Ilona, Liebes, ich weiß immer noch nicht, wer das ist.«

»Ich schon. Sie ist eine ganz wundervolle Frau, beileibe kein Kind. Du wirst es nicht glauben: Ich habe mich mit ihr angefreundet.«

Victor richtete sich abrupt auf: »Was?! Liebes, du siehst nicht aus wie eine Afrikanerin. Bist du etwa eine geworden?!«

»Ich habe viel über uns nachgedacht, Victor. Und ich glaube, ich weiß, warum die Ahnen dich mit dieser Frau verheiraten wollen. Sie wollen zwei Linien deines Königshauses miteinander versöhnen.«

»Moment mal, Moment.« Victor stand auf, stöhnend hob er sein Bein aus dem Bett. Seine Verletzung war nicht besser geworden; im Gegenteil – er klagte über Schmerzen, die Wunde hatte sich während seiner Initiation entzündet. Zwar hatte man ihm angeboten, mit traditioneller Medizin für Abhilfe zu sorgen, doch er glaubte nur an die Fähigkeit westlicher Ärzte. Er nahm seinen Stock und humpelte splitternackt zum Fenster. Er sah hinaus. »Das heißt, ich soll eine Tochter von Sunny heiraten, meine eigene Cousine. Liebes, das ist nicht dein Ernst.« Victor drehte sich zu mir um, dann sagte er nur ein Wort: »Wer?«

»Laya.«

»Nein! Niemals, Ilona! Ich will sowieso keine zwei Frauen heiraten. Und die Tochter von Sunny erst recht nicht.«

»Kennst du sie denn? Sie ist ganz anders als ihr Vater. Sie ist meine Freundin. Wir vertrauen einander.«

»Aber ich traue Sunny nicht. Er wird mich austricksen. Er kennt diesen Hof. Ich kann nur dann Vaters Nachfolger werden, wenn ich mir diesen Mann vom Leibe halte. Nicht, wenn er durch Laya alle Geheimnisse erfährt.« Er setzte sich schwer atmend aufs Bett. »Wie kannst du so etwas wollen, Ilona! Ich verstehe es nicht.«

»Ich will dich schützen, Victor. Darum.«

»Bin ich denn in Gefahr?« Er sah mich überrascht an.

»Du denkst und fühlst nicht wie ein Afrikaner. Das macht dich angreifbar. Die Ältesten werden dich nicht unterstützen, wenn du dich nicht dem Willen der Ahnen beugst.«

»Aber wer sagt denn, dass die Ahnen wollen, dass ich Laya heirate?« Und er gab sich gleich selbst die Antwort: »Priester, Orakelwerfer, Kaurileser, Intriganten und Quatschköpfe.«

»So darfst du das nicht sehen, Victor«, flehte ich. »Aber wenn das wirklich deine Meinung ist, dann lass uns von hier fortgehen. Ich möchte mit dir alt werden, egal wo du lebst.

Bist du dir denn sicher, dass du hier leben willst, in diesem Palast? Mit dieser Rolle?«

Er streichelte die geflochtenen Zöpfchen auf meinem Kopf. »Du liebst mich. Und ich liebe dich. Es ist unglaublich, welche Opfer du für mich bringen willst, Liebes. Aber ich weiß nicht, ob ich das will. Andererseits darf ich meinen Vater nicht enttäuschen. Wenn ich auf seine Nachfolge verzichte, wird Sunny meinen Platz einnehmen. Und dann vielleicht sein Sohn Akpoviroro, der Krokodilschlächter. Dieser Zweig der Familie ist krank im Kopf und korrupt im Geldbeutel. Nein, nein und nochmals nein! Ich werde meinen Einfluss nutzen, um Sunny in Schach zu halten. Wir haben doch gesehen, was Sunny und Menschen seines Schlags gemeinsam mit den Ölkonzernen aus diesem eigentlich gesegneten Land gemacht haben. Sie holen sich das Geld und verpesten den Boden.«

Seine Worte erinnerten mich an eines der sanften Mammy-Water-Rituale: »Für jedes Stück, das wir während der Initiation der Natur wegnahmen, mussten wir der Natur ein Geschenk zurückgeben. Das war gar nicht so einfach. Ich stand im Fluss und sollte fischen. Aber ich war nackt. Doch ich trug ein Armband. Laya hatte es mir kurz zuvor geschenkt. Ich machte es schweren Herzens ab und warf es in den Fluss.«

»Laya, immer wieder Laya. Vielleicht ist sie ja wirklich nett. Und die Sache mit dem Armband ist wahrhaftig eine gute Idee. Mit den alten Bräuchen könnte man den Umweltgedanken hier in der Gegend wahrscheinlich wieder beleben.« Er sah mich groß an: »Ja, das wäre wirklich eine Idee!« Sein Gesicht verfinsterte sich: »Aber bring das mal Sunny und seinen Ölkonzernen bei.«

»Ich habe wirklich fleißig gelernt, Victor. Von unserer Oberpriesterin Odame habe ich mir einen Satz gemerkt: Konflikte soll man mit seinem Gegner lösen.«

»Priesterinnen! Ilona. Die leben weit entfernt von den Problemen, die wir haben. Glaubst du nicht auch?«

»Ja, sicher. Aber man muss doch irgendeinen Boden unter den Füßen spüren. Warum nicht dieses alte Denken nutzen?«

»Ich weiß nicht...«, wehrte er ab. Auf dem Tisch neben Victors Bett sah ich eine Kette, die mir eigentümlich bekannt vorkam. Sie bestand aus schwarzen Körnern, vielfarbigen Glasperlen und Muscheln. Sie wirkte hübsch und fremdartig zugleich. Victor wollte sie mir umlegen. Ich wehrte ab: »Nein, nein, die musst du schon selbst tragen. Mammy Water hat sie dir geschenkt.«

Victor sah mich verwundert an: »Ich hatte gerade an dich gedacht, als ich sie am Ufer eines kleinen Flusses fand. Sie gefiel mir, weil sie so hübsch und schlicht ist.«

Kein Wort sagte ich davon, unter welchen Qualen die schwarzen Körner durch meinen Körper gewandert waren, wie viel Mühe und zerstochene Finger mich das Auffädeln gekostet hatte. Stattdessen sagte ich: »Mammy Water ist die afrikanische Gottheit der Fruchtbarkeit. Sie lebt in den Flüssen und Meeren. Von ihr hast du diese Kette.« Davon war ich überzeugt. Denn durch mein Zutun war die Kette in der Tat nicht in Victors Besitz gelangt. »Bitte trag sie, sie wird dich beschützen«, fügte ich hinzu.

Victor küsste mich. Aber er legte die Kette dennoch nicht an: »Während ich im Busch war, fand ich die Kette irgendwie originell. Aber zu einem Anzug macht sie sich vielleicht nicht ganz so gut. Findest du nicht auch?«

»Trag sie doch unter dem Hemd«, schlug ich vor, »dann ist dein Glücksbringer immer nah bei dir.«

Aus seiner Antwort konnte ich heraushören, dass Victor nicht im Entferntesten bereit war, die beiden Welten, aus denen er stammte, in sich zu vereinen: »Ich werde darüber nachdenken.« Das war seine Art, Nein zu sagen.

Vielleicht war es diese Kleinigkeit, die mir die Augen öffnete: Sie sagte mir, dass Victor den Spagat zwischen Moderne und Tradition, den ich von ihm erhofft und den Urika mit ihrem Quellengleichnis gemeint hatte, niemals schaffen konnte. Die vergangenen zwei Wochen hatten die beiden Wasser seiner schwarzen und weißen Herkunft nicht verschmelzen lassen.

Ich erinnerte mich wieder an meinen Traum: Laya und Opele. Laya hatten die Ahnen ausersehen, sie wurde von Großmutter Fara bereits auf ihre Aufgabe als künftige Königin vorbereitet. »Kennst du eigentlich diesen Opele genauer?«, fragte ich.

»Ein Anwalt eben«, führte Victor aus, »aber dennoch gefällt er meinem Vater und mir. Trotz seiner westlich geprägten Ansichten steht Opele zu den alten Traditionen unseres Stammes. Er ist sogar hier im Dorf initiiert worden, bevor William ihn zum Studium ins Ausland schickte. Mein Vater behandelt ihn, als ob er sein eigener Sohn wäre. Er hat sogar seine Ausbildung finanziert, denn Williams Bruder Domba ist bereits vor Opeles Geburt in Calabar gestorben.«

»Kannst du mit deinem Vater nicht über Opele sprechen? Vielleicht wäre er als Williams Nachfolger am besten geeignet.«

»Das muss der Ältestenrat entscheiden«, antwortete Victor. Dann setzte er hinzu: »Zunächst einmal müsste ich mich mit meinem Vater beratschlagen.«

Den Spruch des Orakels kennen heißt den Lebensweg kennen. Dann kann man ihn verändern. So ähnlich hatte Odame es mir gesagt. Victor und ich kuschelten uns auf dem quietschenden Bett aus Kolonialzeiten aneinander. Und ich dachte intensiv an Mammy Water, die Göttin, die mich beschützt, und an Mutter Erde, die mir das Leben gerettet hatte. Würde beider Schutz reichen – für Victor und mich?

Um für das große Willkommensfest geschmückt und eingekleidet zu werden, brachte mich Ifeoma, diese zähe junge Frau, wieder zum Haus von Großmutter Fara. Diesmal erhielt ich nach einer Auffrischung meiner Frisur einen weißen, golddurchwirkten *wrapper* mit dazu passender Bluse und Kopftuch. Jeder, der Victor und mich auf dem Fest sah, erkannte uns als Paar: Mein Prinz hatte einen afrikanischen Anzug aus dem gleichen Stoff erhalten, in dem er würdevoll, aber auch schmaler wirkte, als er war.

Sie hatten im Palasthof ein wundervolles Freudenfeuer entzündet, mit dem der ganze Clan die Rückkehr aller Initiierten feiern wollte. William mit seiner Leidenschaft für alles Europäische hatte für eine verschwenderische elektrische Beleuchtung gesorgt. Lange Tafeln waren aufgebaut, Speisen und Getränke aufgetischt. Und es wimmelte von bunt gekleideten Frauen, die mit der Farbenvielfalt ihrer Stoffe ihre überschwängliche Lebensfreude zum Ausdruck brachten. Die Männer hatten sich in schneeweiße bodenlange Gewänder gehüllt, die von ihrer dunklen Haut kontrastreich abstachen. Musiker bauten ihre Trommeln auf – hier waren es natürlich Männer, die den Takt vorgaben.

Während des Festes durften Victor und ich uns nicht sehen, denn Frauen und Männer feierten getrennt. Laya und ich genossen den Abend gemeinsam im Kreise der anderen eingeweihten Frauen. Endlich wurden mir auch viele andere von Victors Verwandten vorgestellt. Erst in den frühen Morgenstunden durfte ich mich wieder mit Victor unauffällig von der großen Festgesellschaft zurückziehen. Wir genossen die verbleibenden Stunden mit einer Intensität, als wären es die letzten, die wir jemals miteinander verbringen würden.

Das erste Grau des Morgens zog schon im Osten hoch, als Victor sich sanft über mich beugte und meinen Bauch küsste: »Wenn wir ein Kind bekommen, soll es deinen zweiten Vornamen tragen, Maria. Bist du damit einverstanden?« Ich hielt den geliebten Mann in meinen Armen und glaubte, den Weg des Schicksals aufgehalten zu haben, als Victor mir sagte: »Ich werde heute mit meinem Vater nach Calabar fliegen, um dort meinen Cousin Opele zu treffen. Vater wird ihn fragen, ob er bereit ist, sofern der Rat der Ältesten unserem Plan zustimmt, die Thronfolge zu übernehmen.«

»Willst du wirklich darauf verzichten?«

»Ja, Liebes, wir beide können überall leben. Das Wichtigste ist dabei nur ›in Frieden‹. Wir müssen nur geschickt vorgehen, damit Sunny und alle, die hinter ihm stehen, uns auch unseren Frieden lassen.«

Victor hatte sich für unsere Liebe entschieden und gegen seine Verpflichtungen. Welch ein Beweis seiner Liebe für mich! Am frühen Morgen besuchten wir gemeinsam mit Chief William und der gesamten königlichen Familie einen anglikanischen Gottesdienst. Wie sehr sich doch die christliche Religion mit der Naturreligion mischen konnte. Ich dankte allen Göttern dieser Welt, dass Victor zu einer wichtigen Einsicht gelangt war: Seine Berufung war es nicht, diesen Clan zu führen. Nach der Kirche brachte ich William und Victor zum Privatflughafen.

»Wir sehen uns morgen Abend in Lagos. Mach dir keine Sorgen, Liebes.« Er nahm mich fest in die Arme: »Du bist eine starke Frau. Ich war in letzter Zeit zu schwach. Wenn das hier alles geklärt ist, bin ich wieder der Mann, den du kennen gelernt hast. Du kannst auf mich zählen, denn ich liebe dich!« Er stützte sich auf seinen Stock und humpelte neben William auf die kleine Privatmaschine des Vaters zu. Victor winkte mir so fröhlich zu, dass ich nicht in meinen schlimmsten Alpträumen daran gedacht hätte, ihn niemals mehr wieder zu sehen. Unsere Liebe war so stark und unser Glück so nah, so unglaublich nah. Wir konnten fast danach greifen.

Am Fluss

»Victor und William sind mit diesem Flugzeug abgestürzt, nicht wahr?«, sagte Janet.

»Und es dauerte Wochen, bis sie endlich gefunden wurden. Tage, in denen ich nicht wusste, ob Victor noch lebt. Es war eine schreckliche Zeit.«

»Warum bist du in Lagos geblieben und nicht zu den Frauen zurückgekehrt, die dir so viel bedeutet haben? Warum hast du nicht im Palast Trost gesucht, bei Laya und Ifeoma?«

»Die Situation war äußerst kompliziert: Ich wollte Victors Arbeit fortsetzen, denn ich hoffte, er würde wieder auftauchen. Nachdem die beiden wichtigsten Männer des Clans verschwunden waren, spielte Sunny sofort den Chief. Er belegte Victors Haus mit Beschlag, spannte mich für seine Dienste ein. Sunnys ganzes Auftreten schüchterte mich ein. Dieser Mann wollte keine Versöhnung. Männern wie ihm geht es um Macht. Deshalb bin ich damals nicht zurückgekehrt, um mir im Kult von Odame Rückhalt zu holen.«

»Du hättest es doch wenigstens versuchen können. Sogar Oke schien doch am Ende auf deiner Seite zu sein, Mama.«

»Ich war zutiefst verunsichert, Janet. Ich war, als Victor abflog, so überzeugt, Odames Orakel richtig verstanden zu haben, um so Victors und mein Schicksal in die richtigen

Bahnen zu lenken. Und gerade da ging alles schief. Dann glaubte ich, überhaupt alles in Afrika falsch gemacht und so die Frauen des Kultes enttäuscht zu haben. Ich habe lange gebraucht, bis ich die Zusammenhänge in meinem Leben besser verstanden habe.«

»Wie lange?«

»1997, als ich wieder nach Nigeria gereist bin, wurde mir vieles klarer.«

»Du hast dich 14 Jahre lang mit diesen Fragen herumgeplagt?« Janet sah mich entsetzt an.

»Ja. Ich konnte nie darüber reden. Doch als ich wieder in Nigeria war, wollte ich unbedingt die Menschen und den Palast im Delta des Niger besuchen.«

Janets schlanke Finger glitten über das dunkle Holz der Frauenbüste auf meinem kleinen Altar im Schlafzimmer. »Du hast erzählt, der Frauenkopf war bei deiner Einweihung als dein Schutzgeist dabei?«

»Nicht ganz, denn dies ist nur die Büste, die auf dem Altar von Victors Vater William stand, als er sagte: Wir stehen auf den Schultern unserer Ahnen. Der Frauenkopf ist ein Andenken an Jelema, die Urgroßmutter von Victor. Am Morgen unserer Abreise übergab William mir diesen schweren Mahagoni-Kopf mit den Worten: Du hast viel über unsere Familie erfahren. Nimm diese Büste direkt mit nach Lagos. Odame hat dir gewiss gezeigt, wie du einen Altar für sie bauen kannst. Stell diesen Kopf an einem besonderen Platz auf und ehre ihr Andenken. Ich hielt Williams Worte für einen unglaublich großen Vertrauensbeweis. Später erfuhr ich, dass er und Victor ...«

Janet beendete den Satz für mich: »Das klingt wirklich so, als hätte William gewusst, dass er sterben muss. Wahnsinn.«

»Dann sind mein Mann Peter und ich 1997 nach Nigeria

geflogen und mir war klar: Ich muss herausfinden, was es mit Jelemas Kopf wirklich auf sich hat.«

»Du hast Odame besucht?«

»Zunächst bin ich zum Palast.«

»Was ist aus Ifeoma geworden?«

»Sie hatte inzwischen drei weitere Söhne und zwei Töchter geboren. Ich habe sie kaum wieder erkannt. Kugelrund war sie, eine richtige afrikanische Mammi, immer fröhlich und mit all den vielen Kindern ihrer Mitfrauen um sich herum. Ihr Mann Francis war Fahrer bei Williams Nachfolger Opele geworden.«

»Und Laya und Opele? Hat dein Traum gestimmt, Mama?«

»Ja! Die beiden hatten wirklich geheiratet. Was die Ahnen sich so in den Kopf setzen. Ich habe Laya kaum wieder erkannt. Sie war schon mit 16 eine eher ernste Person. Als ich sie wieder traf, war sie dreißig. So alt wie ich zurzeit meiner Einweihung. Aber sie wirkte viel älter. Ihre Ehe war nicht glücklich. Opele verbrachte die meiste Zeit in seiner Rechtsanwaltskanzlei in Calabar. Er hatte noch eine weitere Frau geheiratet, die im Palast im Frauenhaus lebte. Laya hatte drei Kinder von Opele bekommen. Layas Sohn William schickte er mit acht Jahren nach England ins Internat. Die älteste Tochter wurde von ihrer Mitfrau erzogen, die fast Zweijährige wurde noch von Laya gestillt. Laya war ständig umgeben von ihren Ratgeberinnen und beschäftigte sich hauptsächlich mit Glaubensfragen, Traditionen und Palastangelegenheiten. Es war sehr schwierig, allein mit ihr zu sprechen, so saßen wir uns meistens gegenüber, umgeben von anderen Frauen, und redeten belanglose Sachen. Erst als wir allein waren, fragte sie mich, was du mich auch gefragt hast: Warum ich nach Victors Tod nicht zurück zum Palast gekommen bin.«

Ich blickte meine Tochter lange an. Sollte ich ihr die ganze Geschichte erzählen? Die ganze traurige Wahrheit? Oder sollte ich sie lieber davor verschonen?

»Mama! Was hast du Laya geantwortet?«

»Den wahren Grund, warum ich nicht gekommen bin. Ich war schwanger. Während der ganzen Einweihungszeit trug ich Victors Kind in mir.«

»Du meine Güte!«

»Und habe Victors Kind verloren. Wie es das Orakel vorausgesehen hatte: durch schwarze Magie, die Sunny gegen mich eingesetzt hat.«

»Die beiden toten Männer und das Kind. William, Victor und Victors Baby. Das ist ja furchtbar!«

»Ich habe Laya alles erzählt, was ich seitdem gemacht habe. Und dass ich die Büste, unsere Jelema hier, sehr wertschätze. Laya wusste von dieser Büste gar nichts, aber freute sich sehr über meine Schilderung von Jelemas Altar in Europa. Als ich meine Geschichte zu Ende erzählt hatte, meinte Laya, dass ich noch einmal zur Kultstätte zurückkehren müsste. Wir beiden sind dann zusammen mit ihren Ratgeberinnen losmarschiert. Wir drehten einfach 14 Jahre Zeit noch einmal zurück.

Leider waren Fara, Odame und Oke schon Jahre zuvor gestorben. Auch Urika lebte seit zwei Jahren nicht mehr. Ajira, die ich als quirlige kleine Frau in Erinnerung hatte, war erblindet, diente aber weiterhin ihrem Luftgeist im Kultgehöft. Kome aber, die die Funktion der Oberpriesterin des Kultes übernommen hatte, wusste sofort, wer ich war. Sie war stiller geworden und irgendwie kleiner, als ich sie in Erinnerung hatte. Sie erinnerte mich stark an Odame, hatte aber nicht die gleiche intensive Ausstrahlung wie ihre Vorgängerin. Nur wir beide unternahmen einen Spaziergang zum Fluss, setzten uns an sein Ufer.«

In meinem Gedanken saß ich wieder dort neben der Priesterin am Wasser. Inmitten dieser überbordenden, vielstimmigen Pracht der Natur. Es war das Ende der Regenzeit. Der heilige Fluss strömte breiter und kraftvoller dahin, als ich ihn 14 Jahre zuvor erlebt hatte.

»Es braucht alles seine Zeit, um zu wachsen. Aber dann wird es groß und stark. Ich habe es immer gewusst, dass du zurückkommen wirst«, begann Kome bedächtig und blickte auf den Fluss hinaus. »Du hast eine Frage, die ich dir beantworten soll?« Ich nickte. Kome fuhr fort: »Es war damals im Haus von Mammy Water. Odame legte dir zum Abschied zweimal das Orakel. Das Orakel sah wenig Gutes für dich. Es zeigte Dunkelheit und Tod.« Kome nahm ihre eigene Korallenkette vom Hals, küsste sie und legte sie mir um den Hals: »Ich weiß, dass dein Leben dich vor schwere Prüfungen gestellt hat, nachdem du von hier fortgegangen bist. Wir verloren den Führer unseres Stammes und seinen Sohn. Du verlorst deinen Mann.« Sie blickte mir offen ins Gesicht: »Deine Augen sagen mir, dass du auch deinen Glauben an Mammy Water verloren hast.« Sie nahm meine Hand. »Das ist das Schlimmste. Denn du bist die Tochter von Mammy Water. Und du wirst es immer bleiben.«

»Warum musste ich Victor verlieren?«

Kome nahm meine Hand, während ihre Augen sich auf das fließende Wasser richteten: »Du kennst die Antwort auf deine Frage schon sehr lange, denn du trugst sie in dir.« Hilflos hob ich die Schultern. »Ich werde es dir sagen. Nach dem zweiten Orakel bat Odame, dass du dich auf den Boden legst. Erinnerst du dich daran? Gut. Odame ließ jene ungeborene Seele aus dir sprechen, die bereits in dir wohnte. Und sie sagte, dass sie Jelema sei.«

Mein Herz setzte aus. »Ich ahnte nicht, dass ich schwanger war«, sagte ich leise, »ich habe es erst erfahren, nachdem

Victor mit dem Flugzeug abgestürzt war. Als ich es bemerkte, war ich fest davon überzeugt, Victors Seele zu einem neuen Leben verhelfen zu können.«

»Das Leben beginnt bereits vor der Geburt. Du hast dieses Wissen verdrängt, nicht wahr? Die Seele des Ungeborenen nimmt im Augenblick der Zeugung ihren Platz ein.«

»Warum durfte ich dann Jelema nicht gebären? Warum wollte sie kein neues Leben außerhalb meines Körpers beginnen?«

»In dem Augenblick, da Odame dich und die Seele deines ungeborenen Kindes trennte, sprach Jelema zu Odame. Sie sagte, dass es nicht ihre Aufgabe sei, geboren zu werden. Die Ahnen hatten ihr eine ganz besondere Aufgabe zugeteilt. Deine Fehlgeburt und somit der Tod des Körpers von Jelema sollte dir die Kraft geben, dich gegen Sunny zu wehren.«

»Jelema hat mich benutzt?« Ich war fassungslos.

Kome aber lächelte mich nachsichtig an: »Ist es nicht die Aufgabe guter Mütter, Werkzeug ihrer Kinder zu sein?«

Langsam begann ich zu verstehen. Als ich die Nachricht von Victors Tod bekam, wollte ich zuerst überstürzt abreisen, um wenigstens mein Kind vor Sunny zu schützen. Nach der Fehlgeburt ging es mir jedoch so schlecht, dass ich dazu nicht mehr die Energie hatte. Ich blieb in Nigeria und kam erst sehr langsam wieder zu Kräften. Bestärkt durch meine Beraterin Mila, die über magische Fähigkeiten verfügte, beschloss ich, mich gegen Sunny zu wehren. Gemeinsam mit Mila suchte ich magische Waffen aus, mit denen ich mich gegen Sunnys schwarze Magie behaupten konnte. Der Plan Jelemas ging letzten Endes durch mich auf; ich rächte mich an Sunny mit seinen Waffen.

Aus Komes Mund musste ich nun erfahren, dass ich nichts weiter als ein Werkzeug für Jelema gewesen war, um die Regentschaft Sunnys zu verhindern.

»Hast du Jelema gekannt? Wie war sie?«

»Ich kam erst zu Odame, als Jelema schon lange tot war. Man sagt, sie sei eine Schönheit gewesen, aber mit einem ausgeprägten Sinn für Gerechtigkeit. Ihr Wort war jahrzehntelang Gesetz im Palast. Von ihren männlichen Enkeln war ihr William, der Zweitgeborene von Fara, der Liebste. Charles, der älteste Sohn von Fara und Serri, war ihr zu vorlaut. Oke, die zweite Frau von Serri, brachte Sunny nur wenige Tage nach William zur Welt. Odame erzählte mir nach Sunnys Tod, dass Jelema Sunny nie gemocht habe. Er sei der gerissenste aller Söhne Serris gewesen. Sunny habe nie das Wohl des Stammes gesehen, sondern nur auf sein eigenes geachtet. Jelema hat noch einen anderen Enkel geliebt, nämlich den Vater von Opele, Domba. Er war der Sohn Somas, der dritten Frau von Serri, und nur einige Monate jünger als Sunny und somit der Vierte in der Thronfolge.«

Meine Hand ruhte in der schmalen Hand der Priesterin. Ich erinnerte mich an das Orakel, sah die zwei Paare der drei ineinander liegenden Kauris, die den Tod zweier mir wichtiger Männer bedeuteten. »Was habe ich falsch gemacht?«, fragte ich. »Hätte ich den Tod von Victor und William verhindern können, wenn ich das Orakel richtig verstanden hätte? Es heißt doch, das Orakel kennen bedeutet, den Weg ändern zu können.«

»Ja. Das ist der Sinn des Orakels. Die Ahnen teilen uns durch das Orakel ihre Pläne mit.« Komes Hand umfasste die meine fester: »Aber wir sind nur Menschen. Unser Leben gleicht einer langen Fahrt auf diesem Fluss hier vor uns. Manches Mal kentert unser Boot und wir verlieren Hab und Gut. Aber unser Boot hält. Wir schöpfen das eingedrungene Wasser heraus, nehmen wieder darin Platz, um die Fahrt fortzusetzen. Wir lernen, wenn wir Glück haben, aus unseren Fehlern, die das Boot umkippen ließen. Vielleicht wiederholen wir auch den Fehler und machen es erst das nächste Mal besser. Doch irgendwann gelangen wir an unser Ziel. Das ist unser Leben.« Sie lächelte mich an: »Ich weiß, dass du dein Glück gefunden hast, weit von hier, mit einem anderen Mann, in einem anderen Leben!«

Ich kniete mich vor die alte Frau am Fluss und küsste ihre Hand. Kome zog mich hoch und umarmte mich.

Bevor ich mich von Kome verabschiedete, stellte ich der alt gewordenen Priesterin eine letzte Frage: »Darf ich über das, was ich erlebt habe, anderen berichten?« Kome blickte auf den kräftigen, Äste und Pflanzen mit sich führenden Fluss hinaus, als sie antwortete: »Wissen ist wie Wasser, das von einer Frau an die andere weitergereicht wird. Achte darauf, dass du es nicht verschüttest, Tochter von Mammy Water. Denn es ist sehr kostbar.«